아동권리와 복지

오현숙 · 김재현 · 백승지 · 강미소 · 김현수 · 박명호 · 박진경 · 김극명

KNOWLEDGE COMMUNITY 공동체

머·리·말

아동은 미래사회의 주인공이며 국가의 인적자원입니다. 따라서 미래사회에 능동적으로 대처할 뿐 아니라 미래사회를 개척할 수 있는 건전한 아동을 육성하는 일은 현대를 살아가는 우리들이 이루어야 할 책임입니다.

아동·청소년 문제가 사회복지, 교육, 행정, 간호 등 학계의 영역을 초월하여 사회문제로 주목되고 있습니다. 4차 산업혁명 시대를 맞이하여 우리들은 물질적·정신적인 삶의 질이 더욱 향상되고 선택과 참여의 자유 및 배분정의가 고양된 삶의 기회가 증대된 발전된 복지사회를 전망하게 됩니다.

아동권리와 복지는 아동의 건전한 성장과 발달을 도모하는 데 그 목적이 있습니다. 이는 아동들이 지닌 권리와 자유를 향유하도록 그들의 신체적·정신적·사회적 발달을 지켜주는 것입니다. 아동의 건전한 육성을 위한 요소로서 복지환경이 필수적이며, 이를 위해 아동 전반에 관한 가정생활, 건강, 교육, 종교, 오락, 노동 및 기타 특수한 보호 등을 종합적으로 고려하는 프로그램이나 서비스를 마련해야 할 것입니다.

따라서 본 교재는 아동과 아동복지 및 아동권리에 대한 이해를 높일 수 있는 이론적 배경과 실천방법을 학습하여 아동복지 분야에서 활동할 사회복지사 및 보육교사의 능력을 배양하는 데 도움을 주고자 합니다. 이를 위하여 먼저 아동복지의 개념과 가치에 대한 이해, 아동의 권리, 실천대상과 관련 서비스, 아동복지의 역사, 실천방법과 기술, 정책과 제도 등의 이해를 도모하고 나아가 한국에서 사회복지사들이 개입하고 있는 아동복지 관련 영역을 고찰하도록 하겠습니다.

마지막으로 현대의 우리나라 아동복지의 과제와 전망을 종합하고 우리의 현실에 적용 가능한 부분을 모색하여 우리의 사회와 문화환경에 맞는 한국적 아동복지의 토착화에 적합한 아동복지 체계를 구축할 수 있는 방향을 정립하고자 하였습니다. 한국의 아동복지와 권리 분야에서 사회복지학, 아동학, 유아교육학, 심리학을 전공하는 학생으로서 전문적 실천능력을 향상시키는 데 초점을 두고 각 장마다 연습문제를 제공하여 아동복지 분야에서 문제해결능력과 분석력을 기를 수 있도록 구성하였습니다.

복지사회는 주어지는 것이 아니라 이룩해야 하는 것입니다. 아동은 미래의 원동력이라는 관점과 아울러 아동의 권리라는 관점에서 아동복지 정책과 서비스가 이루어져야 하고 아동복지의 목적은 모든 아동이 신체적·정신적으로 건전하게 성장·발달하도록 돕는 것이며, 이것이 곧 전인으로서의 육성이며 미래사회에 능동적으로 대처할 뿐 아니라 적극적으로 발전된 미래사회를 개척할 수 있는 건전한 아동을 육성하는 일입니다. 이 일은 현대를 살아가는 우리들이 이루어야 할 책임이며 아동에 대한 시간, 노력, 금전의 투자는 장래에 대한 매우 가치 있는 투자가 될 것입니다.

본 저자들은 집필과정에서 집필 방향의 일관성을 잃지 않도록 여러 차례 의견을 교환하였으나, 미흡하고 부족한 부분이 있으므로 이 책이 보완될 수 있도록 아동복지와 권리에 관심 있는 분들의 애정과 조언을 부탁드립니다. 이 책이 나오기까지 많은 도움을 주신 분들께 감사의 인사를 드립니다.

2018년 8월

저자 일동

머·리·말

당신의 아이는 당신의 아이가 아닙니다
그들은 스스로가 주인인 생명의 아들딸입니다
그리고 그들은 당신과 함께 있지만 당신의 소유물은 아닙니다
당신은 그들에게 사랑을 줄지언정 생각을 주어서는 안 됩니다
당신은 그들에게 집을 줄지언정 정신을 가두어서는 안 됩니다
그들의 정신은 내일의 집에 살아가도록 되어 있는 것입니다
당신이 그들을 사랑하는 것은 좋지만 그들이
당신을 사랑하도록 만들어서는 안 됩니다
생명은 뒤로 물러가는 법이 없고, 어제에 머물러서는 안 되기 때문입니다
당신은 활이요, 그들은 화살이니 그들을 앞으로 나아가게 해야 합니다

- 칼릴 지브란의 <예언자> 중에서 -

차 · 례

제 1 장

아동복지의 이해

제1장 아동복지의 이해

제1절 아동에 대한 이해

1. 아동의 정의

아동에 대한 정의는 시대 및 문화적 배경과 관련 학문분야에 따라 다르다. 아동을 정의할 때 아동의 발달적 특성이 중요한 준거로 작용하고 있으며, 이러한 발달적 관점은 법적 정의에도 그 바탕을 이루어 아동의 복지에 대한 사회적 책임과 역할을 설정해 주므로 이에 대한 이해가 필요하다.

아동의 개념은 시대적 상황이나 아동 이해의 관점에 따라 다양한 의미가 부여되어 왔다. 역사의 흐름 속에서 아동은 어른의 작은 형태, 꾸밈없는 천진난만한 존재, 생리적 충동욕구가 강한 존재, 무궁한 잠재능력을 지닌 존재, 자기변혁의 자유와 가치를 지닌 존재, 또는 다음 세대를 짊어질 주체 등으로 다양하게 표현되고 있다(아동복지편람, 1997). 아동이란 일반적으로 성인이라는 말에 대응해서 사용되고 있으며, 인간으로서는 심신의 성장·발달기에 있는 자, 다시 말하면 한 사람이 성인이 될 때까지의 미성숙, 미완전한 상태에 있는 자를 말한다.

아동은 생물학적 측면에서는 신체적 성숙이 마무리되기 이전의 생애주기 내에 있는 연령을 의미하고, 심리학적 측면에서는 아동기에 해당하는 집단의 보편적인 특성과 욕구를 가진 연령을 의미한다. 그리고 사회학적 측면에서는 사회에서 아동에게 부여하는 아동으로서의 역할과 기대를 가진 연령을 의미한다.

아동에 대한 정의를 몇 가지 예를 들면 다음과 같다.

① 유엔에서 제정한 아동권리협약에 따르면 18세 미만의 모든 사람을 가리킨다.
② 우리나라의 아동복지법과 입양특례법에 따르면 아동은 18세 미만의 사람을 가리킨다.
③ 미국의 아동학대, 치료법에 따르면 18세에 이르지 못한 사람을 의미한다.
④ 미국의 전국사회사업가협회(NASW)가 간행한 사전에 따르면, 아동은 자신에 대해 책임지는 법정 연령이나 부모의 간섭으로부터 벗어나는 법정 연령보다 어린 사람을 가리킨다. 이 사전의 경우 대부분의 국가에서 아동인지 여부를 결정하는 법정 연령은 18세라고 언급하고 있다.
⑤ 위키피디아 사전에 따르면, 아동은 사춘기에 이르지 않은 소년이나 소녀를 가리킨다.
⑥ 네이버 백과사전에서는, 아동은 일반적으로 유아기와 청소년기의 중간에 있는 사람이라고 보면서, 나이와 관련해서는 아동을 6~12세 정도의 어린이라고 정의하고 있다.

아동에 관한 사전적 정의(예)

① 국어사전 : 초등학교에 다니는 나이의 아이
② 영어사전 : 신생아 시기와 사춘기의 중간에 있는 사람을 가리키거나 성숙한 단계나 법적인 성년 연령에 이르지 않은 사람
③ 불어사전 : 아동기의 연령에 있는 사람

2. 아동의 연령규정

법에서도 법의 성격에 따라 아동의 개념을 정의하여 그 연령이 다소 상이하게 규정되고 있다. 그리고 용어에서도 아동, 영유아, 유아, 소년, 연소자, 어린이, 청소년이 혼재되어 유사 개념으로 사용되고 있다. 현재 아동복지 관련법과 청소년 관련법이 나누어지면서 아동 및 청소년의 연령구분이 바뀌고 있다.

영유아는 영유아보육법에서 "(취학 전) 6세 미만의 자"로 규정하고 있으며, 유아교육법에서의 유아는 "3세부터 초등학교 취학 전까지의 어린이"로 규정하고 있고, 도로교통법에서는 유아를 "6세 미만의 자"로 하고 있다. 아동의 개념은 아동복지법에서 "18세 미만의 자"로 규정하고 있고, 근로기즌법에서는 연소자를 "15세 미만의 자"로, 도로교통법에서는 어린이를 "13세 미만의 자"로 규정한다. 그리고 청소년의 개념은 청소년보호법에서는 "만 19세 미만의 자"로, 청소년기본법에서는 "9세 이상 24세 이하인 자"로 규정하고 소년법에서는 소년을 "19세 미만인 자"로, 민법에서는 미성년자를 "19세 미만인 자"로 규정하고 있다. 이처럼 아동이란 용어와 개념은 통일되게 정의되지 않고 다양하게 사용되고 있는데, 본 교재에서는 아동의 연령을 아동복지법에 따라 "18세 미만의 자"로 규정하고자 한다. 우리나라의 법에서 아동과 관련해 연령을 언급한 것을 정리하면 〈표 1-1〉과 같다.

〈표 1-1〉 우리나라 법에 나타난 아동 관련 연령구분

법 률	호 칭	연령구분
아동복지법	아동	18세 미만인 사람
영유아보육법	영유아	6세 미만의 취학 전 아동
유아교육법	유아	3세부터 초등학교 취학 전까지의 어린이
교육기본법	아동	6~12세
청소년기본법	청소년	9세 이상 24세 이하의 자
청소년보호법	청소년	만 19세 미만인 사람
민법	미성년자	19세 미만의 자
형법	형사 미성년자	14세 미만의 자
근로기준법	연소자	15세 미만의 자
도로교통법	유아/ 어린이	유아 : 6세 미만의 자, 어린이 : 13세 미만의 자

3. 아동의 특성

아동의 특성을 의존, 성숙, 민감성, 욕구, 적응의 면에서 살펴보면 다음과 같다.

1) 의 존

의존은 아동기의 가장 중요한 특성이다. 아동은 생존, 즉 신체적 · 지적 · 사회적 발달을 타인들의 사랑이나 관심 또는 보호에 의존하게 된다. 부모를 상실하였거나, 부모가 있어도 사랑과 보호를 받을 수 없는 경우 아동은 정체감이나 생존에 위협을 느낀다. 아동의 욕구는 부모와의 관계라는 맥락을 떠나서는 이해되거나 충족될 수 없다. 아동의 욕구 충족이나 문제에 대한 도움은 부모나 그 아동과 가장 가까운 사람들의 협조를 통해서 이루어질 수 있다.

2) 성 숙

성숙은 아동기의 중요한 특징이며, 미성숙한 과정에서 성숙한 과정으로 옮아가는 것이 아동기이다. 이때 아동은 자신의 성장단계에 적절하게 대처하면서 필요한 이해력, 기능 또는 능력 등을 발전시켜 나가게 된다. 그러므로 아동은 주변의 격려와 지도가 필요하며, 자기 수준에 알맞은 지식, 기술, 행동방식 및 가치 등에 관한 학습의 기회가 필요하다. 아동은 그들의 발달수준, 능력 및 관심 등에 비추어 이해되어야 하고, 아동에 대한 기대는 그 아동의 발달수준이나 능력에 적당한 것이어야 한다. 그렇지 못하면 퇴행하게 된다.

3) 민감성

아동기는 감정이 매우 민감하고 강렬한 시기이다. 아동은 그의 욕구나 원망에 대하여 만족을 즉각적으로 얻기를 원하며, 느슨하게 참고 기다릴 줄을 모른다. 아동들의 욕구충족에 대한 계속적인 실패는 불안과 불신 또는 자신의 세계관을 왜곡시키는 적개심 등을 조성하여 결국은 냉담과 퇴행으로 이어진다.

4) 욕 구

아동은 식욕, 갈증, 호흡, 수면, 휴식, 배설, 고통회피 등의 생리적 욕구뿐만 아니라 정신적·심리적·인간적 욕구의 충족을 강하게 갈망하는 존재이다. 모든 아동은 가정과 사회 내에서 인간다운 사랑을 얻고 싶어 하고, 또래 아동의 틈에서 어울리고, 자립하고, 인정받고 싶어 하며, 새로운 경험을 얻고자 하는 인격적 욕구가 강하게 일어나는 시기에 있기 때문이다. 이와 같이 아동은 생리적 욕구의 충족뿐만 아니라 인격적 욕구의 충족을 강하게 갈망하는 존재라고 할 수 있다.

5) 적 응

아동기란 인간 사회에 태어나서 인간으로서 독립된 생활을 가능하게 하는 사회적응을 학습해야 하는 시기이다.

현대 아동에 대한 과제는 생리적 욕구의 성장·발달보다는 오히려 사회적응을 잘할 수 있는 인간으로서의 성장·발달 과정에 있다. 따라서 아동이 성장하기 위해서는 여러 집단에서의 지속적이고 단계적인 보호와 양육이 절대적으로 필요하다.

6) 아동의 일반적인 특성

인간은 전 생애에 걸쳐 성장·발달한다.

15세기경 아동이 누구한테서도 배움 없이 사용하는 말이 라틴어인지 희랍어인지, 그 인종의 언어가 무엇인지 알고 싶어 한 프레데틱 3세는 가정이 없는 신생아를 모아서 필요한 음식, 목욕, 보온 및 신체적 보호를 충분히 제공해 주었지만, 다른 한편으로는 한마디 말을 건네거나 애정표현을 일체 금한 실험을 하였는데, 결국 이 아동들은 제대로 성장하지 못하고 모두 사망하였다고 한다. 여기서 우리는 아동은 학습을 요하는 존재이며 애정을 절대적으로 필요로 하는 존재, 가정을 요하는 존재 또는 사회집단 속에서 대인관계를 가져야 하는 존재라는 것을 알 수 있다.

즉, 아동의 일반적인 특성을 종합하면 다음과 같다(장인협 · 오정수, 2000).

① 아동은 일반적으로 성인에 대비되는 말로서 신체와 정신이 미성숙한 상태이다.
② 아동이란 인간의 전 생애 중에서 여러 성숙단계를 거쳐 성장 · 발달한다.
③ 어떤 포유동물보다도 장기간에 걸쳐 생존보호가 필요하다.
④ 아동은 생리적, 인격적 욕구가 함께 충족되어야 한다.
⑤ 아동은 가정을 시초로 점차 사회화되어 간다.
⑥ 아동도 사회적 인간으로서 성장하기 위하여 사회환경에 적응할 수 있는 능력을 학습해야 한다.

제2절 아동복지의 개념

1. 아동복지의 어의(語義)적 배경

아동복지란 '아동'과 '복지'라는 두 용어의 합성어이다. '복지'라는 용어는 영국의 대주교인 윌리엄 템플(William Temple)이 처음으로 사용한 사회복지(social welfare)라는 말에서 비롯되었다. 복지의 영어단어는 welfare로서 'well'은 '잘, 훌륭히, 충분히'라는 뜻의 부사이고, 'fare'는 '지내다, 살아가다'라는 뜻의 동사로서 이 두 단어가 합쳐져 '평안히 잘 지내는 상태'를 말하고 있다.

이러한 어원적 관점에서 볼 때 'welfare'란 보다 나은 행복에 대한 이념뿐만 아니라 그것을 향한 실천적 행동의 의미도 내포하고 있음을 알 수 있다. 따라서 아동복지란 아동에 대한 이념적 목표가 되는 아동의 복지와 그것으로 향한 실천적 활동까지도 포함하는 개념으로 사용된다. 『Encyclopedia of Social Work』에서는 아동복지라는 용어를 ① 서비스의 한 분야, ② 아동을 위한 서비스 프로그램, ③ 아동의 총체적 복지, ④ 아동의 복지를 위하여 제공되는 정책과 활동 등으로 사용되고 있다(김의영, 1999).

2. 아동복지의 개념

시대적 상황과 사회의 아동관은 밀접한 관계를 가지는데, 현재의 아동관은 아동을 인격을 지닌 독립적 객체로 인식하며, 아동복지의 개념은 아동들의 행복한 삶과 이러한 상태를 누릴 수 있게 하기 위한 실천적 행동까지도 포함하는 적극적 개념으로 설명할 수 있다.

프리들랜더(Friedlander)는 그의 저서 『사회복지입문』에서 "아동복지는 단지 빈곤, 방임, 유기, 질병, 결함 등을 지닌 아동 혹은 환경에 적응하지 못하는 비행아동에게만 관심을 두는 것이 아니며, 모든 아동이 신체적·지적·정서적 발달에 있어서 안전하고 행복할 수 있도록 위험으로부터 지키고 보호하는 공공과 민간의 기관에서 실시하는 사회적·경제적·보건적 제반 활동이다"라고 정의하고 있다(Friedlander & Apte, 1974).

미국사회사업연감에서는 아동복지를 아동이 행복하게 살며, 그들의 생활에서 잠재능력을 최대한 발휘할 수 있고, 건강하고 건전한 개인으로 성장, 발달할 수 있도록 하는 것을 목적으로 하는 광범위한 노력을 내포한다고 했으며, 마이어(Meyer)는 아동복지는 지속적 사회체계의 하나로서 아동의 복지를 증진시키기 위한 사회제도이며, 하나의 전문직으로서 사회사업의 한 분야라고 했다(Meyer, 1985 : 100-103).

미국의 아동학자 카두신(Kadushin, 1980)은 아동복지를 좁은 의미와 넓은 의미로 나누어 정의하고 있다. 좁은 의미의 아동복지는 특수한 문제를 가진 아동과 그 가정을 대상으로 전문적인 기관에서 행하는 특수한 서비스를 말하는 반면, 넓은 의미의 아동복지는 모든 아동들의 행복 및 사회적응을 위해 심리적·사회적·생물학적 잠재력을 개발시켜 주기 위한 각종의 방법을 말한다.

우리나라 학자인 장인협과 오정수(2000)는, 아동복지는 사회 구성원으로서 아동의 기본적인 욕구를 충족시키고 건전한 성장과 발달을 도모하기 위해 여러 가지 활동을 가능하게 하는 공적인 방법과 절차라고 정의하며, 방법과 절차에는 아동과 관련된 법령, 공공조직 및 민간기관, 사회복지 전문직과 같은 제도화된 실천방법을 모두 포함하고 있다고 보았다.

1) 좁은 의미의 아동복지

좁은 의미의 아동복지는 요보호아동을 대상으로 아동복지 전문가들이 실제적으로 행하는 조직 활동을 말하며, 문제가 있는 아동과 그 가정을 대상으로 전문적 기관에서 행하는 프로그램 또는 서비스이다. 여기서 요보호아동이란 주로 구조적으로나 기능적으로 부적절한 양육환경에서 자라는 아동이나 발달상의 문제나 장애를 가진 아동을 말한다(이소희 외, 1997). 그 예로 빈곤가정이나 폭력 및 해체가정의 아동, 선천적 또는 후천적 요인에 의하여 정상적으로 성장하지 못하고 신체 기능상에 장애가 있거나, 정서나 행동상에 문제를 지닌 아동들을 들 수 있다.

2) 넓은 의미의 아동복지

넓은 의미의 아동복지는 사회의 구성원이 아동의 기본적인 욕구를 충족시키고 건전한 성장과 발달을 도모하기 위해 여러 가지 활동을 가능하게 하는 공적이며 제도화된 실천방법과 절차를 의미한다. 실제로 오늘날 우리나라를 비롯하여 대부분의 국가에서 실시되는 아동복지는 법적 근거에 따르며, 대표적인 법으로 아동복지의 모법이자 기본법적인 기능을 하는 아동복지법을 들 수 있다. 이 법은 아동이 건강하게 출생하여 행복하고 안전하게 자라나도록 그 복지를 보장함을 목적으로 하고 있다.

넓은 의미의 아동복지 대상은 일반아동과 요보호아동을 구분하지 않는, 곧 모든 아동이 대상이 되며 모든 아동의 안녕을 위한 활동으로 볼 수 있는 것이다.

3. 아동복지의 의의

아동복지의 이념에 따라 아동복지의 의의를 다음과 같은 세 가지 관점에서 찾아볼 수 있다. 첫째, 아동은 한 인간으로서 기본적 생활에 대한 보장이 요구된다. 아동의 부모나 양육자에게 신체적·경제적·사회적 문제가 발생하여 보호와 양육을 할 수 없는 경우 아동의 건전한 발달을 지속시키기 위해 사회가 양육과 보호기능을 담당해야 한다. 둘째, 사회적 관점에서 국가의 발전을 위해 미래 인력인 아동을 보호하고 육성해야 한다. 아동은 국가의 미래를 책임질 인적자원이라는 인식하에 다양한 교육, 문화 및 의료 지원을 제공해야 한다. 셋째, 사회문제의 예방적 측면이다. 아동기에 빈곤이나 학대 등의 문제에 개입하게 되면 성인기에 야기될 수 있는 각종 사회문제의 발생을 미연에 방지할 수 있다. 즉, 아동복지의 의의 및 필요성은 아동의 기본적 생활 보장, 미래 인력의 보호와 육성, 사회문제의 예방이라고 할 수 있다. 이러한 세 가지 관점을 보다 구체적으로 살펴보면 다음과 같다(이재연 외, 2002).

1) 아동의 기본적 생활 보장

인간은 독립적이고 성숙한 존재가 되기 위해 타인의 보호와 양육을 필요로 한다. 출생부터 2세 정도까지는 특히 기본적인 음식섭취와 배설물의 통제를 혼자 할 수 없고 타인에게 절대적으로 의존해야 생존할 수 있다. 조금씩 성장함에 따라서 유아기와 아동기에는 기본적인 생리적 욕구나 의사표현을 할 수 있지만, 혼자 자립생활을 할 수 없고 의존적인 활동을 하게 된다. 한 인간이 스스로 기본적 생활을 보장받으려면 장기간 타인의 보호하에 생활을 할 수밖에 없다.

아동의 부모와 가족이 보호와 양육의 기능을 적절히 수행하지 못하게 되면 사회가 아동의 기본적 생활 유지와 양육을 공동 책임져야 한다. 따라서 아동이 속한 가정환경의 변화에 관계없이 건전하게 성장하고 발달할 수 있도록 기본적 보호와 양육을 보장하고 가족을 지원할 수 있는 사회제도를 마련하는 것이 아동복지의 의의라고 할 수 있다.

2) 미래 인력의 보호와 육성

아동이란 권리를 부여받은 존엄한 인격체로서뿐만 아니라 이 나라를 짊어질 능동적이고 발전적인 미래의 주인공으로서 의의가 있다. 따라서 전문지식과 건전한 인격을 갖춘 사회성원으로 성장하도록 도와야 할 필요가 있다.

정보와 지식의 사회인 21세기를 맞이하여 경제적으로 풍요하고 소외된 계층이 없이 민주적으로 공동 참여하는 복지사회를 구현하기 위해 미래의 주인공이 될 아동에게 바람직한 미래사회를 건설할 수 있는 재능, 인격, 기술 등을 갖출 수 있도록 기회를 최대한으로 마련해 주어야 한다. 특히 우리나라와 같이 부존자원이 부족한 나라에서는 인력자원의 개발이 중요하며, 그 효과적인 실현을 위해 아동들의 잠재능력 개발을 위한 제반 대책이 필수적으로 국가발전 정책에 반영되어야 한다.

3) 사회문제의 예방

아동기에는 욕구좌절이나 빈곤에 따른 물리적 박탈감 또는 문화적 결핍에 의한 정서불안이나 신체적 이상 또는 비행이나 폭력, 음주 등의 문제가 야기될 수 있다. 아동은 성인과 마찬가지로 다양한 욕구를 가지고 있으나, 스스로는 이러한 욕구를 충족할 수 있는 능력이 없으므로 가족이나 사회에서 이를 충족시켜 주어야 한다. 아동이 가지고 있는 욕구를 충족시켜 행복감과 만족감을 누리게 함으로써 사회문제를 미연에 방지하거나 해결하기 위한 각종 활동 및 제도의 정비로 볼 수 있다.

4. 아동복지의 접근방법

아동복지는 사회적 요구와 아동과 관련된 사회문제, 즉 아동문제를 해결하는 모든 방법이다.

1) 정책적 접근방법

대부분의 나라는 아동복지정책을 사회보장정책의 일환으로 추진하고 있으며 우리나라도 이에 준하고 있다. 사회보험은 가입자가 보험료를 부담하는 것을 전제조건으로 위험이 발생했을 경우 급여를 받는 제도이고, 공공부조는 보험료를 부담할 수 있는 능력이 없거나 보험급여만으로 최저생활 유지가 곤란한 자들을 위해 국가에서 최저생활을 보장하는 제도이다. 그리고 사회서비스는 모든 국민의 복지증진을 위해 인적·물적 서비스를 제공하는 제도라고 할 수 있다. 아동과 관련된 대표적 사회보장제도는 각종 연금, 가족수당, 출산수당, 질병수당, 아동수당 등이 있다.

2) 전문적 접근방법

전문적 접근방법은 사회복지의 대상을 개인과 사회 상황 간의 부적응으로 보고, 이를 환경에의 적응을 위한 인간관계 조정으로 해결하려는 것이다. 그리고 문제의 해결도 환경개선과 퍼스낼리티의 개발에 역점을 두고, 개인의 일탈의 원인을 찾아 심리요법과 환경조정으로 인간을 변화시키는 것을 말한다. 즉, 전문사회사업은 인간의 퍼스낼리티를 발전시키고 사회의 자원을 동원하여 인간의 욕구를 충족시키는 과정이며, 이를 위해 개별사회사업(case work), 집단사회사업(group work), 지역사회조직사업(community organization), 사례관리 등의 방법을 활용하고 있다.

3) 통합적 접근방법

모든 사회복지사들이 개인, 집단, 지역사회에 제기되는 사회문제에 대처해 나가고자 할 때 활용할 수 있는 공통된 하나의 원리나 개념을 제공할 수 있는 방법의 통합화를 말한다.

원조기술, 관여기술, 관찰기술, 커뮤니케이션기술 등이 있으며 초기접촉 단계, 사정 및 계획 단계, 개입행동 단계, 종결평가 단계 등의 4단계 과정을 통해 이루어진다.

제3절 사회변화와 아동복지

1. 아동복지 출현의 제 요인

사회의 발전과정에서 빈곤, 질병, 불의의 재해, 심신장애, 가정결손, 열악한 주거환경, 노동 착취 등의 아동의 복지 장애가 발생함으로써 아동문제가 발생하였다. 대처방법으로 초기 자선적·구호적 차원의 보호 제공에서 인도주의 이념과 사상의 발전, 아동에 대한 과학적 지식 발달 및 정치적·사회적·경제적 변화와 발전으로 아동문제에 대처하는 전문적 프로그램과 서비스를 담당하는 아동복지 전문직이 출현하게 되었다(Kadushin, 1974). 이에 아동복지 출현 요인을 살펴보면 다음과 같다.

1) 인도주의 이념과 사상의 발전

① 과거 아동문제 해결의 미봉책 → 피임, 유산, 유기

② 고대사회 : 피임의 실패 → 유아살해(infanticide, 사회적으로 용납되고 강제성을 띰). 특히 부모의 결손, 사생아의 출생, 기형 장애아 및 쌍둥이의 출생은 유기(abandonment)나 방임의 대상이 되었다.

③ 인도주의와 기독교 사상의 등장 → 생명경시는 범죄임이 주창되기 시작하였다.

2) 경제적·정치적 변화와 발전

① 경제적 요인 : 산업혁명 → 사회 구성원의 생산능력 향상 → 많은 수의 요보호아동을 보호할 수 있는 경제적 부양능력 증대 → 신체장애아동, 정신질환아동, 부모의 보호를 받지 못하는 요보호아동 → 사회적 지원과 보호 가능

② 정치적 요인 : 정치적 불안의 요인에서 벗어나기 위해 아동복지정책이 필요하였다. 아동복지사업을 대비하지 못하면 → 비행아동의 증가, 신체적·정

신적 장애아의 발생 증대 → 사회불안 초래 → 지역사회가 후원하는 시설의 필요성 증대

3) 아동기의 발견

과거 평균수명이 40년이던 시대에 아동은 어려서부터(6~7세 때) 생계에 가담하여 성인의 역할과 책임을 수행해야 했으며 아동기가 존재하지 않았다. 즉, 아동기는 성인기의 일부로만 생각하였다. 그러나 현대교육의 발전과 더불어 아동기는 인생주기에 있어서 중요한 특성을 지니는 시기라는 것이 받아들여지고, 보다 공식적이고 고도화된 교육체계의 필요성이 증가하고 있다.

4) 사회제도의 전문적 분화

① **고대 농경사회** : 대가족제도에서 부모가 자기역할을 하지 못하여 유기된 아동이라도 친족, 이웃 간에 상호부조를 통하여 보호 가능하였다.

② **현대사회** : 가족의 기능의 변화와 사회제도의 분화, 아동기의 중요성에 대한 인식으로 인하여 사회제도적인 차원에서 전문지식과 기술을 활용할 수 있는 아동복지의 시설과 기관의 활동의 필요성이 증대되었다.

아동의 보호

친척 → 이웃 → 상조회 → 교회 → 친선단체 → 공공단체 → 직업조직 → 전문적 기관 등으로 제도적으로 분화됨

5) 과학의 진보

과학적 지식의 진보는 아동복지의 학문과 전문직을 발전시키는 데 크게 기여하였다. 즉, 이제까지의 맹목적인 보호에서 벗어나 아동에 관한 지식과 기술에 기초한 과학적인 보호방법을 채택하게 하는 데 기여하였다. 프로이트는 아동기의

중요성을 강조하고 인간의 인격형성이나 사회화 과정의 첫 단계이므로 이때 건전하게 성장하지 못하면 문제아동이 될 수밖에 없다고 주장하였다. 그리고 많은 영역에서 아동에 대한 조사와 연구를 통하여 아동문제 해결에 기여하였다.

6) 가정과 아동의 지위의 변화

가족의 지위와 아동의 지위는 관계가 있다. 과거에는 가족보다 교회나 직업집단, 동료집단, 정치조직과 국가 등이 우위를 차지하여 가족의 지위는 약화되었고 이에 아동의 지위도 경시당하였다. 그러나 가정이 인간생활에서 특히 아동들에게 중요한 안식처로 인식되기 시작하면서 다른 체계들이 가족에 연계되는 경향이 있으며, 가족 체계 내에서 중요한 지위를 차지하고 있는 아동에 대한 인식의 증대로 아동문제에 대한 학문이나 서비스가 발전하게 되었다.

7) 아동인구의 변화

아동문제에 영향을 미치는 것은 출산율과 사망률의 관계이다.

① **과거** : 성인중심 사회 → 아동의 사망률에 대한 관심이 없었다.

② **현대** : 위생과 공중보건, 의료 등 제반 대책의 발전과 가족계획 → 무분별한 출산에서 양육 가능한 계획적인 출산의 경향 → 아동의 사망문제에 대처 → 아동이 존엄한 인격적 존재로 성장할 수 있도록 아동복지가 발전

8) 아동의 법적 지위 향상

17세기 아동에 관한 문서를 보면 '어린이는 진정한 의미에서 동물도 아니고 진정한 인간도 아니다'라고 하여 그 비천함을 보여주고 있다. 초기 서구의 법체계에 있어서도 아동의 권리는 인정받지 못하였으며, 우리나라도 '내 자식 내 마음대로 때리는데 누가 무엇이라고 하나'라는 말이 있다.

1959년 유엔총회에서 아동의 권리 선언을 선포하였으며, 선진국에서는 아동의

인권이 법으로 보장되어 강압적 통제는 안 되며, 극단적인 경우 부모의 자녀 양육에 대한 권한이 박탈되기도 한다. 우리나라도 아동복지법에서 아동이 건전하게 출생하여 행복하게 육성되도록 규정하고 있다. 이러한 추세가 아동복지의 필요성의 인식과 서비스의 발전에 중요한 계기가 되고 있다.

2. 우리나라 아동의 생활환경

1) 사회문화적 조건

① 도시화의 급속한 진전으로 대도시로의 인구 집중은 주택의 절대 부족과 대단위 아파트 단지 건설로 인해 아파트 단지들 간의 계층 간 공간적 분리현상이 일어나고 육아와 교육문제의 심각성이 대두되었다.

② 도시화율의 상승은 도시빈민과 불량 주거지역 형성, 범죄와 폭력의 증가, 지역 간의 불균형한 발전, 교통 체증, 환경 파괴 등의 현상을 심화시키고 빈곤의 세습화 현상이 심각하다.

③ 정보화 사회의 도래로 생활패턴 변화와 인터넷을 통한 국제화시대가 대두되었다. 멀티미디어는 새로운 정보를 형성하여 재택구매, 주문형 비디오 및 주문형 뉴스, 화상회의 시스템, 원격의료, 컴퓨터 교수 및 원격교육, 영화, 게임, 재택금융, 재택근무 등이 가능하게 되었다.

④ 고학력 사회로 진입하면서 세계 제일의 교육열은 가족 이기주의에 편향한 권력과 부를 획득하기 위한 출세의 수단으로서 이용되고 있다.

⑤ 가족 이기주의의 양육방식, 획일화된 가치를 선호하는 편협성과 부모의 배타성은 양육과정을 통해 어린이의 이기심과 비사회적 행동을 초래한다.

⑥ 성 역할의 사회화에 있어서 아들과 딸의 양육 방식에 차이가 있다.

⑦ 세계화, 정보화는 지구촌 시대(종교, 언어, 가치관, 생활방식, 관습 등의 이질문화의 집합체)를 이루고, 국제화 사회에서 자국문화뿐만 아니라 다른 문화의 특수성과 고유성까지 이해하고 수용할 수 있는 국제적 감각과 창의적인 사

고능력을 요구하고 있지만 우리나라의 학교와 사회는 이에 대처하지 못하고 있다.

2) 사회변화와 가정환경

(1) 가족구조의 변화

가정 소득이 증가하면서 삶의 질은 향상되었지만 사회변화와 더불어 가족의 구조 또한 변화하고 있다. 가족제도는 사회제도와 서로 영향을 주고받는데, 산업화・도시화・정보화 등과 같은 사회구조의 변화에 적응하면서 변화하고 있다. 가족구조는 사회구조에 대응하여 변화하는데, 일반적으로 가족은 부부를 중심으로 친자나 형제 등 근친자를 구성원으로 하는 혈연적 집단이다. 그러나 이들 요건을 모두 갖추어야만 가족이 성립되는 것은 아니다. 부부 중 한쪽이 없는 경우, 부모 양쪽이 없는 경우, 혈연은 아니지만 법률적으로 친자관계를 맺고 있는 양친자의 경우 등도 가족이기 때문이다.

현대 가족은 전통사회의 3세대 이상의 확대가족에서 1세대 가족이 증가하고 있으며, 가구원 수도 최소화되고 있는 실정이다. 한국의 전통 가족제도인 가부장적 직계가족이 부부중심의 핵가족화되며, 한부모가족, 새싹가정, 노인단독가구, 미혼단독가구, 딩크족(DINK : Double Income, No Kids)이라고 하는 무자녀가족 등으로 변화하고 있다.

이렇게 다양한 가족의 출현 배경 중 하나는 가치관의 변화이다. 혼인가치관의 변화는 가족 형성, 가족의 지속 여부, 가족 구성원 등의 변화를 초래한다. 자녀에 대한 가치관은 전통사회에서는 가계계승, 노동력의 확보, 노후부양기대 등의 의미에서 매우 중요시되어 왔으나, 근대 산업화 사회에서는 많은 수의 자녀가 부부의 자녀부양부담을 증가시키고, 부부중심의 가족생활의 강조로 인하여 소자녀관이 형성되었다. 경제활동, 자녀양육, 가사분담 등에 있어서 성역할관이나 부부간의 의사결정에 관한 가치관이 평등주의적으로 변화되어 가고 있다.

(2) 가족기능의 변화

전통적 가족의 기능은 자녀의 출산, 자녀의 사회화, 자녀양육과 교육, 노인의 부양, 경제적 기능, 사회통합이라고 볼 때, 현대사회는 산업화로 인하여 가족으로부터 생산 활동을 분리하여 자급자족의 경제단위로의 가족기능을 상실하였고, 전통적으로 할 수 있던 가족의 고유한 기능 중 성욕을 합법적으로 만족시키는 기능, 자녀의 출산과 양육, 가족원과의 애정의 도모를 제외한 가족기능의 일부가 전문사회기관으로 이양되었다.

(3) 여성취업률의 증가

기혼여성의 경제활동 증가의 추세로 과거 가족의 역할로서 남성은 사회 일, 여성은 가사라는 가치관이 변하고 있으며, 이는 아동복지의 필요성 인식과 서비스의 발전에 중요한 계기가 되고 있다.

(4) 이혼가정의 증가

이혼증가의 요인은 가족에 대한 책임감이라는 개인주의적 가치관의 형성과 애정적 유대에 근거한 개인의 정서적 유대에 가치를 두는 시대적 가치관의 변화(서동인, 1995)와 남녀 성역할에 대한 태도의 변화, 여성의 경제력 향상과 이혼을 억제할 수 있는 법적·도덕적 장치들의 약화 및 부모가 자녀를 결혼생활에서의 갈등을 견디지 못하는 미성숙한 성인으로 키우고 있다는 점이 크게 작용한다.

〈표 1-2〉 총 이혼건수 및 이혼율

(단위 : 건, %)

연 도	총혼인건수	총이혼건수	이혼율
2012	327,073	114,316	35.0
2013	322,807	115,292	35.7
2014	305,507	115,510	37.8
2015	302,828	109,153	36.0
2016	281,635	107,328	38.1

출처 : 통계청. 인구동태통계연보. 각 년도.

3) 아동과 가정환경의 변화

(1) 자녀양육의 책임

과거에 아동의 복지는 가족의 책임이었으나, 현대는 자녀양육의 책임이 부모에서부터 사회로 이양되고 있고 아동의 교육시작 연령이 낮아짐으로써 아동복지에 개입하는 사회기관의 다양화와 보육기관의 필요성이 증가되고 있다.

(2) 가족 구성원은 자녀의 사회화의 대행자

사회화 과정은 가족과 아동의 상호작용에 의해서 일어나며, 이 둘의 상호작용에는 그들이 속해 있는 사회의 가치관이나 행동의 규범을 전수하고 받는 과정이 포함된다. 아동은 단순히 가족 구성원 또는 부모로부터 사회규범을 전수받거나 수동적으로 반응하지는 않는다. 아동은 능동적으로 성장하는 개체로서 주변 사람들을 재구조화할 수 있는 역동체제이다.

(3) 성장·발달 단계에 따라 상호작용하는 범위

아동과 가정 및 사회화의 관계는 아동이 성장함에 따라 상호작용하는 대상과 범위가 달라진다. |그림 1-1|과 같이, 영아기(0~2세)의 아동은 가족 구성원과의 상호작용이 전부이나 유아기(2~6세)의 아동은 대부분의 시간을 가족 구성원과 역동적인 관계를 맺고 일부분의 상호작용은 또래와 이루어진다. 그러나 아동이 초등학교에 들어가면 학교, 이웃의 또래와 친구 등으로 상호작용의 범위가 확대된다.

아동양육에 있어 부모를 포함한 가족의 기능과 역할은 아무리 강조해도 지나치지 않을 만큼 중요하다. 그러나 자녀의 보호와 양육, 사회화, 교육 등 아동을 위한 가족의 기능은 사회의 발전에 따라 점차 약화되었고, 일부 기능이 보육시설이나 교육기관 등 다른 사회제도들에 의하여 수행되고 있다. 아동양육의 책임에 있어서도 가족의 책임으로부터 사회의 책임으로 책임의 주체가 확대되거나 변화하고 있다.

|그림 1-1| 아동의 발달단계에 따른 상호작용

4) 부모의 역할 변화

자녀가 바람직하게 성장할 수 있도록 함에 있어서 부모의 역할은 가정환경 중에서도 매우 중요한 요인이라 할 수 있다. 그러나 실제로 부모가 자녀양육의 역할을 수행하는 데에는 성역할의 변화, 형제 출생, 가족 구조 변화 등 여러 가지 요인들이 작용한다. 예를 들어, 성역할 변화는 부모역할 수행에 상당한 영향을 미치는데, 오늘날의 시대적 흐름은 부모들이 양성성의 역할을 수행하는 경우가 많아 어머니의 역할과 아버지의 역할이 뚜렷이 구분되는 경우는 점차 드물어지고 있다.

요 약

1. 아동의 정의

아동이란 신체적・정신적으로 미숙한 상태에 있으며, 계속적인 성장・발달 단계에 있는 인간을 총칭한다.

2. 우리나라 법에 나타난 아동 관련 연령구분

법 률	호 칭	연령구분
아동복지법	아동	18세 미만인 사람
영유아보육법	영유아	6세 미만의 취학 전 아동
유아교육법	유아	3세부터 초등학교 취학 전까지의 어린이
교육기본법	아동	6~12세
청소년기본법	청소년	9세 이상 24세 이하의 자
청소년보호법	청소년	만 19세 미만인 사람
민법	미성년자	19세 미만의 자
형법	형사 미성년자	14세 미만의 자
근로기준법	연소자	15세 미만의 자
도로교통법	유아/ 어린이	유아 : 6세 미만의 자, 어린이 : 13세 미만의 자

3. 아동복지의 개념

아동복지는 빈곤, 방치, 유기, 질병, 결함 등을 지닌 아동 혹은 환경에 적응하지 못하는 비행아동에게만 관심을 두는 것이 아니며, 모든 아동이 신체적・지적・정서적 발달에 있어서 안전하고 행복할 수 있도록 위험으로부터 지키고 보호하는, 공공과 민간의 기관에서 실시하는 사회적・경제적・법률적 제반 활동이다.

연습문제

01 아동의 특성과 관계없는 것은?

① 민감성 ② 적응성
③ 미성숙 상태 ④ 독립성

02 아동복지법에 규정된 아동의 연령한계는?

① 18세 미만의 자
② 취학의 시기에서 만 18세까지의 자
③ 만 1세에서 초등학교 취학 전까지
④ 20세 미만의 자

03 현대 가족이 부부중심의 생활을 함으로써 유발되는 아동의 문제는?

① 아동의 유기나 학대 ② 정서장애
③ 자녀들의 교육문제 ④ 가족성원들 간의 불신과 갈등

04 아동복지의 대표적 학자와 그 학자들이 정의한 아동복지 개념을 연결하시오.

〈보기〉
① 가족의 기능 및 그 가족을 지원하는 분야
② 서비스의 개념
③ 아동의 건전한 성장과 발달을 위한 조직적인 활동 개념
④ 사회체계 및 독립된 사회제도로서의 개념
⑤ 잔여적 의미 강조

① 프리들랜더 (　　) ② 마이어 (　　)
③ 카두신 (　　) ④ 타시로 (　　)

05 **아동복지에 대하여 맞는 설명에 ○, 틀린 설명에 × 하시오.**

① 아동복지에서의 복지는 편안히 잘 지내는 것을 의미한다. (　　)
② 아동을 위해 제공하는 인간서비스이다. (　　)
③ 아동이 행복한 삶과 이러한 상태를 누릴 수 있기 위한 실천적 행동까지도 포함한다. (　　)
④ 아동을 위해 사회복지 프로그램을 제공하는 것이다. (　　)

06 **현대사회에서 아동양육을 저해하는 가정기능의 약화 내지 결함요인으로서 가장 관계가 적은 것은?**

① 산업화와 여성의 사회참여 증대로 인한 가정의 아동양육기능 약화
② 핵가족화로 인한 아동의 대인관계 경험 부족 및 인격의 약화
③ 도시집중 및 인구과밀로 인한 아동의 건전한 생활공간 부족과 아동의 불건전한 도시환경에의 방치
④ 모든 아동들의 건전한 성장, 발달을 돕는 공・사 아동복지기관의 부족

07 **우리나라의 어머니는 자녀를 위해 취업한다고 하므로 자녀가 죄인이고, 미국의 어머니는 자신을 위해 취업하므로 자신이 죄인이라고 생각하는 경향이 있다고 한다. 여러분의 생각은 어떠한지 토론해 보시오.**

정답	1. ④　2. ①　3. ①　4. ②/④/⑤/③　5. ○/○/○/○　6. ④

제 2 장

아동권리와 복지의 정초적 가치

제 2 장 아동권리와 복지의 정초적 가치

제1절 바람직한 아동관의 확립

1. 아동은 인권을 가진 존엄한 존재

1) 아동의 권리(Ellen Key, '20세기 아동의 세기')

① 심신이 다 같이 건전하게 태어나서 육성될 권리

② 정상적인 가정생활을 보장받을 권리

③ 능력에 따라 교육받을 권리

④ 유희 및 레크리에이션의 기회를 받을 권리

⑤ 건전한 사회환경에서 생활할 권리

⑥ 특별한 치료, 교육, 보호를 받을 권리

2) 아동권리의 개념

① 인간으로서 그리고 사회의 시민으로서 생존, 성장・발달, 양육, 교육과 보호를 받을 권리가 있다.

② 아동의 욕구 충족을 아동의 권리로 보장하는 것이 아동복지의 원리이다.

③ 아동권리의 3P

- 제공(Provision) : 생존에 필요한 인적・물적 자원을 제공받고 사용할 수 있는 권리로서, 아동이 위해한 행위로부터 보호받을 권리이다. 즉, 아동은 적절한 의식주를 제공받으며 건강하고 위생적인 삶을 향유하며 문화

적인 삶을 누릴 수 있는 복지권을 가진다.

- 보호(Protection) : 폭력과 공포, 학대나 방임으로부터 보호받을 권리이다.
- 참여(Participation) : 자신의 의견을 주장하고 결정할 수 있는 적극적인 의사결정권과 자신이 원하는 활동에 참여할 수 있는 권리를 가진다. 즉, 아동이 자신의 인생에 중요한 영향을 미치는 결정에 대해 알 권리를 말한다(장인협 · 오정수, 2000).

3) 아동권리사상의 역사적 전개 과정

① 고대사회

종족이나 부족중심 사회로서 아동은 종족보존이나 보호 또는 생산수단으로 간주되었으므로 기준에 미달된 허약한 아동, 장애아동에 대한 영아 유기나 살해가 공공연히 성행하고 그릇된 사회관습이나 미신에 의해 희생의 제물이 되는 등 생존의 위험을 받는 무기력한 존재였다.

② 중세시대

봉건제도하의 엄격한 신분사회에서 아동은 군사력이나 경제력의 확보 수단이었고, 상하질서의 계층사회에서 신분에 따라 아동의 권리는 차별화되었으며, 자본가들의 무리한 이윤추구로 임금이 싼 연소자들을 대상으로 한 아동 노동력의 착취를 초래하였다. 그러나 가톨릭교회를 중심으로 한 종교단체는 아동의 생명을 귀히 여김으로써 아동보호시설을 설립하여 아동을 보호하였으나 이는 단순한 자선행위였으며 아동의 이익이나 권리를 바탕으로 하지는 않았다.

③ 근대사회

산업혁명으로 봉건제도가 붕괴되고 자본주의가 탄생하였으며, 구빈법에 의해 아동보호에 대한 국가의 개입이 시작되었다.

④ 현대사회

산업화 · 도시화로 특징지어지는 현대사회에서는 국제사회의 노력으로 수동적인 아동보호에서 능동적인 아동권리 보장이라는 적극적인 아동권리 사상이 발달하기 시작했다.

⑤ 1922년 젭(Eglantyne Jebb) 여사가 세계 최초로 성문화된 아동권리를 선언·발표하였고, 1925년 영국은 '영아보호법', 프랑스는 2차 대전 후 '가족법'을 입법화하였으며, 미국은 1930년 루즈벨트 대통령이 제3회 백악관 회의를 소집하여 '미국 어린이 헌장'을 선포하였다.

⑥ 국제연맹(1924)

아동의 생존권 보장, 아동보호의 접근방법, 아동보호의 최우선 원칙, 자립보호와 착취의 보호, 아동 육성의 궁극적 목표 제시의 제네바 선언(아동권리 선언)을 채택하였으며, 1979년을 세계 어린이 해로 지정하였다.

⑦ 국제연합(UN, 1989)

아동 권리 협약을 채택하였으며, 1990년 국제법으로 효력이 발생하였다.

4) 국제협약

(1) 국제협약의 내용

① 일반원칙

- 무차별 원칙 : 아동이 인종, 피부색, 종교, 정치적 의견 등 어떠한 종류의 차별도 받지 않도록 협약에 규정된 권리 존중
- 아동이익 최우선의 원칙 : 아동에 관한 모든 활동에 있어서 아동의 최선의 이익이 최우선적으로 고려
- 아동의 생명 존중 및 발전보장 원칙 : 모든 아동에게 생명에 관한 고유의 권리를 보장
- 아동의 의사존중 원칙 : 아동에게 영향을 미치는 모든 문제에 대해 자신의 의견을 표시할 수 있는 권리 보장

② 선언적 권리의 보장

이름과 국적 취득, 신분의 보존, 표현의 자유, 사상·양심·종교의 자유, 결사와 집회의 자유, 사생활의 보호, 정보 접근권

③ 실천지향적 권리의 보장

- 최적의 생존을 보장할 수 있는 환경에서 성장할 권리
- 사회보장제도의 혜택을 받을 권리
- 최상의 건강을 위한 치료와 서비스를 받을 권리
- 교육을 받을 권리
- 경제적 착취와 노동으로부터 보호받을 권리
- 휴식과 여가의 권리
- 장애아동의 존엄성과 자립심을 높일 수 있는 지원과 서비스를 받을 권리

(2) 국제협약의 의의

① 아동의 권리에 대한 국가 간의 합의 기준을 마련

② 구체적인 절차와 규정을 명시한 실천적 대책 촉구

③ 각국의 아동복지정책과 프로그램의 준거가 됨

④ 인류공동체의식 형성과 복지 실현의 목표 추구

5) 우리나라의 아동권리

아동권리에 대한 규정을 포함하는 관련 법 : 아동복지법, 국민기초생활보장법, 모자보건법, 미성년자보호법, 소년법, 소년원법, 입양특례법, 근로기준법, 영유아보육법

(1) 헌법 제10조

"모든 국민은 인간으로서 존엄과 가치를 가지며, 행복을 추구할 권리를 가진다. 국가는 개인이 가지는 불가침의 기본적 인권을 확인하고 이를 보장할 의무를 가진다."

(2) 헌법 제34조 제1항

"모든 국민은 인간다운 생활을 할 권리를 가진다."

(3) 아동복지법 제1조

"이 법은 아동이 건강하게 출생하여 행복하고 안전하게 자랄 수 있도록 아동의 복지를 보장하는 것을 목적으로 한다."

(4) 아동복지법 제4조 제1항

"국가와 지방자치단체는 아동의 안전·건강 및 복지 증진을 위하여 아동과 그 보호자 및 가정을 지원하기 위한 정책을 수립·시행하여야 한다."

(5) 대한민국 어린이 헌장

1923년 5월 1일 제정된 어린이날 정신

① 1957년 5월 5일 어린이 헌장 제정 공포, 1988년 5월 5일 전면 개정 선포

② 선언지향적인 전문과 실천지향적인 본문으로 구성

③ 어린이 헌장의 성격

- 어린이에 대한 기본적 규범
- 법률이 아닌, 어린이에 대한 어른의 약속을 선포한 것
- 어린이의 본질을 명확히 하고 어른과 국민, 사회와 국가의 어린이 육성에 대한 다짐

대한민국 어린이 헌장(1988. 5. 5. 개정선포)

대한민국 어린이 헌장은 어린이날의 참뜻을 바탕으로 하여, 모든 어린이가 차별 없이 인간으로서 존엄성을 지니고 나라의 앞날을 이어나갈 새사람으로 존중되며, 바르고 아름답고 씩씩하게 자라도록 함을 길잡이로 삼는다.

㉮ 어린이는 건전하게 태어나 따뜻한 가정에서 사랑 속에 자라야 한다.

㉯ 어린이는 고른 영양을 취하고 질병의 예방과 치료를 받으며, 맑고 깨끗한 환경에서 살아야 한다.

㉰ 어린이는 좋은 교육시설에서 개인의 능력과 소질에 따라 교육을 받아야 한다.

㉱ 어린이는 빛나는 우리 문화를 이어받아 새롭게 창조하고 널리 펴 나가는 힘을 길러야 한다.

> ㉮ 어린이는 즐겁고 유익한 놀이와 오락을 위한 시설과 공간을 제공받아야 한다.
> ㉯ 어린이는 예절과 질서를 지키며, 한겨레로서 서로 돕고 스스로를 이기며 책임을 다하는 민주 시민으로서 자라야 한다.
> ㉰ 어린이는 자연과 예술을 사랑하고 과학을 탐구하는 마음과 태도를 길러야 한다.
> ㉱ 어린이는 해로운 사회환경과 위험으로부터 먼저 보호되어야 한다.
> ㉲ 어린이는 학대를 받거나 버림을 당해서는 안 되고, 나쁜 일과 힘겨운 노동에 이용되지 말아야 한다.
> ㉳ 몸이나 마음에 장애를 가진 어린이는 필요한 교육과 치료를 받아야 하고 빗나간 어린이는 선도되어야 한다.
> ㉴ 어린이는 우리의 내일이며 소망이다. 나라의 앞날을 짊어질 한국인으로 인류의 평화에 이바지할 수 있는 세계인으로 자라야 한다.

2. 아동은 무한한 잠재력을 지닌 존재

① 인간은 자기통제와 자기결정의 능력이 있다는 신념

② 인간은 비심판적인 대우를 요구할 수 있는 고유한 존엄성을 지녔다.

3. 아동은 성장력을 가진 존재

아동은 계속적인 성장을 통해서 잠재성을 충분히 획득할 수 있다. 즉, 코스모스 씨앗이 코스모스가 될 유전자를 가진 것처럼 인간은 각자 자기가 될 수 있는 잠재력을 가지고 있고 그것을 최대로 꽃피울 수 있게 해야 한다.

클레인(A. F. Klein)은 세 가지 방법으로 성장을 도모해야 한다고 하였다. 본질적인 성장력을 촉진하는 조건을 제공하여야 하며, 성장을 방해하는 방해물을 제거해야 하고, 성장이 지체되거나 정지되었다면 성장을 회복시켜야 할 것이라고 하였다.

4. 아동은 독자적인 존재

모든 인간은 독자적인 존재이다. 따라서 아동에게 접근함에 있어서도 클라이언트의 독자성을 인식하여 개별화시킬 것을 강조한다. 즉, 사람은 모든 독특한 인격과 능력을 지니고 있다. 아무리 비슷한 조건과 성격을 지닌 사람이라도 그가 처한 상황이 다르기 때문에 원조를 위해서는 문제의 성격을 개별적으로 파악하여 개별화해야 한다.

제2절 아동복지의 기본 가치(기본 이념)

1. 인간의 존엄성(Worth And Dignity of Individual)

사회복지의 철학 중 가장 중요한 기본 이념으로서 인간은 개인의 이용 가치와는 상관없이 존중되어야 한다. 집단 내에서 발생되는 모든 문제의 작은 단위는 개인이고, 모든 문제의 근본 원인도 개인에게 귀착되므로 개인은 절대 무시되어서는 안 된다(전재일 외, 2004).

① 인간의 존엄성은 사회복지의 철학이며, 가장 중요한 기본 가치이다.

② 인간의 존엄성은 민주주의체제하에서 국민의 기본 권리로 보장되어야 한다.

③ 각 개인은 가족이나 집단, 지역사회, 전체사회의 중요한 핵심요소이기 때문에 개인의 권리와 존엄성은 결코 무시되어서는 아니 된다.

④ 인간의 존엄성 존중은 사적인 생활의 자유와 행복추구의 존중성과 자기결정권, 기회균등권 및 사회적 책임과도 직결된다.

2. 인간의 자기결정권(Self-determination)

클라이언트의 자기결정권은 각 개인이 자기의 판단에 따라 자신의 행동을 결정할 권리를 갖는다는 기본적인 인권을 존중하는 것으로서, 개인의 의견존중과 의사를 결정할 기회를 제공해야 한다는 것이다. 그러나 정신장애인이나 미성년자의 경우처럼 그릇된 판단을 할 우려가 있는 경우는 예외로 한다(전재일 외, 2004).

① 인간의 자기결정권은 사회복지 이론과 실제의 중요한 원리이다.
② 기술적인 방법으로는 대안 제공이 바람직한 방법이다.
③ 클라이언트의 올바른 이해·판단과 결정을 전제로 한다.

3. 인간의 균등한 기회(Equal Opportunity)

인간은 물질, 지위, 신앙, 인종, 직업 거주지 및 기타 수준에서 많은 사람들이 여러 계층으로 분류되곤 하는데, 돕는 과정에서 이들에게 차별 없이 똑같은 기회를 제공해야 할 도덕적·직업적 원칙이 있다. 예를 들면, 의무교육, 남녀 고용평등, 최저생활 보장 등과 같은 형태로 실천에서 나타난다(전재일 외, 2004).

① 타인과 같은 권리를 향유한다는 전제가 수반되어야 한다.
② 타인과는 다른 어떤 특유의 특징을 가진다는 것을 인정한다는 점이다.
③ 인간은 누구나 평등하고 균등한 기회가 주어져야 한다는 원리는 사회복지의 철학이자 기본 원리이다.
④ 인간은 물질, 교육, 지위, 신앙, 인종, 직업, 거주지 등 어떠한 기준에도 상관없이 사회복지 측면에서는 차별 없이 동등한 기회가 부여되어야 할 도덕적·직업적 원칙이 있다.

4. 인간의 사회적 책임

인간의 고통은 사회복지적 측면에서 볼 때, 그 원인과 결과 또는 이유 여하를 막론하고 결코 바람직하다고 볼 수 없다. 그래서 최선의 노력으로 치료되고 예방되어야 한다. 왜냐하면 첫째, 인간은 누구나 가능한 한 고통 없이 향락을 하고자 하는 본성이 있다. 둘째, 고통이란 반드시 개인의 잘못이나 어떤 의지의 결핍으로 인한 결과의 대가로는 볼 수 없기 때문이며, 경제적 · 정치적 · 사회적 제 환경과의 부적응으로 인한 고통은 개인의 책임으로 보기 어렵다. 셋째, 인간의 고통을 방치했을 때, 클라이언트의 건전한 의지 같은 것마저 저해하게 되어 비합리적인 감정으로 유인하는 무서운 제2차적 결과까지 초래할 수 있다.

사회복지는 생물학적 유기체, 즉 인간과 그를 둘러싼 주변 환경과의 원만한 조화와 부드러운 상호작용 가운데 기대될 수 있다. 다시 말해 사회복지는 과거의 '누구를 위하여(for)'나 '누구에 대해서(to)'의 차원이 아닌, '누구와 함께(with)'의 차원에서 이루어져야 한다.

이와 같은 원칙들이 지켜질 때, 클라이언트들도 스스로의 존엄성을 존중하게 되고 원만한 인간관계를 위해 제반 사회생활에 적응해 나가기 위해 협조와 동참을 아끼지 않을 것이다.

제3절 아동복지의 전제조건과 원칙

1. 아동복지의 전제조건

아동복지의 전제조건으로서 안정된 가족생활, 부모의 보호, 안정된 가정 경제와 주거, 건강과 의료보호, 교육, 놀이, 윤리적 표준, 이념과 가치, 교육적 · 직업적 지도, 법적 보호 등을 지적하고 있다(Encyclopedia of social work).

프레데릭슨(H. Fredericksen)은 부모의 계몽 및 교육, 가정생활의 강화, 심신의 건강 증진, 놀이와 오락, 경제적 안정, 교육, 노동으로부터의 보호 등을 제시한다. 프레데릭슨의 전제조건을 기초로 해서 살펴보면 다음과 같다(김의영, 1999).

1) 부모의 계몽 및 교육

부모로서 자녀양육에 대한 준비 및 이를 위한 상담과 지도 프로그램이 모든 계층에 제공되어야 하며, 부모교육은 아동을 건전하게 키우기 위한 부모들에 대한 교육으로서 아동발달의 원리, 자녀와의 대화기법, 부모의 역할, 가정환경의 중요성 등에 초점을 두고 자녀를 적응적인 인간으로 키우도록 하는 데 목적이 있다.

2) 가정생활의 강화

가정환경은 아동이 최초로 경험하는 생활환경이며, 그중에서 부모는 아동의 성장과 발달을 위해 필요불가결한 존재이다. 아동의 성격은 부모의 기대에 적응하는 과정에서 형성되기 때문에 부모의 태도 및 가정의 분위기는 아동의 성격형성에 중요한 것이다. 부모와 가정은 가족 구성원의 양육과 보호, 사회화, 정서적 발달은 물론 인격 형성에 있어서도 중요한 역할을 수행하는 체계라는 점에서 아동의 건강한 성장과 발달에 가장 중요한 요인이 된다. 따라서 국가와 사회는 다양한 가족복지서비스를 통해 건강한 가정의 육성과 바람직한 부모 역할 수행을 지원하여 아동의 건강한 성장과 발달, 안녕을 도모해야 한다.

3) 심신의 건강 증진

아동이 건강하게 출생하여 행복하고 안전하게 자라도록 지원하는 것은 아동 개개인의 생존과 직결될 뿐만 아니라 인류와 한 국가의 존속과 관련되어 있다는 점에서 아동복지의 기반이 되는 요인이다. 임신・출산 시는 물론 생후 건강한 성인으로 성장하기까지 아동의 신체적 및 정신적 건강은 보호받고 보장되어야 한다. 적절한 보건 및 의료보호서비스와 그 혜택이 모든 아동과 가정에 대해 이루어져야 한다.

4) 놀이와 오락

아동에게 놀이는 그들의 모든 발달에 중요한 영향을 미치는 것으로, 어린 아동의 경우에는 생활의 전부를 여러 가지 놀이 활동의 연속으로 볼 수 있다. 놀이는 아동의 본능적인 활동이며, 아동은 놀이를 통해서 가장 효과적인 학습 및 제반 발달이 이루어진다. 아동이 자신들의 감정과 생각을 마음껏 발휘할 수 있고 육체적 활동을 자연스럽게 할 수 있는 놀이와 오락은 아동의 중요한 권리이다. 아동발달에 필수적인 것으로 아동의 연령, 지역 또는 활동종류에 따라 놀이 및 여가시설의 적절한 운영이 필요하다.

5) 경제적 안정

아동의 복지를 위해서 각 가정에서 생활에 필요한 최저한도의 물질적 요구가 충족되어야 하며, 아동의 기본 욕구인 의・식・주의 문제를 해결할 수 있어야 한다. 경제적 불안정은 최소한의 아동의 욕구를 충족시킬 수 없으며, 건전한 신체적・정서적 성장・발달의 장애요인이 된다. 아동의 심신의 건강은 물론 교육 기회, 정서발달 등 다양한 측면에서 상처를 받기 쉽다. 따라서 가정의 안정을 도모하기 위해 절대적 빈곤과 상대적 빈곤에 대한 각종 복지 대책이 마련되어야 한다.

6) 교 육

아동의 신체적・사회적・정서적・지적 및 언어적 발달에 기여할 수 있는 경험을 제공하고, 유능하고 존중받는 사람으로서의 자기 존중감을 발달시킬 수 있도록 도와주어야 한다. 모든 아동은 타고난 잠재력을 최대한 계발하여 능력을 발휘할 수 있도록 사회적 기회가 주어져야 한다. 아울러 전인격적 교육을 목표로 삼아

교육 시설 및 교육 내용에 있어서도 아동의 관점을 반영한 아동을 위한 교육이 이루어져야 한다.

7) 노동으로부터의 보호

어린 아동의 노동은 건강과 신체적 · 정신적 · 도덕적 발달에 나쁜 영향을 끼치므로 유해노동으로부터 보호되어야 한다. 아동의 노동은 교육권이나 여가와 문화활동의 권리를 침해하며, 인지발달에 문제를 초래할 수 있다. 따라서 근로청소년에 대한 적절한 대책 및 노동으로부터 아동을 보호하기 위한 법률적 · 사회적 보호 대책이 강구되어야 한다. 세계 각국은 물론 우리나라에서도 아동복지법과 근로기준법 등을 통해, 15세 미만 근로자의 채용 금지, 보건상 유해 위험사업에 여자와 18세 미만자의 채용 금지, 15세 이상 18세 미만자의 1일 7시간, 1주일 35시간 초과근무 금지 등이 명시되어 있다(근로기준법 제69조).

2. 아동복지의 제 원칙

아동이 당면한 문제를 해결하고, 건전한 성장과 발달을 도모하기 위해 아동복지정책과 서비스를 추구하는 데는 기본적으로 고려해야 할 원칙이 있다. 아동복지실천의 원칙은 일반적으로 다음과 같은 원칙으로 나누어 살펴볼 수 있다.

1) 권리와 책임의 원칙

(1) 아동의 권리와 책임

아동은 성장을 위해 적절한 보호를 받을 권리와 바람직한 사회성원으로서의 책임과 기대를 충족시킬 의무가 있다. 아동은 생존과 발달을 위해 의식주를 제공받고 안정된 생활을 누리며, 학대와 착취로부터 보호하고, 교육받을 권리와 함께 놀이 활동에 참여하고 자신의 견해를 표현할 권리를 지닌다. 한편 권리 주체로서의 아동은 자신의 권리 주장뿐만 아니라 자신에게 부여된 책임도 수행해야 한다. 즉, 부모나 사회가 규정한 질서를 지키고, 자녀로서 부므의 양육과 보호에 따르는 책임도 있는 것이다. 이를 통해 아동은 한 사회의 구성원으로서 제 몫을 다하는 성인으로 성장할 수 있다.

(2) 부모의 권리와 책임

급격한 사회변화와 함께 전통적으로 가정 내에서 수행되어 온 많은 기능들이 사회화되었음에도 불구하고, 아동의 보호 및 육성을 위한 일차적 책임은 부모에게 있다. 부모는 자녀를 보호하고 육성하며, 자녀의 친권자로서 자녀의 삶에 영향을 미치는 중요한 사항들에 대한 의사결정권을 가질 뿐만 아니라 한 사회의 구성원으로서 올바르게 성장하도록 지원할 의무와 책임을 진다. 부모는 자녀에게 재정적 지원, 신체보호에 대비하는 일, 정서적 교양 보호, 광범위한 부모의 지도감독 책임을 가진다. 이러한 역할을 감당할 수 없을 때에는 자녀의 발달에 부정적인 영향을 미치고 부모 자신도 스트레스를 겪을 수밖에 없다. 따라서 부모로서의 역량을 지원하고 보완할 수 있는 사회적 지지체계가 필요하며, 부모의 양육역할에 현저한 문제가 있을 경우에는 아동의 최선의 이익을 위해서 사회에 의해 부모의 권리가 제한될 수도 있다.

(3) 사회(국가)의 권리와 책임

아동복지란 부모들이 그 역할 수행에 어려움을 겪고 있는 기능들을 지지, 보조 혹은 대리하거나, 현존의 사회제도를 수정하거나 새로운 제도를 조직함으로써 아동과 그 가족의 조건을 향상시키는 것을 목표로 한다(Kadushin, 1974). 따라서 국가는 아동을 보호하기 위해 법률의 적용과 통제권을 행사할 수 있는 권리와 아동복지서비스를 제공하기 위해 시설을 설치하고 정책을 개발하며 문제 상황에 개입할 책임이 있다. 국가는 의무교육을 통해 아동의 교육권을 보장하고, 아동에게 술과 담배를 파는 행동을 금지하는 등 유해환경으로부터 아동을 보호하며, 부모가 아동을 학대하는 등 부모로서의 역할에 현저한 문제가 있을 때에는 이들 아동이 위탁가정이나 시설보호를 받도록 조치해야 한다.

2) 보편성과 선별성의 원칙[윌렌스키와 르보(Wilensky & Lebeaux)의 사회복지의 기능]

아동복지 원칙에서 중요하게 고려되는 사항이 바로 보편성과 선별성의 원칙이다. 보편성의 원칙이란 전체 아동을 대상으로 급여나 서비스를 제공하는 원칙이다. 즉, 계층, 인종, 민족, 장애 유무, 부모 유무 등 아동을 구분하는 모든 조건에 상관없이, 모든 아동에게 동등한 급여와 서비스를 제공하는 것을 말한다. 반면 선별주의는 빈곤계층의 아동이나 가장 욕구가 큰 아동들에게 급여나 서비스를 제공하는 원칙으로 그 성격에 있어서 시혜적·범주적이며, 열등처우원칙이 불가피하며, 낙인효과에 의한 수치감을 초래할 수 있다(장인협·오정수, 2000). 모든 아동을 대상으로 하는 보편성과 특별히 도움이 요청되는 아동을 대상으로 하는 선별성은 상호보완적으로 적용되어야 한다는 것이다.

3) 개발적 기능의 원칙

아동복지는 사회복지의 주요 기능인 개발적 기능을 통해 문제아동의 변화를 유도하는 데 그 의미를 두고 있다. 개발적 기능은 제도적인 변화를 초래하는 것은 물론, 국가의 경제개발과 사회개발의 제 조건을 향상시키고 창조하는 일의 참여를 의미한다. 현대 산업사회에서 적절히 대응할 능력을 육성해 주어야 한다는 원칙으로 아동의 문제를 야기하는 사회구조와 조건에 전체적인 변화를 발생시켜 국가발전과 사회복지기능을 확대하고 적극적·의도적·개방적으로 문제해결을 위해 방향을 설정한다.

4) 포괄성의 원칙

포괄성의 원칙이란, 아동은 전체성을 띤 인간으로서 아동의 욕구와 문제에 포괄적인 프로그램과 서비스를 제공하고 정서적·경제적 안정뿐만 아니라 교육, 보건, 취업, 오락 및 특수보호 등에 대한 포괄적인 서비스가 제공되어야 한다는 것을 말한다. 이를 위해서 예방조치와 함께 아동문제를 조기에 확인하고, 진단하고, 치료할 수 있는 아동복지 실천체계의 구축이 요구된다. 또한 아동복지수행기관과 정부대책의 상호 조정과 포괄적인 협력 운영이 이루어져야 한다. 꽃과 나무를 키울 때 물과 태양, 영양분이 필요한 것처럼 아동 관련 부서 간의 원활한 소통을 위한 제도적 대책과 유기적 협조체계가 필요하다.

5) 전문성의 원칙

아동복지서비스는 사회의 산업화・도시화・정보화로 인해 점차 높은 전문성이 요구되면서, 기존의 보호활동이나 자원봉사자로서는 당면한 아동문제를 쉽게 해결할 수 없는 실정이다. 이에 아동의 욕구를 충족할 수 있는 전문적인 지식과 기술을 지닌 전문 인력이 요청되고 있다. 따라서 아동의 특성과 사회적 욕구에 따른 전문요원의 지식과 기술이 필요하며, 전문적 확보를 위한 제도적 제 보장이 정부 차원에서 이루어져야 한다.

전문성의 원칙은 아동복지사업의 성과를 좌우하는 중요한 원칙으로서, 아동의 건전한 성장과 발달을 위해서는 이들을 위한 전문기관은 물론 전문 인력의 필요성이 요청된다.

요 약

1. 바람직한 아동관

① 아동은 인권을 가진 존엄한 존재 - 아동은 권리의 주체이다.

② 아동은 무한한 잠재력을 지닌 존재이다.

③ 아동은 성장력을 가진 존재이다.

④ 아동은 독자적인 존재이다.

2. 아동복지의 기본 이념

① 인간의 존엄성

② 인간의 자기결정권

③ 인간의 행동 및 기회의 균등

④ 인간의 고통에 대한 사회연대설

3. 아동복지의 전제조건과 원칙

아동복지의 전제조건	아동복지의 원칙
1. 부모의 계몽 및 교육 2. 가정생활의 강화 3. 심신의 건강 증진 4. 놀이와 오락 5. 경제적 안정 6. 교육 7. 노동으로부터의 보호	1. 권리와 책임의 원칙 2. 보편성과 선별성의 원칙 3. 개발적 기능의 원칙 4. 포괄성의 원칙 5. 전문성의 원칙

연습문제

01 20세기를 아동의 시기라 하여 아동의 인권, 복지권 사상을 강조한 사람은?

① Roosevelt ② Ellen Key
③ Friedlander ④ Jaspers

02 아동복지사업의 원칙에 포함되지 않는 것은?

① 선택성 ② 포괄성
③ 보편성 ④ 배타성
⑤ 전문성

03 다음 중 아동의 권리라고 볼 수 없는 것은?

① 복지권
② 형제에 관한 권리
③ 양육보장권
④ 성인으로서의 권리

04 아동의 권리 중 특별 보호권에 관한 설명으로 옳은 것은?

① 잠재된 능력을 개발하기 위해 교육받을 수 있는 권리를 말한다.
② 특수아동에게 주어지는 권리이며, 정상아동은 보장받지 못한다.
③ 어떤 상황에 있어서도 모든 아동이 특별히 안전하게 보호받아야 한다는 권리를 뜻한다.
④ 인간은 존중되어야 하고, 당연히 생명활동이 유지되어야 하는 권리를 뜻한다.

05 다음 중 최초로 아동권리선언을 발표한 사람은?

① 젭(Jebb)
② 카두신(Kadushin)
③ 마이어(Meyer)
④ 프리들랜더(Friedlander)

06 우리나라 어린이 헌장의 특성으로 옳은 것은?

① 어린이 헌장은 법률의 효력을 가진다.
② 어른에 대한 어린이의 약속을 선포한 것이다.
③ 어린이의 본질을 명확히 하고 어른과 국민, 사회와 국가의 어린이 육성에 대한 다짐이다.
④ 엄격히 적용되어 이를 지키지 않을 시에는 처벌을 받는다.

07 우리나라 어린이 헌장을 써보시오.

정답	1. ② 2. ④ 3. ② 4. ③ 5. ① 6. ③

제 3 장

아동복지의 대상과 현황

제 3 장 아동복지의 대상과 현황

제1절 아동복지의 대상과 서비스의 분류

1. 아동복지의 대상

아동복지의 대상은 아동복지법에 근거하여 18세 미만의 아동은 모두 아동복지의 대상이 된다. 즉, 18세 미만의 모든 아동과 부모, 가족이 아동복지의 대상이라 할 수 있다. 아동복지의 대상에 부모와 가족이 포함되는 것은 발달단계 특성상 아동의 건강한 발육과 성장을 위해서는 보호와 양육의 일차적인 역할을 담당하는 보호자가 필요하기 때문이다.

이제까지 우리나라 아동복지정책은 요보호아동을 대상으로 한 아동복지서비스가 주류를 이루어 왔으나, 아동이 전반적인 위험상태에 있는 상황에서 아동복지정책은 더 이상 특정 계층에만 머무르는 잔여적 성격에 머무를 수 없는 상황이다(김미숙·양심영, 2007). 즉, 요보호 중심의 정책으로부터 요보호아동 및 일반아동을 포괄하는 보편적 아동복지를 지향하는 방향으로 변화되어야 한다.

아동복지의 대상을 구체적으로 나누어 보면 다음과 같다.

첫째, 모든 아동과 그 아동이 속해 있는 가정, 일반아동 및 특수아동을 모두 포함하며, 일반아동의 복지가 특수아동의 복지를 무시해서는 안 되고, 특수아동의 복지가 일반아동의 복지를 무시해서도 안 된다.

둘째, 사회복지의 전통적인 대상 분류기준인 선별주의와 보편주의 원칙을 적용할 경우는 우선적인 보호가 필요한 요보호아동과 일반아동으로 분류할 수 있다. 일반아동이란 예방적·보편적 서비스 차원에서 건전 육성될 수 있는 아동으로 사회변화로 인해 일반아동을 대상으로 한 서비스가 부각되고 있다. 요보호아동이란 가족체계 안에서 양육·보호되기에 불충분하여 외부의 도움이 필요한 아동으로 경제적·신체적·사회적 문제를 지닌 아동이다.

1) 일반아동

일반아동은 아동이 그의 친부모와 가족과 함께 그 친가정에서 외부로부터 특별한 도움을 받지 않고도 생활할 수 있는 아동을 말한다.

(1) 일반아동의 정의와 사회복지 개입의 필요성

① 정의 : 가족 체계 안에서 충분히 건전 육성될 수 있는 아동

② 사회복지 개입의 필요성 : 1981년 아동복지법의 전면 개정 이후 일반아동의 복지에 대한 사회적 관심 증대

(2) 클라이언트로서의 아동

① 고유한 특성과 욕구를 지닌 인격적 존재

② 부모나 기타보호자와의 의존성 때문에 서비스에 관련 활동을 포함

③ 비자발적 클라이언트로서 치료자, 교사, 중재자, 대변가 등의 다양한 사회복지사의 역할이 요구됨

(3) 일반아동에 대한 사회복지사업의 내용과 문제점

① 일반아동의 사회복지사업 내용

- 유해환경 개선, 부모교육, 방과 후 아동지도 사업
- 아동수당 등의 소득보장과 의료, 오락을 보장
- 아동복지 사상에 기반한 각종 활동

② 일반아동에 대한 사회복지사업의 문제점

- 막대한 재정을 필요로 함으로 최소의 복지 보장에 만족하게 됨
- 보편적 아동복지정책과 행정이 필요함

2) 요보호아동

요보호아동은 아동 자신이나 그 아동을 양육하는 친부모 혹은 가족 구성원에게 개인적인 문제나 장애가 있거나, 가정환경에 문제가 있어 외부로부터 특별한 도움을 받아야만 생활할 수 있는 아동을 말한다.

(1) 요보호아동의 정의

① 가족체계 안에서 충분히 건전 육성될 수 없는 아동

② 부적절한 양육환경에서 생활하는 아동(빈곤가정, 결손가정, 병리가정, 아동학대 가정의 아동), 장애를 가진 아동

(2) 요보호아동의 특성

① 우선적 · 자선적 · 구호적 · 선별주의에 따른 서비스 중심으로 진행됨

② 아동복지법의 제정 이유 자체가 고아, 부랑아 등에 해당하는 요보호아동의 보호를 위한 것

〈표 3-1〉 일반아동과 요보호아동의 구분

대 상	구 분	내 용
요보호아동 (선별적인 치료방법)	양육환경상의 문제아동 정서적 · 지적 · 신체적 장애아동 사회적 · 법적 요보호아동	빈곤가정아동, 결손가정아동, 부모부재아동, 정서장애아동, 정신장애아동, 가출아동, 비행아동
일반아동 (보편적인 예방방법)	일반건전아동	근로청소년, 농어촌아동 등

(3) 요보호아동 복지의 대상

아동을 문제별로 분류하면 다음과 같다.

① 환경불우아동(기・미아, 빈곤, 결손아동, 양친의 방임)

② 정신장애아동(정신기능의 장애를 가진 아동으로 정신박약아, 병적 성격 아동)

③ 신체장애아동(지체부자유아, 맹아, 농아, 허약아, 병아)

④ 정서장애아동(정서적 장애를 가진 아동으로 행동문제아, 신경증아, 정신질환아동)

⑤ 복합원인에 의한 아동(비행아동, 가출아동, 정신신체 복합문제아동)

⑥ 일반아동(아동상담)

⑦ 성년자(임산부, 모자세대의 모, 문제를 가진 부모)

부모-자녀 간의 사회적 역할 수행에서 개인의 역할이 지역사회의 기대에 어긋날 때 아동복지의 대상이 된다(Kadushin).

① 부모의 역할 무 : 사망, 별거, 이혼, 질병, 이민, 투옥

② 부모의 무능력 : 정서적・신체적 미성숙, 무지, 약물중독

③ 부모의 역할 거부 : 자포자기, 학대, 유기

④ 부모의 역할 갈등

⑤ 부모와 아동의 장애

⑥ 지역사회 자원의 결여 : 부적절한 주택, 환경오염, 실업

(4) 요보호아동에 대한 사회복지사업의 내용

거택보호활동, 대리적 서비스인 입양, 위탁보호, 시설보호 활동 → 공공부조의 성격

① 결손 가정의 아동

- 대상 : 한부모가족의 아동, 소년소녀가정 아동
- 사회복지서비스 : 공공부조에 의한 생계보호, 의료보호, 교육보호 등의 경제적 지원 서비스

- 가족상담, 가족치료 등의 심리·정서적 안정 서비스
- 방임·학대·유기아동의 경우엔 입양, 위탁, 시설 보호서비스 필요
- 교육 및 취업 알선 서비스 필요

② 빈곤가정의 아동

- 경제적 능력의 부족으로 아동의 방치, 방임, 학대가 발생할 가능성이 있음
- 필요한 사회복지서비스
  - 부모의 경제적 활동을 지원하고, 아동을 향한 스트레스 조절 및 양육에 관해 교육
  - 아동의 성장에 필요한 영양, 보건, 교육에 대한 서비스 제공과 방임 방지

③ 병리가정의 아동

- 병리가정의 정의
  - 구성원 간의 갈등 및 이혼, 별거, 가정폭력 등으로 가족의 조직이 약화되고 기능상 장애를 일으키는 가정
  - 이상가족, 부적응 가족, 일탈가족, 가족아노미라고도 함
- 필요한 사회복지서비스
  - 경제적 지원 서비스
  - 정서적·심리적 안정을 위한 서비스나 시설보호서비스가 필요

④ 문제행동아동

- 문제행동아동의 정의
  - 아동의 정상적인 성장·발달에 어긋나는 행동을 보이는 아동
  - 학교나 사회의 질서를 위반하는 일탈행위 아동
- 필요한 사회복지서비스
  - 상담소를 통한 문제행동 교정 서비스 제공
  - 문제행동아동의 예방 서비스 필요
  - 지역사회주민, 경찰, 아동상담소, 기타 관련기관의 연계활동 필요

⑤ 장애아동

- 장애아동의 정의
  - 장애란 심신의 손상, 불능, 사회적 불리에서 규정됨
  - 일반아동에 비해 신체적, 정신적, 사회적으로 차이가 나는 장애를 가진 아동으로서, 이를 위해 특수한 훈련, 교육, 치료를 필요
  - 신체장애아동, 정신지체아동, 정서장애아동으로 구분
- 장애아동을 대상으로 한 사회복지서비스
  - 장애 정도에 따라 보호와 재활서비스가 제공
  - 의료, 교육, 직업, 사회, 심리재활서비스
  - 시설보호서비스와 특수교육, 상담서비스 제공
- 장애아동 사회복지 사업의 문제점
  - 예방적 차원의 사업보다는 발생 후의 치료적 서비스에 한정
  - 아동의 장애 여부를 조기 진단할 수 있는 체계가 약해 장애를 심화시킴
  - 장애아동을 둔 가족에 대한 경제적·제도적 지원이 약함

2. 아동복지서비스의 분류

1) 대상체계에 따른 분류

(1) 요보호상태 아동을 위한 아동복지사업-서비스의 장소에 따른 분류

① 시설보호 : 아동상담소, 보육시설, 조산시설, 모자보호시설, 탁아시설, 부랑아보호시설, 소년직업보도시설

② 위탁보호 : 양친보호, 입양보호

③ 거택보호 : 공공부조, 가정지도

(2) 요보호상태에 빠질 위험이 있는 아동을 위한 아동복지사업

아동상담, 모부자상담, 탁아사업, 장기결석아 지도, 의료상담 등

(3) 일반아동을 위한 아동복지사업

① 아동복지사업 : 어린이 놀이터, 아동복지관, 어린이회관 등

② 모자보건사업 : 임산부, 모자건강센터

③ 아동복지사상의 보급 : 어린이날, 어버이날

2) 서비스 기능에 따른 분류

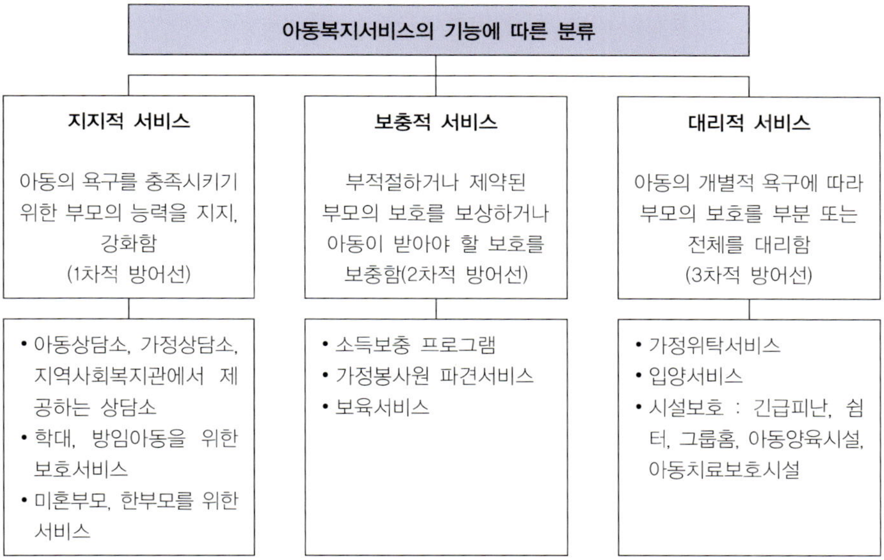

|그림 3-1| 카두신(Kadushin)의 아동복지서비스 유형 분류

출처 : 공계순 외(2004).

(1) 지지적 서비스(Supportive Service)

지지적 서비스는 가정의 역할을 지원하는 서비스로 원가정의 구조를 침해하지 않으면서 그 가정의 기능이 원활하게 수행될 수 있도록 하는 서비스이다. 현대사회는 부모의 이혼, 별거, 방임 등으로 가족해체를 경험할 수 있는 가능성이 증가하고 있다. 지지적 서비스는 가족위기 상황에서 아동의 기본적 욕구를 충족시키고, 부모-자녀 관계의 장애를 개선하여 가족 기능을 회복하고 유지·강화하여

아동이 원가정에서 생활할 수 있도록 한다. 즉, 부모와 자녀 관계를 비롯한 가족체계 내부의 역동적인 힘을 지지하고 강화하는 것이다. 그러나 부모의 역할을 대신하거나 떠맡지는 않는다.

〈표 3-2〉 지지적 서비스의 종류와 내용

서비스 종류	서비스 내용
가족복지사업	가족해체·붕괴·가족 구성원의 역기능 수행을 예방하거나 치료하기 위한 사업
학교사회사업	학교에서 아동이 그의 능력과 기능을 성취함에 있어 방해가 되는 사회적·정서적 문제를 아동이 극복하도록 돕기 위해 수행되는 사업
근로아동 복지사업	근로 아동의 취업활동, 근로환경 개선 및 교육기회를 제공하기 위한 사업으로 직업훈련, 특별학급 및 산업체 학교 운영 등이 이에 포함
상담사업	• 가정 내에서 부모와 아동이 바람직한 관계를 가지며 행복할 수 있도록 지지·강화해 주는 사업 • 부모나 아동의 면접을 통한 상담서비스, 가족면담, 유사한 문제에 관심이 있는 여러 가족들의 모임 주관, 공공복지 혜택을 받을 수 있도록 관련 부서와 협상 등이 이에 포함
미혼부모 복지사업	법적인 혼인관계 이외의 남녀관계에서 자녀를 갖게 된 여성과 남성 그리고 그 자녀가 경험하는 문제를 해결하도록 지원하는 서비스 및 미혼부모의 발생을 예방하는 교육적 활동 사업

(2) 보충적 서비스(Supplementary Service)

보충적 서비스는 부모의 보호나 양육수준이 부적절하거나 한계가 있을 때 외부 서비스를 통해 부모역할의 일부분을 보충할 수 있도록 하는 것이다. 가정의 역할을 보완하는 서비스로 부모의 사망, 유기, 이혼, 재혼, 질병 등 부모로서의 역할을 제대로 수행할 수 없는 상황이 발생한 경우에 부모의 역할을 보충해 주거나 일부를 대행해 주는 서비스이다. 즉, 보육서비스, 소득보완사업, 아동수당 등이 이에 속한다.

〈표 3-3〉 보충적 서비스의 종류와 내용

서비스 종류	서비스 내용
소득보완 사업	가정의 경제를 책임지는 보호자가 사망하거나 질병, 실업으로 무능하여 가정경제가 위기에 처했을 경우 가정을 유지하기 위해 사업에서 연대책임을 주고 공공부조와 사회보험을 통해 경제적인 지원을 제공해 주는 사업
가사조력 서비스	어머니의 사정으로 자녀를 양육하기 어렵거나 가사를 적절히 처리할 수 없을 때, 사회사업기관에서 파견된 가사 조력원이 적절한 도움을 제공하는 사업
보육사업	보호자가 근로, 질병, 기타 사정으로 아동을 보육하기 어려운 경우 보호자의 위탁을 받아 하루 중 일정 시간 동안 신체적·정신적·교육적 발달을 가져올 수 있도록 아동을 보호하고 교육해 주는 사업
비행아동 복지사업	19세 미만으로 범죄행위를 하거나, 그의 성격상 또는 환경적 요인으로 범죄행위를 할 우려가 있는 비행아동을 대상으로 비행행동을 예방하거나 교정하는 사업
장애아동 복지사업	신체장애, 정신박약, 정서장애 아동에게 의료적·직업적·교육적·사회적·심리적 재훈련을 통합적·협동적으로 실시함으로써 가능한 한 각 개인의 기능회복을 최대한 도모하는 작업
아동복지 서비스	신체적·정서적·도덕적·의료적·교육적·성적·지역사회적 측면에서 유기 및 학대받은 아동을 위한 보호활동

(3) 대리적 서비스(Substitute Service)

대리적 서비스란 가정을 대신하는 서비스로서 부모의 사망, 질병, 유기 등의 사유로 해체되어 일시적 또는 영구적으로 와해되거나 부모의 역할이 상실되었을 경우, 아동의 개별적 욕구에 따라 부모역할의 전부 또는 전체를 대리하는 서비스이다. 아동은 자신의 가정을 떠나서 다른 가정이나 시설에 생활하면서 서비스를 제공받게 된다. 즉, 입양서비스, 아동양육시설, 쉼터, 아동치료보호시설 등에서 이루어지는 시설보호서비스 및 가정위탁서비스 등이 이에 속한다.

〈표 3-4〉 대리적 서비스의 종류와 내용

서비스 종류	서비스 내용
가정위탁 사업	시설보호에서의 미비점을 보충하기 위해 보호가 필요한 아동에 계획된 일정 기간 동안 대리가정에서 보호, 양육받도록 하는 사업
입양사업	행정적·법적 권한에 의해 혈연관계가 없는 타인에게 친자 관계를 형성시켜줌으로써 인위적으로나마 아동이 가정 안에서 부모와 함께 생활할 수 있도록 하는 사업

시설보호 사업	부모가 부모의 역할을 수행할 능력이나 의사가 없는 경우 부모를 대신해서 아동을 일시적 또는 장기적으로 집단 보호하는 사업
공동생활 가정사업	• 보호를 필요로 하는 아동에게 사회복지사 등의 보호자와 함께 가정 형태를 구성하여 생활하도록 하는 새로운 보호사업 • 가정보호형태를 통해 보호를 필요로 하는 아동의 건전한 성장과 발달을 도모하고 지역사회 내 사회적응능력을 배양시키고자 함

3) 방어선의 위치에 따른 분류

주커만(E. Zuckerman, 1983)이 제시한 개념으로 방어선의 위치에 따라 분류한 내용을 살펴보면 다음과 같다.

(1) 제1차 방어선

가정은 아동에게 부적응과 발달상의 문제를 막아주는 일차적 방어선의 역할을 한다. 만약 가정이 아동의 기본적인 욕구를 충족시킬 수 없는 위험에 처하거나 부모-자녀 관계에 장애가 있는 경우, 가정의 기능을 회복·유지 강화하기 위한 서비스를 제공해야 한다. 대부분 지지적 서비스와 많은 부분이 중복된다.

(2) 제2차 방어선

가정의 기능이 원활하게 수행되지 못할 경우 아동이 속한 원가정을 대신할 수 있는 다른 보호의 장이 필요하다. 이때 원가정의 생활환경과 가장 유사하면서 지역사회에 대한 자유로운 접근이 보장되는 보호의 장으로서 2차 방어선이 제공되어야 한다. 즉, 지지적 서비스 제공으로 가정의 기능이 회복·강화되지 않는다면 다음 방어선으로서 가정의 기능과 역할을 보충하는 서비스를 제공해야 함을 의미한다. 대표적 형태로는 가정위탁, 입양서비스가 있다.

(3) 제3차 방어선

아동이 원가정이나 대리가정을 통해 보호 양육을 받을 수 없을 경우 시설에 수용하여 집단적인 보호를 받을 수밖에 없다. 3차 방어선은 원가정을 대리하는 점에서는 2차 방어선과 동일하지만, 집단적 생활환경에서 서비스가 제공된다는 차이점이 있다. 시설보호는 소규모 아동으로 구성된 그룹홈에서부터 대규모 시설까지 규모의 형태가 다양하다.

제2절 우리나라 아동복지서비스의 현황

1. 일반아동을 위한 서비스

1) 아동상담사업

아동상담사업은 요보호아동의 발생을 사전에 예방하고 이미 발생한 아동에 대해서는 사후지도를 강화하여 지역사회의 자원으로 활용하는 동시에 복리를 증진시키려는 목적에서 실시되었다. 이를 위해 각 시·도에 아동상담소와 일시보호시설이 설치되어 있고, 시·도 및 시·군·구에 아동복지전담공무원 및 아동위원이 배치되어 있다. 아동상담의 대상은 가출아, 부랑아, 문제아, 결손가정아, 기·미아, 심신장애아 등이 될 수 있다. 한계점으로는 장기적·적극적 상담이나 치료서비스의 제공보다 소극적 차원의 선도, 보호자에게 인계하는 수준의 상담서비스에 그치고 있다는 것이다.

아동상담소

- 설치 : 지방자치단체, 사회복지법인, 비영리법인에 의해 각 시·도에 설치
- 주요 업무 : 아동 또는 부모와의 상담, 아동지도를 위한 가정환경조사, 입양, 위탁보호 및 거택보호, 아동의 일시보호, 아동복리를 위한 지역사회자원의 활용 및 알선 등의 업무 수행

2) 아동복지 담당기관

아동복지 행정조직으로는 보건복지부 인구정책실 내 아동복지정책과 및 아동권리과가 있으며, 그 업무는 다음과 같다.

아동복지정책과의 업무

1. 아동복지에 관한 정책 총괄 및 종합계획의 수립·시행
2. 아동복지법령 제정·개정에 관한 사항
3. 아동정책조정위원회에 관한 사항
4. 아동복지서비스 조사·연구·홍보 및 통계에 관한 사항
5. 아동복지 관련 업무의 중앙부처 및 지방자치단체 협의·조정
6. 빈곤아동종합대책의 수립 및 조정
7. 가정위탁, 소년소녀가정에 관한 사항
8. 아동복지시설, 그룹홈 등 운영·지원에 관한 사항
9. 입양특례법령 제정·개정에 관한 사항
10. 국내외 입양 제도개선 및 활성화 종합대책 수립·시행에 관한 사항
11. 국내외 입양 실태조사·연구·홍보 및 통계에 관한 사항
12. 헤이그국제아동입양협약에 관한 사항
13. 중앙입양원 및 입양 기관·단체에 관한 사항
14. 아동발달지원계좌에 관한 사항
15. 아동 관련 법인 및 단체에 관한 사항
16. 한국아동복지협회, 한국아동그룹홈협의회에 관한 사항

아동권리과의 업무

1. 아동권리증진 및 인권보호에 관한 사항
2. 아동권리 관련 국제협약 및 국제협력에 관한 사항
3. 아동학대 예방 및 보호에 관한 사항
4. 아동 건강관리에 관한 사항
5. 결식아동 급식에 관한 사항
6. 실종아동 보호 및 지원에 관한 사항
7. 실종아동 등의 보호 및 지원에 관한 법령 제정·개정에 관한 사항
8. 아동에 대한 맞춤형 통합서비스 제공에 관한 사항

9. 지역아동센터, 방과 후 돌봄서비스에 관한 사항
10. 아동복지교사 파견 및 관리에 관한 사항
11. 어린이날, 어린이 주간 등 아동행사에 관한 사항
12. 아동안전에 관한 사항

3) 보육사업

보육사업이란 영유아보육법 제1조의 목적을 달성하기 위하여 6세 미만의 취학전 아동을 국가나 사회에서 대신 보호하고 교육하는 서비스를 말한다. 기혼 여성의 취업 확대 및 여성의 사회참여 증가로 급증하는 보육수요에 능동적으로 대처하기 위해 실시하고 있다. 영유아에 대한 보육서비스로는 국·공립어린이집, 사회복지법인어린이집, 법인·단체등 어린이집, 직장어린이집, 가정어린이집, 협동어린이집, 민간어린이집 등을 통해 제공되고 있다. 특히 1990년대 보육 사업에 대한 정부의 투자 확대로 인해 보육시설의 양적인 증가가 이루어졌지만, 단순 보호 위주의 탁아개념에서 탈피하여 보다 질 높은 보호와 교육을 제공하기 위한 서비스 수준의 향상이 요구된다.

4) 실종아동전문기관 설치·운영, 어린이날 기념행사 등의 사업

2018년 1월부터 중앙입양원이 '실종아동전문기관'을 보건복지부로부터 운영하고 있으며, 실종아동 및 장애인 발생을 최소화하고, 그 가족들의 회복을 돕는 데 그 목적이 있다.

이 외 일반아동을 위한 사업으로는 어린이날 기념행사 등의 사업이 있다.

2. 요보호아동을 위한 서비스

1) 소년·소녀 가정 연대보호

가정형편이 어려운 만 18세 이하의 소년·소녀가정 아동들을 기초생활수급자로 책정하여 생계보호, 의료보호, 교육보호를 실시하고 피복비, 영양급식, 용돈 등을 지급하는 사업을 실시한다.

2) 불우아동 결연사업

시설보호아동, 소년·소녀 가정세대, 한부모가정 등의 불우아동들을 지역사회 인사와 결연시켜 후원하게 하는 사업을 민간기관에서 실시하고 있다.

3) 가정위탁보호

가정위탁보호사업은 요보호아동을 시설 보호하는 것을 억제하고 건전가정에 위탁시켜 대리양육하게 함으로써 아동의 건전한 성장과 발달을 꾀하는 서비스이다. 가정위탁보호사업의 목적은 보호대상 아동을 보호·양육하기를 희망하는 가정에 위탁 양육함으로써 가정적인 분위기에서 건전한 사회인으로 자랄 수 있도록 하는 데 있다.

아동 선정 기준은 만 18세 미만(18세 이상이어도 고등학교 재학 중일 경우 포함)으로서 ① 아동 학대를 받은 경우, ② 보호자가 없거나 이탈하여 보호가 필요한 경우, ③ 보호자가 아동을 양육하기에 적당하지 않거나 능력이 없는 경우이며, 위탁기관의 선정기준은 ① 위탁아동을 양육하기에 적합한 수준의 소득이 있어야 하고, ② 위탁 부모의 나이가 25세 이상이 되어야 하며, ③ 위탁부모와 위탁아동과의 나이차이가 60세 미만이어야 한다. 또한 ④ 자녀의 수가 위탁아동을 포함 4명 이내여야 하고, ⑤ 가정에 성범죄, 가정폭력, 아동학대, 정신질환 등의 전력이 있는 사람이 없어야 한다.

위탁교육은 ① 4시간의 예비위탁부모 교육을 이수해야 한다. 교육내용은 가정위탁보호제도 및 위탁양육에 대한 이해, 위탁양육의 절차, 위탁아동의 특성, 발달 주기에 따른 욕구 및 부모역할, 양육기술 및 대화기술 등이 있다. ② 가정위탁을 하고 있는 경우, 매년 4시간 이상 보수교육이 필요하다. 즉, 위탁아동 양육환경 조성하기, 위탁아동과의 의사소통, 위탁아동의 행동지도 및 효과적인 훈육 등을 교육한다.

위탁기관 선정 절차, 가정위탁아동 현황 및 보호대상아동 보호조치 현황은 다음과 같다.

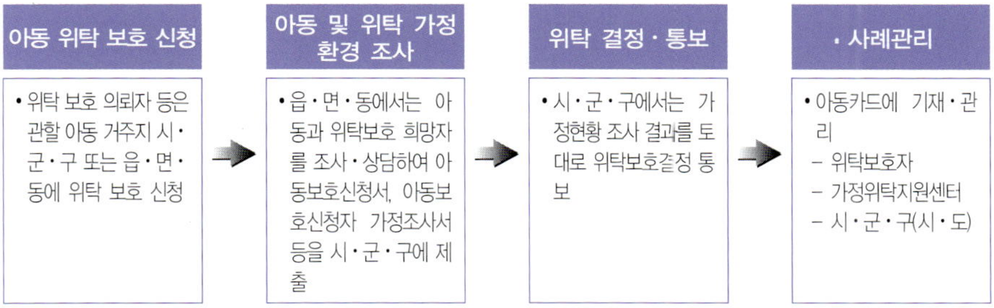

|그림 3-2| 위탁기관 선정절차

〈표 3-5〉 가정위탁아동 현황

연도	계		대리양육가정		친인척 위탁가정		일반 위탁가정	
	세대수	아동수	세대수	아동수	세대수	아동수	세대수	아동수
2015	10,706	13,728	6,944	9,127	2,927	3,556	835	1,045
2014	11,077	14,385	7,162	9,550	3,089	3,816	826	1,019
2013	11,169	14,596	7,294	9,776	3,086	3,843	789	977
2012	11,030	14,502	7,230	9,732	3,037	3,831	763	939
2011	11,630	15,486	7,463	10,205	3,351	4,260	816	1,021
2010	12,120	16,359	7,849	10,865	3,365	4,371	906	1,123

출처 : 보건복지부(2016). 2016 보건복지통계연보. 위탁가정 및 가정위탁보호 아동현황.

〈표 3-6〉 보호대상아동 보호조치 현황

연도	계	입양 전 위탁	가정 위탁	소년소녀 가정	입양	시설입소		
						아동 시설	장애아동 시설	공동생활 가정
2015	4,503	376	1,206	–	239	2,211	13	458
2014	4,994	388	1,300	13	393	2,384	10	506
2013	6,020	516	1,749	20	478	2,532	39	686
2012	6,926	–	2,289	117	772	2,948	25	775
2011	7,483	–	2,350	128	1,253	3,108	32	612
2010	8,590	–	2,124	231	1,393	4,196	23	623

출처 : 보건복지부. 요보호아동 현황 보고.

4) 국내 입양사업

입양사업은 보호자가 없거나 보호자로부터 이탈된 아동에게 건전한 가정을 영구적으로 제공하여 신체적·정신적·사회적으로 건전하게 성장할 수 있도록 하기 위한 사업이다. 입양사업의 기본 방향은 국내입양을 우선으로 하며 국외입양을 차선책으로 추진하고, 입양가정에 대한 사후관리 강화, 국내입양가정에 대한 지원책 강구를 통한 국내입양 활성화 추진, 입양에 관한 국민의식 제고를 위한 대국민 홍보를 강화하는 데 있다.

요보호아동을 국외 입양시키거나 시설 보호하는 것을 억제하고 건전가정에 입양시키기 위해 소득세 인적공제 등의 세금감면정책을 실시하고 있지만 국내 입양의 수는 아직 적은 실정이다.

5) 시설보호

시설보호 사업이란 과거에는 주로 기·미아를 양육하는 데 1차적 목적이 있었지만 오늘날에는 단순한 수용보호의 차원을 넘어 아동들의 건전한 성장과 인격발달 및 사회적 치료를 목적으로 하여 아동문제를 근본적으로 해결하려는 시도까지를 포함하고 있다. 시설보호의 목적은 아동이 시설을 통해서 기본적인 욕구를 충족받고 사회화 및 교육 등의 생활 전반에 대한 지도를 받아 사회인으로 기능할 수 있도록 하는 것이다(전재일 외, 2001),

아동복지법에 규정된 아동복지시설은 아동양육시설, 아동일시보호시설, 아동보호치료시설, 공동생활가정, 자립지원시설, 아동상담소, 아동전용시설, 지역아동센터, 아동보호전문기관, 가정위탁지원센터가 있다. 우리나라의 시설보호는 아동복지법 제15조와 동법 시행령 15조에 규정되어 있지만, 대부분의 시설이 수적으로 적을 뿐만 아니라 도시에 편중되어 있으며, 설비 면에서도 여전히 재래식 방식을 사용하고 있기 때문에 시설보호의 기본 원칙인 인간성의 존중, 교육치료, 사회적응의 목표달성 등을 이루기가 힘든 실정이다.

3. 우리나라의 아동복지시설과 사업의 유형

1) 아동복지시설의 종류

우리나라 아동복지법 제52조 제1항에서 시설의 종류를 아동양육시설, 아동일시보호시설, 아동보호치료시설, 공동생활가정, 자립지원시설, 아동상담소, 아동전용시설, 지역아동센터, 아동보호전문기관, 가정위탁지원센터로 구분하여 총 10가지로 규정하고 있으며, 아동복지시설을 이용적 활용기능으로 구분하면 생활시설과 이용시설로 구분할 수 있다. 즉, 생활시설은 아동양육시설, 아동일시보호시설, 아동보호치료시설, 공동생활가정, 자립지원시설이 해당되며, 이용시설은 아동상담소, 아동전용시설, 지역아동센터가 포함된다. 아동복지시설의 종류별 대상과 서비스 내용은 다음의 〈표 3-7〉과 같다.

〈표 3-7〉 아동복지시설의 종류별 서비스 대상과 서비스 내용

시설종별	대상 및 서비스 내용
아동양육시설	보호대상아동을 입소시켜 보호, 양육 및 취업훈련, 자립지원 서비스 등을 제공하는 것을 목적으로 하는 시설
아동 일시보호시설	보호대상아동을 일시보호하고 아동에 대한 향후의 양육대책 수립 및 보호조치를 행하는 것을 목적으로 하는 시설
아동 보호치료시설	• 불량행위를 하거나 불량행위를 할 우려가 있는 아동으로서 보호자가 없거나 친권자나 후견인이 입소를 신청한 아동 또는 가정법원, 지방법원소년부 지원에서 보호위탁된 19세 미만인 사람을 입소시켜 치료와 선도를 통하여 건전한 사회인으로 육성하는 것을 목적으로 하는 시설 • 정서적 · 행동적 장애로 인하여 어려움을 겪고 있는 아동 또는 학대로 인하여 부모로부터 일시 격리되어 치료받을 필요가 있는 아동을 보호 · 치료하는 시설
공동생활가정	보호대상아동에게 가정과 같은 주거여건과 보호, 양육, 자립지원 서비스를 제공하는 것을 목적으로 하는 시설
자립지원시설	아동복지시설에서 퇴소한 사람에게 취업준비기간 또는 취업 후 일정 기간 동안 보호함으로써 자립을 지원하는 것을 목적으로 하는 시설
아동상담소	아동과 그 가족의 문제에 관한 상담, 치료, 예방 및 연구 등을 목적으로 하는 시설
아동전용시설	어린이공원, 어린이놀이터, 아동회관, 체육 · 연극 · 영화 · 과학실험전시 시설, 아동휴게숙박시설, 야영장 등 아동에게 건전한 놀이 · 오락, 그 밖의 각종 편의를 제공하여 심신의 건강유지와 복지증진에 필요한 서비스를 제공하는 것을 목적으로 하는 시설
지역아동센터	지역사회 아동의 보호 · 교육, 건전한 놀이와 오락의 제공, 보호자와 지역사회의 연계 등 아동의 건전육성을 위하여 종합적인 아동복지서비스를 제공하는 시설
아동보호 전문기관	아동학대예방사업을 활성화하고 지역 간 연계체계를 구축하기 위함 – 중앙아동보호전문기관, 지역아동보호전문기관(제45조)
가정위탁 지원센터	가정위탁사업을 활성화하고 지역 간 연계체계를 구축하기 위함 – 중앙가정위탁지원센터, 지역가정위탁지원센터(제48조)

출처 : 아동복지법 제52조 제1항 〈개정 2016. 3. 22., 2017. 10. 24〉.

2) 아동복지 시설보호의 유형

아동복지 시설보호의 유형을 서비스 기간, 시설규모, 시설의 기능 등의 요소에 따라 분류하면 〈표 3-8〉과 같다.

〈표 3-8〉 아동복지 시설보호의 유형

시설보호서비스의 유형		내 용
서비스 기간에 따른 분류	일시보호시설	일시적으로 보호아동을 양육·보호하는 시설 우리나라에서는 3개월까지 보호 가능한 시설을 의미함
	단기보호시설	단기간 보호아동을 양육·보호하는 시설 우리나라에서는 6개월까지 보호 가능한 시설을 의미함
	장기보호시설	장기간 보호아동을 양육·보호하는 시설 우리나라에서는 기간에 상관없이 아동 연령이 만 18세가 될 때까지 보호 가능한 시설을 의미함
시설규모에 따른 분류	대규모시설	보호아동의 수가 대규모인 시설 우리나라에서는 보호아동의 수가 30~200인인 시설을 의미함
	소규모시설	보호아동의 수가 소규모인 시설 우리나라에서는 30인 이하의 시설을 의미함
시설기능에 따른 분류	양육, 보호시설	보호를 필요로 하는 아동을 입소시켜 양육·보호를 목적으로 함
	치료시설	문제아동을 입소시켜 보호 및 치료를 목적으로 함
	직업훈련시설	만 15세 이상의 아동을 입소시켜 취업에 필요한 지식과 기능을 습득시키는 것을 목적으로 함
	자립지원시설	아동복지시설을 퇴소한 연장 아동에게 취업 준비 또는 취업 후 일정 기간 보호함으로써 자립지원을 목적으로 함

출처 : 김성경 외(2006), p. 252.

3) 아동복지사업의 유형

우리나라의 아동복지법 제52조 제3항에는 각 아동복지시설의 고유사업 외에 다음의 사업을 실시할 수 있음을 규정하고 있는데, 그 내용은 〈표 3-9〉와 같다.

〈표 3-9〉 아동복지시설의 사업

서비스 종류	서비스 내용
아동가정지원사업	지역사회아동의 건전한 발달을 위하여 아동, 가정, 지역주민에게 상담, 조언 및 정보를 제공하여 주는 사업
아동주간보호사업	부득이한 사유로 가정에서 낮 동안 보호를 받을 수 없는 아동을 대상으로 개별적인 보호와 교육을 통하여 아동의 건전한 성장을 도모하는 사업
아동전문상담사업	학교부적응아동 등을 대상으로 올바른 인격형성을 위한 상담, 치료 및 학교폭력예방을 실시하는 사업
학대아동보호사업	학대아동의 발견, 보호, 치료 및 아동학대의 예방 등을 전문적으로 실시하는 사업
공동생활가정사업	보호대상아동에게 가정과 같은 주거여건과 보호를 제공하는 것을 목적으로 하는 사업
방과 후 아동지도사업	저소득층 아동을 대상으로 방과 후 개별적인 보호와 교육을 통하여 건전한 인격형성을 목적으로 하는 사업

출처 : 아동복지법 제52조 제3항 〈개정 2016. 3. 22., 2017. 10. 24〉.

요 약

1. 아동복지서비스의 대상

(1) 일반아동

① 예방적 · 보편적 서비스 차원에서 건전 육성할 수 있는 아동

② 사회변화로 인해 일반아동을 대상으로 한 서비스가 부각됨

(2) 요보호아동

① 가족체계 안에서 양육 · 보호되기에 불충분하여 외부의 도움이 필요한 아동

② 경제적 · 신체적 · 사회적 문제를 지닌 아동(빈곤아동, 방임된 아동, 장애아동, 비행아동 등)

2. 서비스 기능에 따른 아동복지 서비스의 분류

① 지지적 서비스(가족 내 상담사업, 보호사업, 미혼부모사업 등)

② 보충적 서비스(소득보완사업, 가사지원사업, 탁아사업 등)

③ 대리적 서비스(입양사업, 위탁보호사업, 시설보호사업 등)

연습문제

01 **아동복지에 있어서 지지적 서비스와 관계없는 것은?**

① 아동의 욕구를 해결하기 위하여 가정에서 부모의 능력을 지원・강화하기 위한 것이다.
② 아동복지의 실제적 또는 초기의 문제를 다루는 일차적 방어선이다.
③ 아동들이 자신의 가정에 머물러 살면서 받을 수 있는 서비스이다.
④ 기관은 자녀 또는 부모의 역할・기능을 맡게 되므로 책임이 무거워진다.

02 **아동복지의 지지적 서비스가 필요한 상황이 아닌 것은?**

① 부모가 자녀를 양육하는 데 어려움이 있는 경우
② 부모가 자녀의 친구관계와 학교생활에 문제가 있다고 여기지만 관심을 가지지 않는 경우
③ 형제간 갈등으로 가정이 불화한 경우
④ 부부관계의 불화로 자녀에게 문제가 발생하는 경우

03 **아동복지서비스 중 보충적 서비스에 해당되지 않는 것은?**

① 탁아보호서비스
② 거택보호서비스
③ 입양서비스
④ 가정봉사원서비스
⑤ 소득유지서비스

04 Home-maker service를 바르게 설명한 것은?

① 유기나 학대받는 아동을 위하여 도움을 제공하는 특수한 아동복지서비스이다.
② 가정이 위기에 처했을 때 그 가사 전반을 돌보기 하여 건전한 가족생활을 유지하고자 하는 서비스이다.
③ 아동이 자신의 가정을 완전히 떠나서 다른 가족에 의해서 아동을 보호하는 서비스이다.
④ 낮 동안에 그들의 부모가 아닌 타인에 의해서 보호를 받아야 하는 아동들에게 주어지는 서비스이다.

05 주커만의 방어선에 의해 분류된 아동복지서비스에 관한 설명으로 맞는 것은?

① 가정은 아동에게 2차 방어선의 기능을 한다.
② 1차적 방어선이란 아동 자신의 권리와 책임을 뜻한다.
③ 대리가정서비스(입양, 가정위탁서비스)는 3차 방어선의 서비스를 제공하며 최소 침해 대안의 원칙에 따라 이루어진다.
④ 대리가정서비스(입양, 가정위탁서비스)는 2차 방어선의 서비스를 제공하며 최소 침해 대안의 원칙에 따라 이루어진다.

정답	1. ④ 2. ③ 3. ③ 4. ② 5. ④

제 4 장

아동복지 발달과정

제1절 시대별 아동복지의 발달과정

제2절 외국의 아동복지 발달

제3절 우리나라의 아동복지 발달

제 4 장 아동복지 발달과정

제1절 시대별 아동복지의 발달과정

1. 고대의 영아살해

이 시기에는 아동복지서비스를 찾아보기가 매우 힘들다. 오히려 이 시대에는 아동복지를 저해한 일들이 많이 발생하였다. 아동을 부모나 부족의 소유물로 보았고, 아동의 생명을 경시하여 제물로 바치거나 자녀의 생사관이 부에게 있음이 법(로마의 12동판법)으로 명시되어 있었다.

고대사회에서 아동은 개인의 가치나 존엄성이 중시되기보다 노동력이나 종족 보존에 대한 기여 여부가 생존의 판단준거가 되었다. 아동은 병약자, 노인과 함께 생산과 생존투쟁에 도움이 되지 않는 무가치한 존재로 간주되어 소속집단에서 버림받을 수 있는 존재였다. 원시 고대사회에서는 허약하거나 고질병이 있거나 장애가 있는 아동은 생존권을 박탈당했으며, 대부분의 나라에서 영아살해나 유기가 빈번하게 일어났다. 이처럼 원시 고대사회에서 아동은 인격적 권리를 지닌 존재라기보다는 본능적 존재였고, 그 시대의 풍속이나 디신에 의해서 생명을 위협받는 대상이었으며, 건강한 아동의 가치만 인정되었다.

> 1. 인구조절의 수단으로 영아(嬰兒)살해, 유기(遺棄), 낙태, 아동매매
> 아리스토텔레스는 인구조절을 위해 유기보다 낙태가 낫다고 하였으며, 스파르타에서는 아동을 산에 버렸고, 아마존 지역의 인디언은 강에 버리기도 했다는 기록이 있다.

2. 부족이나 종족, 집단의 안전이 중요 → 무가치한 존재의 유기(영아, 병약한 성인, 노인)
3. 유스티니아(Justinia) 법전(534년 제정)
극빈한 아버지는 자식을 출생과 동시에 팔 권리를 가진다. → 아동매매 합법화
4. 기독교 정신의 대두 : 콘스탄틴(Constantine) 법전(315년 제정) → '아동을 살해할 수 없다.'
부양능력이 없을 때는 다른 사람이 옷과 음식을 제공하여 그 아이를 부양하도록 하였다.

2. 중세의 자선사상과 아동복지

중세는 탄생과 동시에 계급이 정해지는 엄격한 신분제였기에 아동은 부모가 속한 신분에 따라 취급되었으며, 신분에 따른 처우 또한 무척 달랐다. 높은 계급의 아동은 혈통계승자로 존중된 반면, 하류계급은 농노로서 무가치한 생명으로 취급되어 노동력을 착취당하는 경우가 많았으며, 심하게 착취당한 나머지 생명을 잃는 경우도 발생하였다.

중세에는 종교적 영향이 강했던 시대였으므로 종교단체나 가톨릭교회에서 생명을 빼앗는 행위를 금지하였으며, 가난하거나 의지할 곳이 없는 아동을 보호하기 위해 각 교구의 자선기관을 통해 자선사업이 이루어졌으며, 시설을 활용하는 노력을 시작하여 엄격한 의미에서 교회의 아동보호사업서비스가 이때부터 싹트기 시작했다고 볼 수 있다.

1. 사회적 배경 : 봉건제도의 신분적 계층 사회 → 장원제도
2. 아동에 대한 관심 : 장원을 위한 군사력, 노동력의 확보 수단(영주들의 권력증대와 유지의 수단)이었으며 아동의 지위는 신분에 따라 다름. 특히 낮은 계급의 아동은 농노 및 군사력의 수단이 됨
3. 종교 사회적 영향이 강함
기독교 철학 → 갓난아이도 영혼을 가진 존재이며, 영아살해는 이교도들이나 하는 짓임 → 5세기경 영아살해와 유기 중지령

4. 중세 아동복지
   ① 신분에 따라 일부 아동의 권리가 인정
   ② 종교적 단체의 자선행위로서 아동보호사업 및 서비스 실시
   (사원 숙박소 → 고아, 과부, 빈곤자, 노령자의 숙소가 됨)
   ③ 고아는 노동력으로서 공동체에서 노동, 장애아동은 수도원에서 구호
◈ 아동복지의 특징 : 아동보호는 종교적 자선행위였으며, 개인의 욕구나 권리를 중심으로 하는 현대적 의미의 전문적 아동복지사업과는 거리가 멀었다.

3. 구빈법과 아동보호 원칙

19세기 이후 산업혁명의 급속한 진전과 산업화, 도시화로 인한 광범위한 사회문제의 발생과 더불어 집단 수용된 아동에 대한 비판이 집중되었다. 19세기 중반 이후 집단수용시설에서의 높은 사망률 등 아동의 건강과 복지에 미치는 나쁜 영향이 사회적으로 인식되기 시작했으며, 관심 있는 유력인사, 민간단체 등이 아동을 집단수용으로부터 보호하려는 운동을 전개하였다(Zietz, 1969 : 60, 장인협 외, 2002 : 89 재인용). 산업혁명이라는 대변혁의 시기로 특징지어지는 근대사회는 구빈법의 제정으로 아동보호가 국가책임하에 놓이게 된 점, 그리고 민간이 주도하는 자발적 아동보호사업의 전개로 아동의 분리수용보호와 가정위탁제도가 도입되었다는 점에서 의의를 지닌다. 따라서 근대는 아동문제에 대한 사회 인식의 변화에 발맞추어 아동복지의 개입방법이 다양한 형태로 발전되었던 시기라 할 수 있다.

1. 사회적 배경
   (1) 상공업의 발달, 인클로저(enclosure) 운동(양모 산업의 발달) → 봉건제도 붕괴 → 자본주의 탄생
   (2) 1601년 영국 구빈법 제정(노동능력자, 노동불능자, 요보호아동으로 구분)
   요보호아동 24세까지 → 도제(徒弟), 국가의 책임하에 아동보호
   (3) 교육사상의 발달 → 맹아, 농아, 정신장애아동, 심리장애아동 분리 수용
   (4) 산업혁명 → 아동노동문제

2. 근대사회의 아동복지
   (1) 아동문제의 보호가 국가의 책임으로 인식
      ① 1601년 영국 엘리자베스 구빈법 : 요보호아동과 빈곤층에 대해 구빈원에서 구호
      ② 1802년 영국 공장법 : 노동으로부터 아동을 보호
      소년노동입법인 공장법 제정(1802) → 연소자의 노동시간 1일 12시간 이상 금지
      1833년 개정법 → 9세 이하의 아동노동 금지, 13세 이하의 아동노동 → 1주 48시간
   (2) 민간이 주도하는 자발적 아동보호사업 전개
      ① 아동의 분리수용보호와 가정위탁제도 도입
      ② 1852년 뉴욕 아동구호협회 : 집단 시설보호의 대안으로 위탁가정과 아동을 연결
      ③ 민간 탁아시설과 교육기관 설립
   (3) 아동복지의 개입방법이 다양한 형태로 발전

4. 현대 아동관과 아동의 권리

19세기 후반 이후 현대사회로 접어들면서 많은 학자들이 활발하게 아동에 대한 연구를 전개하였다. 이에 따라 아동은 성인과 다른 고유한 발달단계를 거쳐 성장하는 존재라는 새로운 이해가 확립되면서, 아동은 성인의 종속물이나 어른의 축소판이 아닌 독립된 인격을 지닌 존재라는 인식이 확산되었다. 20세기는 종종 '아동의 세기'로 불리기도 한다. 이 시기에 아동을 고유한 인격체로 받아들이고, 이들을 위한 다양한 사회적 제도들이 마련되었기 때문이다. 성인의 부속물이 아닌 고유한 인격체, 독립된 존재, 가능성의 존재라는 현대의 아동관은 아동법의 제정이나 아동권리선언(1959) 등의 제창을 뒷받침하게 되었다.

1. 심리학의 발달 → 아동에 대한 새로운 개념 정립 : 아동은 어른의 축소판이 아니라 인격을 가진 존재임
2. 아동은 미래의 인력이다.
3. 현대의 아동관 : 아동은 고유한 인격체, 독자적 존재, 가능성의 존재, 성장력을 지닌 존재 → 아동법의 제정과 아동권리 선언 → 권리로서의 아동복지 이념 확립
4. Key : 모든 아동은 생명, 보건, 적절한 주거, 교육, 노동으로부터의 자유, 건전한 여가활동, 필요한 경우 공공부조에 대한 권리를 보장하여야 한다.
5. 현대사회의 아동복지
   ① 아동은 독립된 인격과 고유한 발달단계를 거쳐 성장하는 존재
   ② 권리로서 아동복지와 예방적 차원에서의 적극적 개입
   ③ 욕구를 고려한 세분화된 아동복지서비스와 전문가의 실천 제공
6. 아동복지에 대한 개입의 다양성과 전문성 확립

제2절 외국의 아동복지 발달

1. 영 국

산업화 이전에 영국에서의 아동은 성인과 다른 존재로 인식되지 못하였다. 산업화 이전에 아동은 영주들에게 있어서 오직 장원제도를 유지하는 데 필요한 노동력과 군사력 차원에서의 존재였다. 영국의 아동복지가 제도적으로 확립된 것은 1948년 아동법의 제정부터라고 볼 수 있다. 영국은 이미 1601년 엘리자베스 구빈법의 제정으로 아동보호원칙이 세워졌다. 그러나 구빈법의 표면적 의미는 아동보호였으며, 그 이면에는 아동의 노동력을 확보하고자 하는 의도가 있었다.

① 아동복지의 선구자적 역할 담당

- 구빈법(1601)과 공장법(1802)
- 아동의 의무교육과 영양증진, 학대 방지를 위한 노력
- 아동법(1948) : 분산되어 있던 아동보호와 양육에 대한 법을 통합

② 가족수당 등의 사회보장제도의 수립과 아동복지제도가 함께 발달

③ 공공부조의 성격을 가진 아동수당 지급

④ 영국 아동복지의 기본 방향

가정 붕괴의 방지와 아동의 가정적인 분위기 속에서 보호

⑤ 영국의 아동복지법 제정 과정

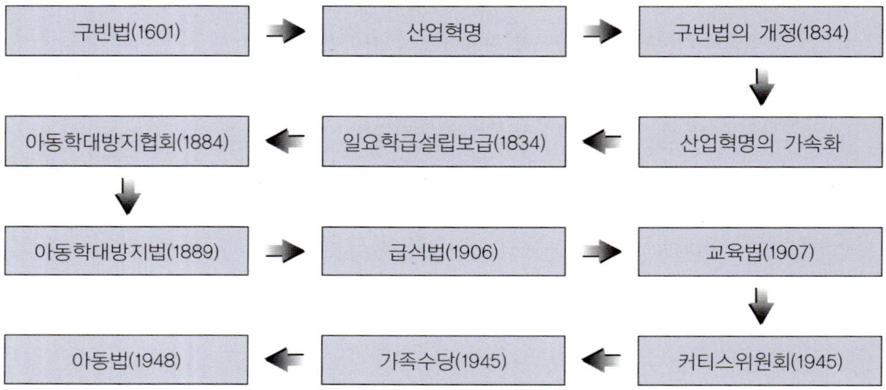

|그림 4-1| 영국의 아동복지법 제정 과정

2. 미 국

1895년 아동노동법이 제정되었는데, 이 법에서는 14세 이하의 아동에 대해 근로를 금지하고, 야간작업 금지 및 노동시간을 제한하였으며, 학교에 출석하도록 하였다. 아동문제에 대한 인식이 전국적으로 확대된 것은 1909년 제1회 백악관회의 이후이다. 루스벨트 대통령은 제1회 백악관 아동회의를 소집하고 이어서 연방 아동국을 설치하였다. 제1회 백악관회의는 '요구호아동의 보호'를 주제로 전국에서 교육, 사회사업, 의학, 심리학, 교정사업 등 각 분야의 아동·청소년 관계자를 모아 아동복지에 대한 정부의 책임을 처음으로 공식화한 의미에서 매우 중요하다. 백악관 회의는 부모역할과 가정생활의 중요성을 강조한 회의이며 아동복지

증진을 위한 정부의 책임을 강조함으로써 아동복지의 정책이 수립되고 서비스 프로그램이 발달하는 중요한 계기가 되었다.

이 회의에서 루스벨트 대통령은 아동을 위한 부모역할의 중요성과 가정생활의 중요성을 언급하면서 다음과 같이 세 가지 원리를 제시하였다.

① 가난하다는 이유로 아동이 가정으로부터 이탈되어서는 안 된다.
② 가정을 떠나야만 할 충분한 이유가 있을 경우에는 차선책으로 잘 선정된 위탁가정이 바람직하다.
③ 필요에 의해 시설을 이용할 경우 가옥제도(cottage system)가 좋으며 아동의 의존성이 나타나지 않도록 해야 한다.

초기 미국의 아동복지제도는 종교단체의 시설보호를 중심으로 발달하였으며, 그 후 연방정부의 원칙 수립과 각 주별로 특색 있게 발달하여 왔다. 즉, 미국 내 경제상황에 따라 미국정부의 사회복지에 대한 투자와 아동복지제도는 변화하여 왔으며, 모자가정에 대한 지원에서 시간제한을 두어 모의 취업을 의무화하는 TANF(Tempoary Assistance for Need Families) 등 모성보호제도가 있었다. 아동복지제도의 시대적 발달과정을 살펴보면 다음과 같다.

① 우슬린 수도원 양육원 설립(1727), 베데스타 고아원(1740) 설립
② 뉴욕아동구호협회(1853), 보스턴아동구호협회(1864)를 통해 시설보호에서 가정보호로 접근
   - 시설보호가 아동의 건전한 발달에 도움을 주지 못한다는 사상 → 가정적인 보호방법 모색 취지 : 빈곤가정보호 → 의탁사업
③ **아동노동법(1895)** : 14세 이하의 아동에 대한 근로 금지, 야간작업 금지 및 노동시간 제한 규정
④ **제1차 백악관회의(1909)** : 아동을 위한 부모역할의 중요성과 가정생활의 중요성, 아동에 대한 연구와 전문헌장 마련
⑤ **사회보장법(1935)** : 아동복지사업의 국가적 체계 갖춤

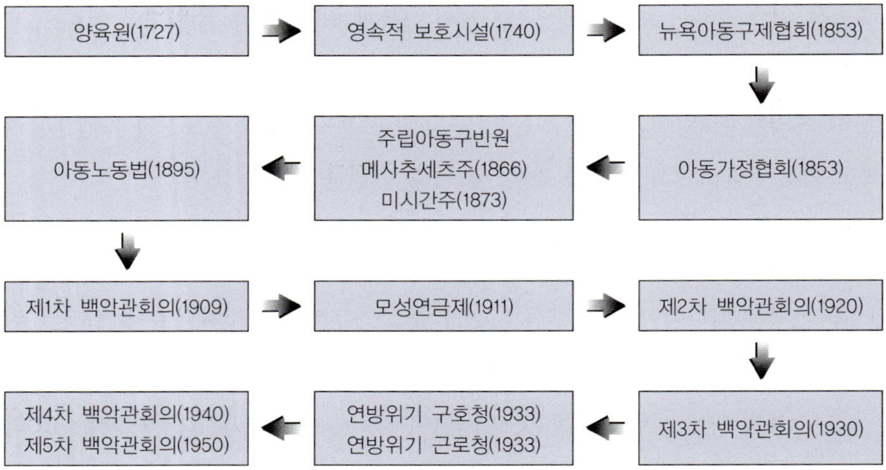

|그림 4-2| 미국의 아동복지법 제정 과정

3. 스웨덴

스웨덴의 아동복지는 부모, 사회, 아동체계의 연계를 바탕으로 아동을 위한 다양한 복지제도와 서비스가 있다. 그 내용은 다음과 같다.

① 취업모들에게 긴요한 대리양육을 위한 각종 제도 제공

② 아동과 청소년을 위한 다양한 재정지원서비스 실시

③ 16세 이하의 난민아동을 긴급수용보호하는 범국가적 아동복지서비스 실시

④ 부모와 아동이 함께할 수 있는 시간을 최대한 확보해 줌으로써 아동이 건전하게 성장할 수 있는 각종 제도적 장치를 마련

⑤ 1924년 아동복지법 제정, 1933년 아동 옴부즈만 사무소 설립

출산율 저하 - 아동과 모성 및 학교급식에 대한 국가보조

1. 산전산후에 따른 모자보건대책(1938)
2. 출산수당(1955)
3. 아동수당
   ① 신체장애인이나 연금지급자의 자녀/ 한부모 자녀에 한정
   ② 이혼의 경우 자녀양육비 지급하지 않을 때
4. 아동관계 복지정책 예산이 가족정책 예산의 상당 부분 차지
   ① 임산부와 신생아에 대한 상담 ② 치료 ③ 출산전후의 휴양
5. 부인의 노동력의 효과적인 이용을 위한 사회적 조치
   ① 출산 후 휴가제도(9개월) ② 보육시설 : 생후 6개월~입학 전 6세
   ③ 여가선용의 집 : 방과 후 아동지도 ④ 가정보육시설 ⑤ 아동간호사제도

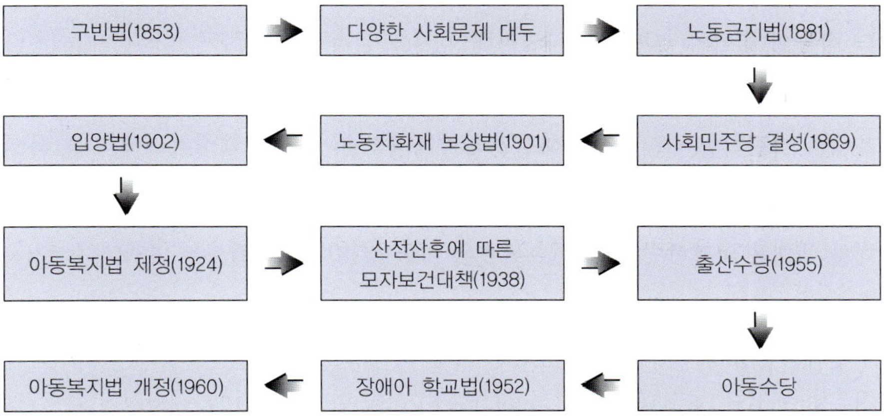

|그림 4-3| 스웨덴의 아동복지법 저정 과정

4. 일 본

일본의 아동복지는 입헌 군주국으로 출발한 19세기 말 메이지시대부터 시작되었는데, 1874년에 제정된 휼구규칙에 의해 13세 미만의 아동이 공적부조의 대상으로 규정되어 제한된 범위에서의 혜택을 받아 왔다. 그 후 이법은 1929년 구호법의 제정으로 50여 년간 일본 구빈정책의 근간을 이루다 소멸하게 되었으며, 아

동복지에 대한 국가적 관심이 확대되고 이와 관련된 구체적인 법률이 제정되기 시작한 것은 20세기에 들어서이다. 상호부조를 기초로 제정된 1929년의 구호법은 구호기관과 구호내용에 관한 규정을 통해 이전의 휼구규칙에서는 볼 수 없었던 구체적 구호의 사항을 포함하게 되었다.

1918년에 선교사들에 의해 유아원이 설립된 이후부터 공립보육시설이 설립되기 시작하였다. 이후 1921년에는 아동보호법안이 작성되어 임산부를 비롯하여 영아, 고아, 기아, 미아, 빈곤가정의 영유아, 위탁아, 불량아, 부랑아, 심신장애아의 보호 및 아동의 학대에 관한 사항을 규정하였다.

1930년대에는 세계 대공황 이후 아동 및 모성보호를 위한 모성보호법(1937)의 제정으로 가난하거나 부의 부양능력이 상실된 가정의 여성과 그 13세 이하의 자녀에게 다양한 부조가 이루어졌다. 또한 대공황을 거치면서 떠돌아다니며 구걸하는 아동의 숫자가 증가하고 아동학대의 사례가 속출하게 되어 1933년에는 소년교호법이 제정되어 불량행위를 하거나 불량행위를 할 우려가 있는 아동들에 대한 대책을 마련하였으며, 같은 해에 아동학대방지법(1933)이 제정되어 아동을 학대하거나 아동의 보호를 소홀히 하는 자들에 대한 처벌규정을 만들고 피학대아동에 대한 대책을 마련하였다. 소년교호법은 이후 1942년 소년법으로 바뀌었다(한성심 외, 2008).

장애아동을 위한 서비스로는 1947년 교육기본법 및 학교교육법에서 의무교육 제도의 실시를 확립하였으며, 장애아동을 위한 특수교육을 의무화하였다. 이러한 원칙에 따라 1955년 양호학교 및 특수학급 정비촉진위원회가 발족되었고 이듬해 이에 관한 조치법이 제정되었다. 일본은 장애아동 교육제도에서 특히 정신박약아를 위한 조기교육에 중점을 두고 있다.

1997년에는 아동복리법이 개정되어 아동권리, 자립지원, 자녀양육지원체계 등이 강화되었다. 현재 일본의 아동복지 주관부서는 후생성으로, 아동가정국과 사회국을 통해 아동 및 임산부, 모자가정, 장애아동, 저소득 계층의 가족과 아동들에 관한 행정업무를 담당하고 있다.

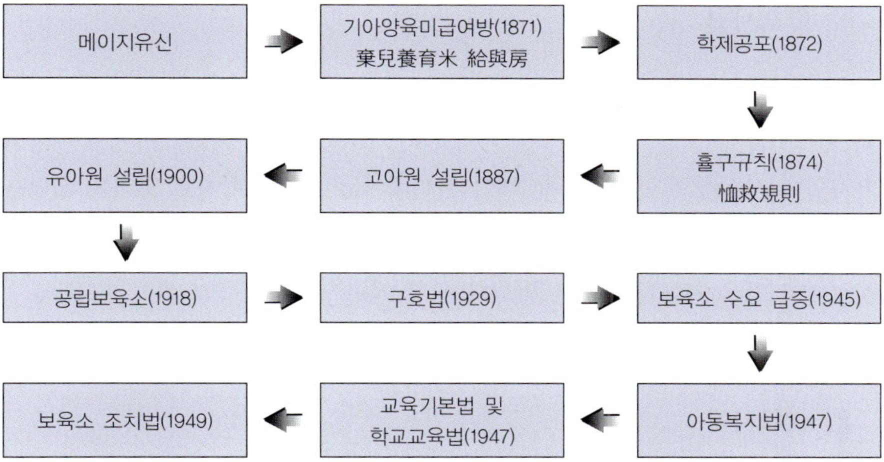

|그림 4-4| 일본의 아동복지법 제정 과정

제3절 우리나라의 아동복지 발달

1. 전통사회

우리나라에서 각종 부조활동이나 구제제도가 나타나기 시작한 것은 삼국시대 들어와서부터인데, 삼국사기에 의하면 신라 2대 남선왕 15년(서기 18년)에 백성들이 기근으로 굶주림을 당할 때 국고를 열어 이들을 구휼했다는 기록이 있고, 3대 유리왕 5년에 관리에게 명하여 홀아비, 홀어미, 고아, 아들 없는 이, 늙은이, 병든 이 등 자활할 수 없는 자를 위문하여 식료품을 주어 부양하게 하였더니 이에 이웃나라 사람들이 소문을 듣고 오는 자가 많았다는 기록이 있다(권오구, 1997). 당시의 구제사업은 전문적으로 담당하는 부서나 기관이 있었던 것은 아니고, 상황에 따라 왕의 어진 정치를 베푸는 한 방편으로 구제 사업이 행해졌다고 할 수 있다(함세남 외, 1996).

1) 고대사회

아동은 가계 계승을 위한 수단이었으며, 삼국사기에 홀아비, 홀어미, 고아, 아들 없는 이, 늙은이, 병든 이에게 무료급식과 양육을 시행했다는 기록이 고아양육사업의 시초라고 할 수 있다. 민간 차원에서는 노비나 양자로 고아의 입양을 허용하고, 친척 등이 거두지 않는 고아는 국가 차원에서 구제하였다. 그러나 시설보호와 같은 체계적 개입은 없었다.

2) 삼국시대

신라 유리왕 5년(서기 28년)에는 전국의 환과고독과 노인으로서 자활할 수 없는 사람을 조사하여 급식하고 양육하는 일을 실시하였으며, 백제 온조왕 33년(서기 15년)과 고구려 태조왕 56년(서기 108년)에는 아동을 포함하여 재해를 당한 사람에게 관곡을 배급하였다.

3) 고려시대

고려시대에는 6대 성종 13년(서기 994년)에는 고아에게 10세까지 식량을 지급하고 원하는 곳에 거주하게 하였으며, 충목왕 3년(서기 1347년)에는 해아도감(孩兒都監, 관립영아원에 해당)을 설치하였다.

4) 조선시대

(1) 국가의 요보호아동 보호 규정들

① 경국대전 혜휼조 : 최초의 기록, 아동의 구휼에 대한 조항, 춥고 배고파 떠돌아다니며 걸식하는 자 중 친족이 없는 노인으로서 부양할 사람이 없는 자는 의료와 식량을 나라에서 지급

② 제18대 현종 2년(1661) : 관가의 유기아에 관한 허가제가 있어 한성부에서 민간수양 실시

- 의료의 관급이 있었음

③ 제19대 숙종 22년(1696) : 수양임시사목[1)]의 제정 실시 → 흉년에 한하여 임시 보호의 수단으로 민간수용을 허가

④ 제22대 정조 7년 : 자휼전칙[2)](유기 및 부랑걸식 아동 보호법령) 반포

- 서울 : 자휼전칙 법령에 의하여 진휼청 유접소 설치
- 지방 : 진장을 설치하여 부랑걸식 아동을 한시적으로 수용하여 보호함으로써 국가에 의한 직접적인 아동복지가 실천됨

(2) 집단수용보호 : 유기아, 부랑(浮浪)걸식아에 대한 보호

관에서 수용보호해야 할 아동 증가와 유기 또는 부랑하는 어린이의 생명을 보호하기 위하여 국가에서 수용보호하거나 또는 민가에서 수양하여 양자녀 또는 노비로 삼는 것을 그 정황에 따라서 허가하는 것을 근본 취지로 삼았다. 유기아는 세 살까지 한하여 풍년이나 흉년을 불구하고 진휼청 및 지방 관서의 수용소에서

---

1) 수양임시사목이라 함은 수양을 원하는 사람이 있을 경우에 그 어린이의 부모의 유무, 부양책임자의 유무 등을 부모, 친척 또는 동리의 장, 이웃 사람들에게 상세히 조사하여 사정을 밝힌 후에 진휼청에 보고하여 등록하고 허가를 얻어 시행하도록 규정한 것이다. 부모나 보호자가 없는 무의탁의 아동이 대상이다.

2) 자휼전칙은 역대의 교지(敎旨) 사목 등을 정리·발전시킨 것으로 유기 및 불량 걸식하는 아동을 관가에서 유양(乳養) 또는 민가에 수양하도록 허가한 법으로 조선후기의 대표적 아동 관련 법령으로 노령이나 고아는 지방수령이 도와주는 제도로서 ① 유기아(遺棄兒), 행걸아(行乞兒)의 구제에 관한 법령, ② 국가의 양육책임 : 요구호아동의 구휼에 있어 개인, 민간의 책임보다 국가의 책임과 역할을 다소 인정한 것이다. ③ 수양관계의 보호조치 : 친부모나 친족이 3개월 이내 도로 데려갈 경우 아동을 데려갈 수 있도록 조치, 3개월이 지나 찾아가려 할 때 절대 허가하지 않는다. ④ 친족부양의무에 관한 규정으로 구성되어 있다. 고아가 발생하는 원인이 오늘날과는 다르지만 버려진 아이는 구걸할 수 있는 나이에는 걸식하지만 흉년과 같은 자연재해를 당하면 생존의 위협을 받게 된다. 따라서 국가에서는 이들을 구호·보호하는 정책을 시행하거나 민간에 위탁하여 보호하는 정책을 쓰게 된다(노비로 삼음). 이것은 굶어 죽는 것보다 남의 종노릇이라도 해서 사는 것이 낫다는 사고방식이 지배적이었으며 당사자의 자유나 인권에 상관없이 생존을 위한 복지시책이 정당화되는 온정주의적이며 가부장주의적인 복지이념이 그 근저에 흐름을 알 수 있다. 즉, 복지정책의 대상자인 아동의 선택의 자유는 없다. 그러나 오늘날의 시각에서는 자유 및 인권의 문제가 고려되지 않았지만 그 당시 불법적으로 남의 자식을 부려먹는 일이 성행했던 사회상황에서는 입양 시 입안을 만든 것은 진일보한 것이다.
자휼전칙의 내용은 정조(正祖)의 전교(典敎)와 보호 전반에 대한 9개 절목(節目)으로 구성되어 있다. (9節目의 내용) : ① 나이와 구제기간, ② 행걸아 구제에 있어서 1차적으로 친족책임의 원칙, ③ 행걸아 구제방법, ④ 유기아 발견, 보고절차, ⑤ 유기아 구휼에 있어서 젖어미제도, ⑥ 행걸아 유기아 입양과 추거(推去, 본 연고권자가 찾는 것), ⑦ 행걸아 유기아에 대한 죽 먹이고 젖 먹이는 절차와 진휼청 낭관에 의한 사후 감독, ⑧ 의복과 의료시행, ⑨ 지방에서의 절차와 재정

수용보호하고, 부랑걸식아는 부모, 친척 또는 주인이 없이 무의탁한 경우, 한겨울 추운 때에만 한하여 수용보호하며, 봄이 되면 노역으로 숙식을 해결하도록 도와주었다.

(3) 민간에서의 보호

민간에서는 고아, 기아, 행걸아를 거두어 양육하는 수용보호를 실시하였으며, 그 방법은 고려시대에는 자녀로 하는 것, 고공으로 하는 것, 노비로 삼는 것 등으로 구분하여 실시하였고, 조선시대에는 고아수용은 자기 가정에서 노비로 삼는 한편, 양육 후에는 양자녀 또는 노비로 삼았다. 사찰에서는 고아를 수용하여 사역을 시키거나 승려가 되도록 하였으나, 어린 아동을 중노동시키는 폐단이 발생하기도 하였다.

2. 근대사회

근대사회에서는 서양인 선교사에 의한 수용시설에서 아동보호가 도입되었다.

1) 현대적 의미의 아동애호 사상의 발전

현대적 의미의 아동애호 사상은 소파 방정환의 아동문학과 출판활동(개벽지)의 전개로 발전되었으며, 조선소년운동협회(천도교 소년, 불교 소년회, 보이스카우트 등)가 1923년 4월 17일 조직되었고, 5월 1일을 어린이날로 정하였다.

2) 근대적 아동복지의 시작

현재의 아동복지는 1945년의 광복과 1950년의 한국전쟁의 격동기, 1950년대와 1960년대의 빈곤기에 발생한 다수의 요보호아동에 대한 긴급구호 형태의 서비스로부터 시작되었으며, 한국전쟁으로 인해 집과 부모를 잃은 아동들에게 임시거처를 마련해 준 것이 아동복지시설로 발전하였다. 시설보호서비스는 전쟁 후의 혼란기에 길거리에서 방황하는 수많은 아동들이 안정을 찾고 성장하는 데 큰 역할을 하였으며, 한국의 아동복지에서 중요한 비중을 차지하고 있다.

(1) 아동복지의 시작

① 고아원 설립(1888) : 명동성당 내 프랑스 신부가 설립

② 경성고아원(1905) : 이필화 설립

③ 광복 및 6·25전쟁 : 고아, 기아 및 부랑아들을 위해 국가 및 민간단체에서 아동보호시설 설립

④ 1960년대 : 아동복지사업이 제도적·실제적으로 강화·확충되기 시작

(2) 제도적 조치

① 후생시설 운영요령(1952)

② 아동복리법(1961)

③ 아동복지법(1981) : 모든 아동을 건전하게 육성하기 위한 예방적 차원으로 전환하였다.

(3) 비행아동 보호제도의 발달

① 영흥학원(1923) : 최초의 비행아동 보호시설

② 관련법 : 소년령(1942), 경성소년재판소(1942), 소년법(1958), 소년법 개정(1963)

③ 보호관찰법(1988) : 시설보호에서 탈피하여 사회 내에서의 선도

(4) 근로아동복지의 증진

① 아동노동법규(1946) : 광복전후 사회경제적으로 어렵고 혼란한 상황에서 아동이 심한 노동으로 혹사를 당하고 있었다.

노동법규 : 14세 미만의 아동은 노동할 수 없으며, 학교수업시간에 근로할 수 없고, 근로할 수 있는 직업을 제한하였다.

② **미성년자 노동보호법(1947)** : 최저근로연령을 12세 미만으로 조정하고 근로시간을 규정하였다.

③ **근로기준법(1953)** : 근로청소년의 권익보호 및 산업체 특수학교를 개설하여 진학의 기회를 제공하게 되었다.

(5) 입양사업

부모가 없는 아동을 보호하기 위해 입양사업을 실시하였으며, 시설보호아동이 국내 및 국외 가정에서 자랄 수 있도록 입양특례법(1976)이 제정되었다.

(6) 탁아사업

아동복리법(1961) 제정 이후 적극적인 아동복지정책, 요보호아동을 돌보는 방법으로 탁아사업이 고안되었다.

① **명칭** : 탁아소(1960년대), 어린이집(1968), 영유아보육원(1991)

② **제도**

- **유아교육진흥법(1982)** : 어린이집을 유아 교육기관인 새마을 유아원으로 흡수하였음
- **아동복지법 시행령 개정(1989)** : 새마을 유아원을 탁아시설로 환원, 가정탁아제도 시행
- **영유아보육법(1991)** : 맞벌이 가정의 아동보호로 국공립보육시설, 민간보육시설, 직장보육시설, 가정보육시설로 나눔

(7) 특수아동복지

① 19세기 초 맹아학교 설립을 시작으로 1970년대에 본격적인 사업 시작

② **제도** : 특수교사 양성을 위한 대학과정 설치(1971), 특수교육진흥법(1977), 심신장애자복지법(1981), 장애인복지법(1989), 장애인 고용촉진 등에 관한 법률(1991)

(8) 결연사업(1970년대)

① 대상 : 시설보호아동 및 도움을 필요로 하는 아동

② 지원 : 학비와 생활비 지원 사업

(9) 소년소녀가정 지원사업(1980년대)

① 대상 : 부모의 사망, 실종, 질환 등에 의해 만 19세 미만의 소년, 소녀가 실질적인 가장인 세대

② 지원 : 생계, 의료, 교육보호, 생활보호

3. 현대사회

1) 사회구호 단계

① 수많은 전쟁고아, 기아, 미아의 문제 발생

② 응급구호적 성격, 아동보호에 관한 국가의 입법적 근거 미비, 다수의 민간 외국 원조기관들이 국내에 들어와 활동하였으며, 고아의 해외입양 시작

③ 1950, 1960년대에는 수용시설 중심의 아동보호사업 증가. 이 시기의 아동복지는 민간과 해외원조에 의존하였으며, 빈곤아동에 대한 사회구호적 차원

2) 선별적 아동보호 단계

① 1960년대 초 생활보호법, 아동복리법 제정 : 요보호아동 문제에 대한 국가 책임의 원칙 법제화

② 국가 주도의 경제개발 계획 추진, 산업화 진행, '선성장 후분배'의 논리로 사회복지투자 억제

③ 아동복지 시설 수와 수용아동인구 계속 증가

④ 1970년대 외원기관 철수, 사업축소 국가개입 불가피, 국가보조 증가
⑤ 입양장려, 가정위탁보호, 영유아 보육서비스 확대
⑥ 국가개입 최소화 원칙, 선별주의 원칙, 잔여적인 복지정책 지속

3) 보편적 아동복지 지향 단계

1981년 아동복지법을 개정하여 전체 아동을 대상으로 한, 보편주의에 입각한 아동복지서비스의 전문화와 다양화를 지향하였으며, 가정위탁 및 결연사업이 확대되었다. 1991년 영유아보육법의 제정은 일반아동 보육서비스의 확대에 기초한 보편주의적 서비스의 확충이라고 할 수 있으며, 국가중심의 운영체제로 전환되었다. 이 시기의 아동복지는 국가 책임의 증대, 소규모 수용보호, 재가보호, 다양한 형태의 분화되고 전문화된 아동복지 사업을 지향하게 되었다.

4) 현대사회가 갖는 아동복지의 특징

① 국가의 아동복지대책이 요보호아동에서 모든 아동의 발달과 복지를 보장하는 방향으로 변화했으며, 이러한 아동의 연령층이 확대되었다는 것이다. 즉, 모든 아동의 복지를 위한 아동복지법의 제정, 유아교육진흥법, 청소년육성법, 청소년기본법 및 영유아보육법의 제정을 들 수 있다.
② 폭력을 방지하고 폭력으로부터 보호하는 법 제정이 이루어졌으며, 이와 관련하여 교정제도의 현대화가 이루어졌다. 이러한 동향은 시대적 문제에 대한 대응이라는 측면과 아동의 복지권에 대한 높아진 인식의 반영이라고 할 수 있다.
③ 내 아이, 우리 아이라는 인식의 확산에 따라 요보호아동에 대한 사회적 관심이 확산되었다는 점이다. 사실 우리나라 아동복지서비스의 대표격이라고 할 수 있었던 시설보호서비스의 경우, 국민적 관심도나 지지도는 낮았다. 그 이유는 이 시설보호서비스는 국가적 책임영역이라고 여겼기 때문이며, 그에 따라 결연 서비스도 그리 활발하게 전개되지 못하였던 것이다. 즉, 동

정심에서 배태된 일회성 지원의 성격을 강하게 띠었다. 그러나 소년소녀 가정 아동, 학대받는 아동에 관심과 지지도는 높았는데, 그것은 연민의식과 함께 '장하다'라고 하는 양가의식이 상승작용을 한 것이라고 볼 수 있다.

④ 청소년에 대한 관심의 증가이다. 이 시기에 이르러 청소년과 관련된 여러 법이 제정·개정되었으며, 담당 행정기관 및 청소년을 위한 전문 종사자가 제도화되었기 때문이다.

⑤ 국제적인 아동복지 동향은 우리나라 아동복지정책에 직·간접적인 영향을 미쳤다. 그 예로 국제연합이 정한 세계 아동의 해, 세계 청소년의 해 및 아동의 권리에 대한 국제협약의 영향을 들 수 있다(이소희, 2003).

4. 한국 아동복지의 전망

1) 가족변화에 따른 대책

출산율 저하와 가족해체 증가에 따른 대책 : 여성의 출산 장려, 아동의 건전한 발달 지원, 보육서비스와 모성보호제도 확충, 한부모가정 지원

2) 국제협약의 기준을 통한 아동인권 옹호

아동권리 최우선, 부모와 대리 양육자 지도 존중, 아동학대 예방, 생명과 안전, 권리보호

3) 새로운 전달체계의 제도화

아동상담소, 아동학대예방센터, 가정위탁지원센터, 입양지원센터, 지역아동센터, 건강가정지원센터 서비스 내용의 통합·재조정 필요

4) 서비스의 다양화와 전문화

이혼·재혼가정의 아동, 학대피해 아동, 방과 후 지도대상 아동, 재가 장애아동 등에 대한 체계적 지도

5) 지역사회 차원의 아동복지 접근

아동상담, 일시보호, 급식, 프로그램 제공 등을 지역아동을 위한 종합서비스 시설로 전환 검토 필요

요 약

1. 아동복지의 변천과정

1) 고대사회

① 인격적 권리를 지닌 존재보다는 본능적 존재로 간주

② 종족보존의 수단으로서 건강한 정상아동의 가치만 인정

2) 중세봉건사회

① 신분에 따라 일부 아동의 권리가 인정

② 종교적 단체의 자선행위로서 아동보호사업 및 서비스 실시

③ 고아는 노동력으로서 공동체에서 노동, 장애아동은 수도원에서 구호

3) 근대사회

① 아동문제와 보호가 국가의 책임으로 인식

② 민간이 주도하는 자발적 아동보호사업 전개

③ 아동복지의 개입방법이 다양한 형태로 발전

4) 현대사회

① 아동은 독립된 인격과 고유한 발달단계를 거쳐 성장하는 존재

② 권리로서 아동복지와 예방적 차원에서의 적극적 개입

③ 욕구를 고려한 세분화된 아동복지서비스와 전문가의 실천 제공

5) 아동복지의 개입의 타당성과 전문성의 변천

- 민간책임 ⇒ 국가책임
- 집단적 수용보호 ⇒ 소규모 수용보호
- 시설보호 ⇒ 재가보호, 지역사회에 의한 보호
- 포괄적 서비스 ⇒ 분화된 다양한 서비스
- 비전문적 개입 ⇒ 전문적 개입

연습문제

01 우리나라 아동복리법이 공포된 해는 언제인가?

① 1961년 12월 30일
② 1981년 4월 13일
③ 1981년 5월 5일
④ 1962년 12월 30일

02 중세시대의 아동복지에 관한 설명으로 잘못된 것은?

① 엄격한 신분제였기에 아동은 부모의 신분에 따라 처우가 달랐다.
② 하류계급의 아동은 농노로서 무가치한 생명으로 간주되었다.
③ 종교적 영향이 약화되던 시기로 아동복지에 종교의 영향이 감소되었다.
④ 아동을 하나의 노동수단으로만 간주하였다.
⑤ 영아 살해가 빈번하게 일어났다.

03 아동을 위한 부모역할의 중요성과 가정생활의 중요성, 아동에 대한 연구와 전문헌장을 마련한 모임은?

① 제1차 백악관회의
② 제2차 백악관회의
③ 1929년 밀포드회의
④ NASW
⑤ KAVA

04 **아동복지의 발달과정 중 최초로 아동복지 사업이 싹트기 시작한 해는?**

① 고대사회에 있어서 종족보존의 필요에 의해 시작되었다.
② 중세의 종교단체를 중심으로 아동복지사업이 시작되었다.
③ 1922년 세계 아동헌장의 발표에서 기인되었다.
④ 1601년 제정된 영국의 구빈법이 최초의 아동복지사업이라고 할 수 있다.

05 **대한민국의 어린이 헌장의 제정은 언제인가?**

정답	1. ① 2. ③ 3. ① 4. ④ 5. 1957년 5월 5일 한국동화작가협회가 어린이 헌장을 선포

제 5 장

아동복지의 실천과정과 실천기술

제 5 장 아동복지의 실천과정과 실천기술

제1절 아동대상 사회복지 실천과정

1. 아동복지의 접근방법

1) 정책적 접근방법

① 아동문제가 사회제도의 모순에서 기인한다고 보고 사회구조의 모순과 관련된 아동문제를 해결하는 방법으로 사회계층이나 사회계급의 복지에 관심을 둔다.

② 아동문제의 책임을 개인에게 두지 않고 국가나 사회의 책임에 근거하므로 국가가 아동복지의 주체가 되어 여러 가지 정책을 실시하여 문제를 해결하려는 노력이다.

2) 전문적 접근방법

사회복지는 인간의 환경과의 적응을 위한 인간관계의 조정기술이라고 할 수 있다. 사회복지의 전문적 접근은 사회복지를 인간관계의 조정기술로 보는 견해로서 문제의 소재는 부적응이나 욕구불만에서 온다고 본다. 따라서 문제의 해결도 환경의 개선과 퍼스낼리티의 개발에 관심을 두어 개인의 부적응(탈선행위)의 원인을 찾고 이에 치료를 심리요법과 사회요법에 의하여 개인의 퍼스낼리티를 치료하고자 한다. 아동복지사업은 개인의 일탈행위에서 비롯한 아동문제를 해결하는 사회사업의 방법으로, 아동문제를 전문성의 입장에서 다루는 것이다.

2. 아동대상 사회복지 실천과정

1) 사회복지실천

사회복지사업의 통합 방법이 강조되는 최근의 경우 사회복지실천은 인간과 자원체계 간의 연결과 상호작용 및 개인과 체계들이 기능하는 데 가로놓인 문제들에 주안점을 두고 있다.

① 사람들의 문제해결 및 대처능력을 강화시키는 것
② 사람들에게 자원, 서비스, 기회들을 제공하는 체계와 그들을 연결시키는 것
③ 이러한 체계들의 효과적이고 인간적인 운용을 증진시키는 것
④ 사회정책의 발달과 증진에 기여하는 것

2) 아동복지의 사회복지실천의 맥락

(1) 아동복지실천의 목표 : 아동의 사회적 기능 수행의 향상

현대사회의 핵가족에서 발생하는 아동의 문제는 과거보다 많은 정서적 결함을 가지고 성장하는 가운데 행동문제나 사회부적응 문제 등이다. 특히 불우한 환경, 빈곤가정의 아동, 신체적·지적으로 장애를 지니는 아동, 사회적으로 잘 적응하지 못하는 아동, 법적으로 보호를 받아야 할 아동 등의 문제가 제기되고 있고, 이러한 아동의 문제를 해결하고자 하는 아동복지 실천방법의 하나인 아동에 대한 개별지도는 어려서부터 갖기 쉬운 아동의 문제를 적절히 해결해 줌으로써 원만한 성격형성과 사회화 과정을 갖도록 하는 데 그 뜻이 있다. 즉, 가정, 학교, 사회단체나 시설이 사회복지사로 하여금 가족에게 필요한 서비스를 제공하면서 문제를 조기발견, 치료하는 가운데 보다 건전한 사회인으로 성장할 수 있도록 하는 데 의의가 있다.

(2) 사회복지실천의 원조방법

① 아동의 기능, 특성과 욕구 및 문제의 대응 양식에 관해 초기사정

② 사회복지 실천의 이유를 쉽게 설명하고 아동의 책임과 권리, 비밀보장의 형식과 정도 등 잠정적인 활동 계약을 구조화

③ 권리와 욕구를 지닌 인격적 존재로서 대우하며 사회복지사와 아동 간의 신뢰를 수립

④ 원조관계를 통해 부정적 행동을 감소시키고 아동 자신의 중요성 인식

⑤ 아동을 강요하지 않도록 비언어적 도구 등을 사용한 질문과 면접 실시

3) 아동대상 사회복지 실천과정

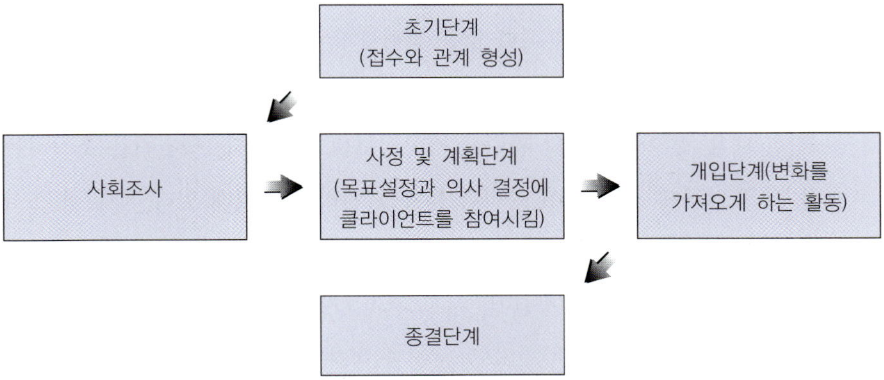

* 사회조사 : 생육사 조사, 가족관계 및 역동 조사, 다양한 정보원에 대한 조사
사정 : 문제정의에 기초가 되는 정보를 수집하는 활동

|그림 5-1| 사회복지 실천과정

(1) 초기 접수 및 상담 인테이크(Intake) 과정

① **문제 및 욕구 확인** : 클라이언트가 필요로 하는 도움

- 문제 : 문제의 성격을 정확히 파악, 문제의 중요성 인식, 문제의 원인 파악
- 클라이언트 : 클라이언트가 문제를 해결하기 위해 해온 노력과 방법
- 클라이언트의 기대와 기관의 원조 등 이해

② **서비스 제공 가능성과 개입형태의 결정** : 워커나 워커가 소속된 기관이 도움을 줄 수 있는가의 여부 결정

③ **기관(agency)** : 기관의 기능과 목적, 정책방향의 이해, 다른 기관에 위탁하는 경우의 숙지

〈표 5-1〉 접수면접기록(Intaking Interview Recording)

1) 주요 문제(Main Problem)
2) 문제의 내용(Problem History)
3) 현재의 상황(Present Situation)
4) 전문가의 의견(Work's Comment)
5) 다른 정보원(Other Data)
6) 특기사항(Remarks)

④ **사회조사**

상담가와 아동이 만나서 어떤 일을 진행할지에 대해 서로 동의하는 단계로, 자료를 모으고 이를 조직하고, 약속, 계약이 이루어진다. 아동의 생활력에 관한 내용 및 아동문제와 관련된 가족정보를 수집한다. 생활력을 조사하는 목적은 연구에 있는 것이 아니라 문제를 처리하기 위해 있다. 생활력 조사는 과거에서 비롯하여 현재에 이르기까지의 내용들을 조사한다. 즉, 영유아기, 아동기, 사춘기, 청년기, 부부 전기, 자녀 동반기, 부부후기 및 독신기에 이르기까지 생의 주기(life cycle)를 통해 클라이언트의 성장과정을 조사한다.

• 생활력 조사

부모의 원가족 내 성장배경 조사, 결혼과정, 임신과 관련된 정보, 출산과 관련된 정보, 아동의 성장과정에서의 습관, 아동의 분리나 상실의 경험에 대한 자세한 정보 탐색, 문제행동, 감정표현방식, 질병 유무와 종류 등 다양하게 조사한다.

〈표 5-2〉 생활력 표의 예

연 도	연 령	소재지	가 족	학 교	건 강	활 동	문 제
1981	생년월일 81-3-23	시카고, 일리노이	아버지 27세 어머니 25세		정상출생		
1982	1						
1983	2		동생 출생		천식, 3일 입원		
1984	3	빌링스					
1985	4						
1986	5						학교 공포증
1987	6		아버지의 음주량 증가				
1988							
1989					맹장수술		
1990			아버지의 해고				어머니의 돈을 훔침
1991			어머니의 취업	성적부진		축구하기	
1992			부모 별거				

출처 : Anderson, James, & Ralph Brown(1980). Life History Grid for Adolescents. Social Work, 25(July), 321-322.

- 다양한 정보원에 대한 조사
  ① 클라이언트로서의 아동에게서 얻는 자료
  ② 부모, 조부모, 형제, 친구, 학교 등에서 얻는 자료
  ③ 신체검사나 심리검사 등 의사나 사회사업기관과 같은 전문인이나 전문기관을 통해 얻을 수 있는 자료
  ④ 고용주, 연고자, 학교, 교회 등에서 얻을 수 있는 자료
  ⑤ 클라이언트에 관한 기사, 투서, 소문 등에서 얻을 수 있는 자료

• 가족관계 및 역동 조사
  – 가계도(genogram) : 가족의 3대에 걸친 역사를 한눈에 알아볼 수 있게 그린 그림으로 3세대 이상의 가족성원에 대한 정보와 관계를 도표로 기록하는 방법

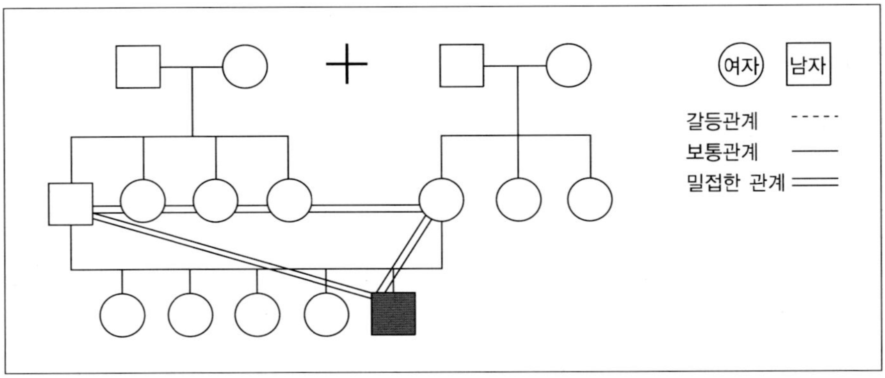

(2) 사정 및 계획(Assessment and Planning)

① 수집한 자료들을 조직화하여 구체적인 개입의 우선순위를 결정하는 단계이며, 클라이언트가 직면하고 있는 문제와 상황을 확인하고 이해하기 위해 자료를 수집하고 분석하며, 문제해결을 위한 계획을 한다.

② 문제의 확인과 진술, 개인적·사회적 상황의 역동성 분석, 목표와 표적의 설정, 과제와 전략의 결정, 변화노력을 예측한다.

③ **자료의 조직화의 원칙** : 사정에서 염두에 둘 부분

가. 아동발달 관점에 근거한 사정

보다 만족스러운 양육환경과 상호작용의 지원을 분석하기 위해 그리고 발달상의 문제와 아동의 증상을 파악하기 위해서 아동의 발달단계의 위치와 발달과업 및 대처방식의 특성과 수행 정도를 사정한다.

나. 자원 및 환경에 대한 사정

아동의 문제행동은 사회적 상황을 반영하므로 가족을 비롯하여 아동을 둘러싸고 있는 사회적 환경과 상황에 대한 사정을 한다.

> 환경적 원조란 사회적 자원이나 서비스로서 클라이언트를 위한 가족, 친척, 교사, 의사, 목사 및 변호사의 도움을 말한다. 그리고 의학적·종교적·교육적·직업적 전문가에게 의뢰하는 것도 적절한 환경적 원조가 될 수 있다. 즉, 재정적 원조, 의료부조, 가정방문, 지역사회지원의 서비스 등이 있다. 경우에 따라서는 탁아소, 직업상담, 오락시설, 교육시설, 집단 활동의 기회 등이 환경적 원조가 될 수 있다.

다. 구조화된 평가도구에 근거한 사정

- 신체검사나 심리검사 등 의사나 사회사업기관과 같은 전문인이나 전문기관을 통해 얻을 수 있는 자료
- 양식에 의하며 신청서의 기록, 거주자와 거주연수의 증명, 가정방문, 활용할 수 있는 자산의 조사, 수지상황의 측정, 임금지불명령, 고용사항 등

  예 수급자격 적격성 조사

  주로 공적 기관에서 활용하는 조사방법으로서 클라이언트의 요건이 법령규정에 적합한가를 조사하는 형식이다. 공적부조의 대상을 조사하는 경우 여기에 해당된다.

라. 실천이론에 근거한 사정

- 심리적 접근 : 정의적 접근, 인지적 접근 등
- 환경적 접근

(3) 개입

① 초기저항에 대한 개입

문제해결관계를 체결했다 하더라도 클라이언트는 초기장면에서 긴장하며 자신을 개방하기 두려워한다. 신뢰관계가 형성되지 않았으므로 비판받지 않을까 혹은 무가치한 존재로 평가받지 않을까 두려워하기 때문이다. 따라서 무의식적으로 방어기제를 사용하여 자신을 보호하려 한다. 어떻게 이러한 방어기제(defence mechanism)를 사용하는 클라이언트를 다룰 수 있는지가 중요하다.

해밀튼(G. Hamilton)은 “친절하고 정중한 접대, 신청한 원조에 대한 즉각적인 관심의 표명, 서비스가 지연이 될 경우 지연되는 이유에 대한 설명, 신청한 권리에 대한 인정, 면접 시 타인의 눈을 피할 수 있는 조용한 장소 등이 클라이언트의 초기저항과 방어기제를 감소시킬 수 있다”고 주장하였다.

가. 아동 저항의 표출 양상 지각

부정, 주제에서 비켜가기, 적대적인 표정, 부정적 몸짓, 시선 피하기 등

나. 행동제한과 선택 기회의 균형

상담시간에 필수적인 규칙, 행동의 한계 등이 있으나 지키기 힘든 제한과 규칙은 곤란함

예 장난감을 가져오는 아이들을 심하게 규제하지 않음

다. 우호적인 상담 분위기 제공

- 시간적 요건 : 날짜, 시간의 약속
- 장소적 요건 : 조용하고 자유로운 공간

라. 상담과정에 대한 설명

상담자 : 안녕, 철수야. 나는 이영식이란다.
너의 담임선생님께서 네가 나에게 올 것이라고 하셨단다.
철 수 : 예. 그렇게 하기로 했어요.
상담자 : 너는 상담자가 무엇을 하는 사람인지 아니?
철 수 : 예. 담임선생님께서 상담선생님은 문제가 있는 사람을 도와주신다고 했어요.
상담자 : 맞았어. 나는 사람들에게 자기의 문제점을 해결하는 방법을 가르쳐 주려고 노력한단다. 하고 싶은 이야기가 있니?

마. 비밀보장에 대한 설명

비밀보장은 클라이언트의 근본적인 욕구이며 사회복지사의 윤리적 의무이기도 하다. 비밀보장은 전문직 관계에서 클라이언트와 관련된 정보에 관한 비밀을 의미한다. 그러나 이러한 비밀보장은 절대적인 것이 아니며 때로는 치료목적으로 클라이언트에 대한 정보를 몇몇 전문가들

이 공유할 수도 있다. 이 경우 아동이나 부모에게 설명해서 동의를 구하는 것이 좋다.

② 놀이치료적 개입

가. 아동개입에 있어서 놀이의 중요성

놀이는 활동 그 자체가 목적이며 유쾌하고 자발적인 활동으로 타인에게 해가 되지 않는 건전한 활동이다. 클레인(Klein)은 놀이치료는 무의식을 알 수 있는 수단으로서 아동의 자발적 놀이는 어른의 자유연상에 대치할 수 있다고 보았다(이재연 외, 2002).

나. 아동에게 놀이의 가치와 효과

놀이는 아동이 편안하게 느끼는 행동이며, 아동이 두려워하는 감정을 표출하고, 의사전달을 할 수 있는 자연스러운 수단이다. 놀이를 통하여 아동은 내재된 감정을 표현하고, 새로운 사고의 행동을 하는 데 필요한 안전감과 자신감을 얻는다.

놀이치료는 아동들이 일반적으로 좋아하고 가지고 놀고 싶어 하는 장난감, 게임, 꼭두각시 인형 및 기타의 놀이도구를 사용하는 것이 특징이다. 아동이 놀이를 시작하면 치료자와 아동 간에 있을 법한 긴장감이 감소된다. 일단 치료적 관계가 성립되면 아동은 놀이를 통해 그들의 상상력을 발휘하게 되고, 감정과 행동을 표현하여 불안을 감소시키며, 자신의 문제를 스스로 해결하게 된다(이재연 외, 2002).

- 치료적 면에서 놀이의 가치와 효과(Amster, 1943, 이승희 외, 2011 재인용)
  - 놀이는 치료적 관계를 형성하는 데 유용한 도구이다.
  - 놀이는 치료자가 아동을 이해하기 위한 진단적인 도구가 된다.
  - 놀이는 아동을 이완시키도록 도와주고, 불안과 방어적인 자세를 감소시켜 치료를 효과적으로 할 수 있게 한다.
  - 놀이는 치료받기를 꺼리거나 말이 없는 내담자를 격려하여 치료에 임할 수 있도록 한다.

- 놀이는 안전한 환경 안에서 아동으로 하여금 충격적인 생활경험에서 느낀 감정을 표출하도록 돕는다.
- 놀이는 아동들이 일상생활에서 일반화될 수 있는 사회적 기술을 발달시킬 수 있는 기회를 제공해 준다.
- 놀이는 불안과 긴장을 건설적인 방법으로 표현하는 데 사용될 수 있다(배구, 야구, 달리기 등의 신체 활동을 통하여 분노와 긴장감을 나타낸다).

다. 발달단계별 장난감

- 감각운동기 : 양육과 관련된 장난감이나 감각기관을 자극하는 장난감(우유병, 아기담요, 베이비파우더, 로션 등)
- 전조작기(2~6세) : 상징들을 통해 사물을 인식하는 시기
- 가장놀이를 할 수 있는 장난감(장난감 전화기, 음식물 모형, 소꿉놀이, 병원놀이, 고무찰흙 등)
- 구체적 조작기(6~11세) : 현실과 환상에 대한 구분이 명확해지면서 환상 속의 내용과 구분된 행동을 한다(작은 사람, 동물인형, 자동차, 인형집 등).
- 형식적 조작기 : 장난감에 연연해하지 않는다. 미술활동을 통해 자신의 욕구를 표현하도록 한다.

라. 사회복지사의 역할과 기법

- 아동의 특성과 욕구에 근거하여 적극적으로 개입하거나, 객관성을 가진다.
- 임상가는 아동의 놀이를 통해 사정과 개입을 동시에 할 수 있다.
  - 예 블록놀이, 그림이 정교화 수준 → 인지발달 수준 측정
    공격성이 높은 아이 : 딱딱한 소재의 장난감 제공 → 공격성 해소
    소심하고 철회된 아이 : 부드러운 소재의 장난감 → 자신감 고취

③ 사례관리적 개입

가. 사례관리

- 복잡하고 다양한 문제를 지닌 클라이언트가 적절한 시기에 적절한 형태의 모든 서비스를 받을 수 있도록 하는 서비스 전달체계
- 클라이언트와 이미 제도화되어 있는 공식적 서비스와 가족, 친척, 이웃, 볼런티어 등의 비공식 지원을 연계시켜 클라이언트를 계속적으로 원조하는 방법의 총체이다.
- 구체적인 직접적 서비스를 제공하기보다 클라이언트를 직접 서비스 제공자에게 연결시켜 준다.

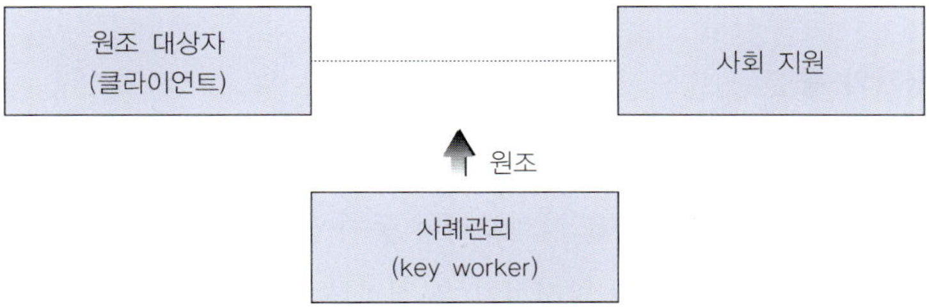

|그림 5-2| 로스만(Rothman)의 사례관리의 체계적 모델 조정

나. 사례관리의 목적

서비스의 중복을 피하고 포괄적인 체계 속으로 대인서비스를 통합하려는 것에서 시도되었다. 사례관리자는 생태도 등을 활용하여 욕구와 자원을 지속적으로 사정하고 연결시켜 주어야 하며, 자원 연결에 저해가 되는 요소를 찾아 제거하여야 한다.

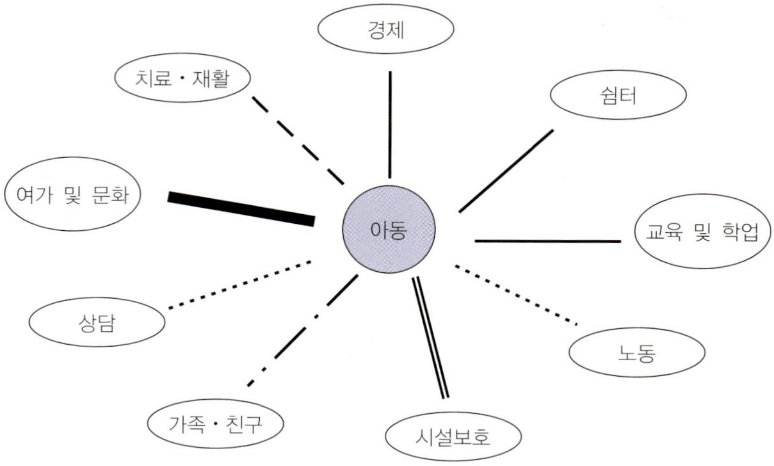

|그림 5-3| 생태도

(4) 평가와 종결

사회복지실천에서 종결은 개입을 끝마치는 것이므로 매우 중요하다. 종결작업은 클라이언트의 사회적 기능을 강화시키는 동시에 사회복지사와 클라이언트가 개입의 전 과정을 통하여 같이 발전시켜 온 성과를 이해시키는 과정이기도 하다. 어떤 관계이든 종결은 강렬한 정서적 반응을 동반하게 되는데, 이러한 감정들은 성장의 수단으로 쓰이기도 하고, 거부되거나 억압되어 차후의 사회적 기능을 방해할 수 있다. 그러므로 최종단계에서 종결을 잘 다룰 수 있는 기술이 필요하다.

① 평가

종결에는 개입활동 전반에 걸쳐 평가가 병행된다. 평가는 사회복지실천의 목적과 목표의 달성 정도를 결정하며 동시에 목적과 목표를 성취하기 위해 사용된 수단의 적합성을 심사하는 과정이기도 하며, 서비스의 책임성(효과성과 효율성) 향상을 위해 평가가 필요하다.

② 종결의 시점

종결의 과정은 항상 계획된 종결이 되어야 하며, 우연한 방법으로 발생되지 않도록 한다. 목표를 성취하였거나, 목표성취가 이루어지지 않았지만 클라이언트가 서비스를 최대한 활용할 수 있거나, 클라이언트가 다른 서비스에 의뢰되었거나, 클라이언트가 최소한의 방법으로 참여하여 자신의 문제해결에 대한 동기부여가 없는 경우에 발생한다.

③ 종결에 대한 준비와 개입

가. 종결단계에서 클라이언트의 반응

- 문제해결 전 과정에 대해 만족하고 종결을 받아들이는 경우
- 무시당하거나 버림받는 기분을 가지는 경우

나. 종결이 알려질 때 클라이언트는 퇴행, 냉담, 절망감, 분노 등의 반응을 나타냄

그래서 예전의 문제가 다시 나타나거나 새로운 문제가 나타나기도 한다.

다. 종결은 양자 간의 상의에 의해 결정되어야 함

사회복지사의 일방적인 종결선언은 바람직하지 못하다.

라. 종결에서 사회복지사가 유념해야 할 사항

의뢰(referral), 전이(transfer), 사후지도(follow up)

제2절 아동대상 사회복지 실천기술

아동을 대상으로 하는 사회복지실천이라는 것은 문제나 욕구를 가진 아동을 대상으로 사회복지실천 지식과 기술을 활용하여 그 대상이 되는 아동의 문제나 욕구를 해소시켜 나가는 과정을 말한다.

여기서 우리는 아동이 가진 문제나 욕구에 대한 이해가 필요한데, 근래 아동에게 발생하는 문제나 욕구가 그 아동의 내재적인 요인에 의하여 발생하는 경우도 많이 있지만, 가족이나 사회 환경 등의 외재적인 요인에 의하여 발생하는 경우가 늘어나고 있다. 이러한 이유 등으로 인하여 아동복지실천에 있어서 우리는 아동

의 발달에 대한 기본적인 이해가 필요함은 물론이거니와 아동을 둘러싼 가족과 외부 환경과의 관계에 대한 이해도 중요하다.

본 절에서는 아동복지실천을 수행하는 사회복지사로서 갖추어야 할 기본적 지식과 역할에 대해 살펴보고자 한다.

1. 아동복지실천가로서의 사회복지사

1) 아동복지실천가로서의 사회복지사

인간의 생활과 관련된 전문직은 사회복지사뿐만 아니라, 의사, 간호사, 물리치료사, 작업치료사, 요양보호사, 보육교사, 변호사, 교사 등 많은 직종이 있다. 이러한 직종들에 요구되는 최소한의 요건은 어떠한 직종일지라도 직무를 수행함에 있어서 최저한의 조건으로서, 이용자로부터의 신뢰가 있어야 한다는 것이다. "사람에게 있어서 가장 힘들고, 슬픈 것은 빈곤도 불치의 병에 걸리는 것도 아니다. 버림받고, 누구에게도 사랑받지 못하는 것이다"라고 마더 테레사 수녀는 이야기하였다. 테레사의 지적은 앞에서도 이야기한 전문직 중에서 사회복지사가 나아가야 할 방향을 지시한 것이라고 할 수 있다.

현대사회의 특징 중의 하나는, 가족관계, 친척관계, 친구관계, 이웃관계 등의 인간관계가 옅어지면서, 고립화하기 쉬운 것에 있다. 덧붙여 고립화란 배우자, 가족, 친척, 친구가 물리적으로 주변에 있어도, 본인이 주관적·심리적으로 혼자인 상태를 말한다. 인간에 있어서 가장 비참하고 참을 수 없는 것은 주변에 있는 가까운 사람으로부터 의식적·무의식적으로 무시받고, 자기를 이해해 주는 사람이 한 사람도 없게 되는 상태일 것이다.

사회복지라는 것은 이러한 위기에 대해 사회적으로 개입하고, 전문적 활동을 전개해 나가는 것을 말하고, 이러한 활동을 진행하는 사람을 사회복지사라고 할 수 있다. 사회복지사의 업무는 개인과 가족의 힘, 친척, 친구, 이웃의 사람들의 협력으로는 해결 곤란한 생활문제를 지닌 개인·가족 등을 대상으로 서비스 이용자의 인권을 존중하면서, 전문 대인원조관계를 형성・유지하면서, 전문지식, 전문기술을 활용하며, 사회자원을 활용하면서 개인의 웰빙(well-being) 촉진을 지원해 나가는 것이라고 볼 수 있다.

'복지는 사람에 달렸다'라고 하는데, 어떠한 제도를 구축해도 서비스 제공자의 자질이 매우 중요하다. 또 복지전문직에게는 '따뜻한 마음과 차가운 머리'가 필요하다고 말해지고 있다. 이것은 다채로운 인간성과 여러 과학이 실증한 성과를 응용하면서 통합화한 과학적인 뒷받침 속의 대인관계가 이루어지지 않으면 안 된다는 것을 의미하는 것이라고 볼 수 있다.

이와 관련하여서, 토론토대학 대학원의 소셜워크학부의 CBE(Competency Based Education : 전문가로서 필요로 하는 기능의 요소를 기반으로 한 교육)에서 제시한 내용은 주목해 볼 만한 것으로 생각이 된다. 이 학부는 사회복지실천에 있어서 전문가가 갖추어야 할 역량으로서 지식(knowledge)과 기능(skills), 판단력(judgement)을 말하고 있다. 그리고 8가지 범주(① 전문가로서 환경 속에서 적절하게 행동할 수 있도록, ② 조직적인 환경 속에서 적절하게 행동할 수 있도록, ③ 지역사회와의 관계 속에서 적절하게 행동할 수 있도록, ④ 문제를 인식하고 평가할 수 있도록, ⑤ 계획하기, ⑥ 개입/실행하기, ⑦ 피드백을 평가하고 이용하기, ⑧ 효과적 커뮤니케이션 기능을 활용하기)의 82항목의 전문가 역량을 습득할 것을 이야기하고 있다.

2) 전문성의 구조

아동복지의 분야에서 일하는 직원의 전문성에 대해서는 전통적으로 여러 가지 내용들이 이야기되어 왔다. 기본적인 구조적 특징을 정리해 보면, 첫째, 복지윤리(복지관, 웰빙의 촉진 등의 시점, 비밀유지 등 사회복지사로서 필요한 가치관), 둘째, 전문지식(역사, 이론, 지식, 아동복지제도, 인접 과학에 관한 지식 등), 셋째, 전문기술(고유의 원조 방법・기술, 기능)의 세 가지 요소로 집약할 수 있다. 그리고 전문성의 기반으로서, 사회성(관련 지식, 일반 교양, 다양한 생활경험, 다양한 인간관계 등), 주체성(자립성과 공존성, 전문적 자기의 형성, 전문적 통제) 등을 생각할 수 있다. 나아가, 사회복지사가 되고 싶은 사람은, 다음의 3층 구성요소를 반복적으로 학습하면서 전문가로서 갖추어야 할 전문가 역량을 습득하고, 전문적 자기(professional self)를 통합적으로 형성해 가야 할 것이다. 또한 사회복지사가 된 이후에도 전문직으로서 사회적으로 기능하기 위해서는 일상적인 연수, 연구 활동을 통해 개인 수준의, 사회복지사 전체의 실천의 질 향상을 위해 노력하지 않으면 안 될 것이다.

- 복지윤리 : 복지관, 웰빙(인권의 존중과 자기표현)의 촉진, 비밀유지 등 전문직으로서 필요한 가치관
- 전문지식 : 역사, 이론, 지식, 사회복지제도, 인접 과학에 관한 지식 등
- 전문기술 : 사회복지 고유의 원조방법 · 기술

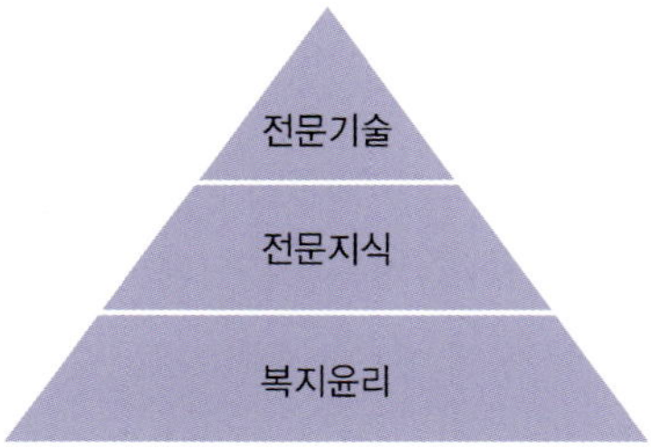

|그림 5-4| 사회복지사의 전문성의 구성요소

(1) 복지윤리

① 웰빙(인권의 존중과 자기표현)의 촉진

복지윤리는 사회복지사로서의 인간관, 복지관 등의 가치관과 관련된 것이다. 복지윤리는 한 개인의 사상과 판단, 행동을 규정하는 이른바 생각의 척도이며, 매우 중요한 것인데, 예를 들면 모든 인간을 경제 · 노동 가치만 으로만 보는 것이 아니라, 무차별 평등하게, 주체적 존재로서 개성적으로 바라보고, 그 인격의 존엄성을 존중하는 인간관 등이 있다. 이러한 것은 이용자가 태어나면서부터 가지고 있는 기본적 인권을 최대한으로 존중하는 것이기도 하다.

UN의 세계인권선언(1984년), 경제 · 사회 · 문화적 권리에 관한 국제규약(일명 A규약, 1966년), 시민 · 정치적 권리에 관한 국제규약(일명 B규약, 1966년),

정신지체인권리선언(1971년), 장애인권리선언(1975년), 여성에 대한 모든 형태의 차별철폐에 관한 협약(1979년), 아동권리협약(1989년) 등의 선언, 규약, 협약을 숙지할 필요가 있다. 또한 국내적으로는 대한민국 헌법과 아동복지법을 비롯하여, 법률의 정신과 기본 이념을 직무 안에 반영할 필요가 있다. 구체적으로 사회복지사의 전문직 단체인 한국사회복지사협회가 제정한 윤리강령이 있는데, 이 윤리강령에는 전문과 ① 사회복지사의 기본적 윤리기준, ② 사회복지사의 클라이언트에 대한 윤리기준, ③ 사회복지사의 동료에 대한 윤리기준, ④ 사회복지사의 사회에 대한 윤리기준, ⑤ 사회복지사의 기관에 대한 윤리기준, ⑥ 사회복지윤리위원회의 구성과 운영의 내용으로 구성되어 있다.

다음으로 자기표현 지원의 관점이다. 사회복지사의 업무는 항상 인간을 대상으로 하는 매우 윤리적인 활동이다. 타자의 자기표현(인격적 성장, 심리적·신체적·사회적인 건강), 인격의 존엄을 위한 전문직으로서의 자기를 정립하는 행위인 것이다. 나아가, 사회적으로 아무리 높은 수준의 가정복지제도가 구축되어 있어도, 직접 이용자와 관련된 원조자의 개인 수준의 복지관에 의해 그 수준에 규정되게 된다. 아무리 높은 수준의 대인원조의 기술, 기능을 가지고 있어도, 전근대적인 가치관을 가지고 있으면 진정한 의미에 있어서 이용자의 인권을 보호하고 지킬 수는 없게 된다. 역으로 사회복지사에 의해 이용자의 인권이 침해받게 될 수도 있을 것이다. 사회복지사는 인권이라는 그 무엇과도 바꿀 수 없는 소중한 가치관에 대해 항상 보호자로서 서야 할 것이다.

② 정상화(Normalization)

오늘날, 복지이념 혹은 원리로서, 1960년대에 북구 유럽의 지체장애인 복지 향상 운동과 관련되어 주장되고 국제적으로 정착한 정상화라는 사상이 있다. 이 사상은 현재 우리 사회복지의 기본 이념으로서도 정착되고 있다. 이 사상은 아동, 노인, 장애인에 이르기까지, 모든 개인이 인간으로서 공존해 가는 사회가 당연한 것이라는 생각을 가지고 있다. 이처럼 사회복지 실천에 있어서는 어떤 의미에서 전통적인 생활 관습 가운데에 사회적으로 불리한 입장에 처하고, 차별을 받으며, 부자유한 생활을 강요받아 온 개인, 가족의 존재를 인식하고, 이들의 입장을 우리 사회에 대변(advocacy)하고, 의식을 변화시켜 나가는 소셜액션(social action)이 매우 중요하다.

이것은 사회복지사가 아동에게만 수행하는 것이 아니라 아동과 그 가족이 처해 있는 불리한 환경을 이용자의 대변자(advocator)가 되어서, 환경을 개선하기 위해 지역사회와 사회에 목소리를 높이는 대변을 중시하게 하는 것이기도 하다.

③ 다문화주의

국제화가 진행되고 있는 현 상황에서 한국에는 다문화 가족이 증가하고 있으며, 외국국적을 가진 사람과 무국적의 아동들이 아동복지 관련 시설에도 증가하고 있는 경향을 보이고 있다. 새로운 복지이념으로서 다문화주의(multiculturalism)에 대한 생각도 필요하게 되었다. 다문화주의란 타인이 오랫동안 만들어 온 고유의 문화적 유산을 이해하고, 수용하며, 공존해 가는 개념이다. 개인, 가족, 지역의 고유 문화적 유산을 존중하고, 공존하는 사고가 새로운 기본 이념으로서 시대적으로 우리나라에 요구되고 있다고 생각한다. 같은 것은 선호하고 이질적인 것을 배척해 개성을 인정하지 않는 우리나라의 전통적인 문화를 변혁해 가지 않으면 우리나라 아동들의 복지는 질적으로 성장해 가지 않을 것이다. 이것은 개인의 기본적 인권을 보호하는 문화를 육성해 가는 것이기도 하다.

(2) 전문지식

사회복지의 역사, 사회복지의 이론, 지식, 사회복지실천의 전문 기술, 사회복지 제도에 관한 전문지식, 아동, 가족(한부모 가정), 노인, 장애인 등의 대상이해를 위한 전문지식, 의학지식, 케어기술, 심리검사법 등의 전문지식의 학습이 있다.

(3) 전문기술

사회복지실천 고유의 실천은 처음에는 영국을 중심으로 생겨나서 미국에서 꽃을 피웠다. 그 후 세계 각국의 사회복지실천 속에서 고도화, 다양화되어 왔다.

사회복지실천의 전문 기술은, 이른바 직접원조기술(마이크로 수준)로서는 ① 개별원조기술(케이스워크, 카운슬링 등), ② 집단원조기술(그룹워크, 그룹 카운슬링, 가족요법 등) 등이 있으며, 간접원조기술(메조, 매크로)로서는 ① 지역원조기술(커뮤니티워크), ② 사회복지조사방법, ③ 사회복지행정, ④ 사회복지계획, ⑤ 사회행동(Social Action) 등이 있다. 이러한 기술을 학습하고 기능을 체득하는 것이 요구되고 있다.

특히 최근에는 개별원조기술과 지역원조기술과의 관련에서 개발된 케이스 매니지먼트, 나아가 보다 효과적인 서비스를 제공하기 위한 슈퍼비전과 컨설테이션 등이 중요시되고 있다.

사회복지사의 역할과 기능에 대해서는 〈표 5-3〉과 같이, 중개기능, 조정기능, 대변기능, 연계기능, 처우기능, 치료기능, 교육기능, 보호기능, 조직기능, 케이스 매니저 기능, 사회변혁 기능 등을 언급할 수 있다. 이러한 역할과 기능은 상담기관, 입소시설, 이용시설 등의 서비스 제공의 장소에 의해 달라질 것이며, 아동복지시설에 따라 달라질 것이다.

〈표 5-3〉 사회복지사의 역할과 기능

기 능	역 할
중개기능 (human service broker)	클라이언트와 사회자원과의 중개자(브로커)로서의 역할
조정기능 (mediator)	클라이언트와 가족과 지역사회의 사이에서 의견의 차이와 분쟁이 발생할 경우, 그 조정자로서의 역할
대변기능 (advocator)	권리옹호와 욕구를 스스로 표명할 수 없는 클라이언트의 대변자로서의 역할
연계기능 (linkage)	각종의 공적인 사회적 서비스와 많은 인포멀한 사회자원 간을 연결시키는 연계자(링케이지)로서의 역할

처우기능 (residential work)	시설 내의 이용자에 대해 생활 전체의 직접적인 원조, 지도, 지원자로서의 역할
치료기능 (counselor/ clinician)	카운슬러와 치료자로서의 역할
교육기능 (educator)	교육자로서의 역할
보호기능 (protector)	아동 등의 보호자(프로텍터)로서의 역할
조직기능 (organizer)	포멀, 인포멀한 활동과 단체를 조직하는 사람(오거나이저)으로서의 역할
케이스매니저 기능 (case manager)	개인과 가족에게 서비스의 연속성, 적절한 서비스의 제공 등의 케이스 매니저로서의 역할
사회변혁 기능 (social change agent)	지역의 편견・차별 등의 의식, 경직화한 제도 등의 변혁을 진행하는 사회개량・환경의 개선 등을 도모하는 역할

2. 아동복지실천가로서의 실천기술

서비스 종류	서비스 내용
아동가정지원사업	지역사회아동의 건전한 발달을 위하여 아동, 가정, 지역주민에게 상담, 조언 및 정보를 제공하여 주는 사업
아동주간보호사업	부득이한 사유로 가정에서 낮 동안 보호를 받을 수 없는 아동을 대상으로 개별적인 보호와 교육을 통하여 아동의 건전한 성장을 도모하는 사업
아동전문상담사업	학교부적응아동 등을 대상으로 올바른 인격형성을 위한 상담, 치료 및 학교폭력예방을 실시하는 사업
학대아동보호사업	학대아동의 발견, 보호, 치료 및 아동학대의 예방 등을 전문적으로 실시하는 사업
공동생활가정사업	보호대상아동에게 가정과 같은 주거여건과 보호를 제공하는 것을 목적으로 하는 사업
방과후아동지도사업	저소득층 아동을 대상으로 방과 후 개별적인 보호와 교육을 통하여 건전한 인격형성을 목적으로 하는 사업

1) 사회복지사와 전문 대인원조관계

원조관계 형성의 기반이 되는 것은 사회복지사의 사회성 및 사회복지사의 주체성을 들 수 있다.

(1) 사회복지사의 사회성

사회복지사의 상담 원조활동은 이용자의 여러 가지 생활체험, 그 감정, 생각을 공감하고, 수용하는 것에서 출발한다. 나아가 사회복지사로서, 스스로 전공하는 분야에 관한 전문지식을 가지는 것은 필요한 일이지만, 인간의 생활을 대상으로 하는 원조자로서는 폭넓은 인간과 사회에 관한 기초적인 교양, 자질이 필요하다. 사회복지사는 양성과정에 있어서 다양한 인간관계, 다양한 생활경험을 체험할 필요가 있다. 구체적으로는 다양한 자원봉사활동과 실습 등에서 이용자의 생활에 대해 이해하고, 스스로 개인과 가족의 생활장애, 생활문제에 주체적으로 다가서는 노력, 많은 소설과 당사자가 쓴 수기 등을 숙독하는 것을 통해 그들의 생활과 감정, 생각을 간접적으로나마 체험해 나가는 것이 필요하다.

사회복지사의 사회성은, 아동복지의 분야를 넘어서서 폭넓고 다양한 관련 분야의 지식, 일반교양, 여러 가지 생활경험, 다양한 인간관계를 몸에 익혀 나가는 것이 중요하다.

(2) 사회복지사의 주체성

사회복지사의 주체성이란 자기의 과거 의식적 · 무의식적인 생활체험에 고착 · 몰입, 타자(이 경우, 단순한 인간만이 아니라, 권위 · 지위 · 역할에의 고착 · 몰입, 집단적 · 문화적 규제와 약속에의 과도한 고착 · 몰입)의 감정적 규제에 의존하거나 동화하지 않고, 자기가 자신의 본질에 있는 개성적 가능성을 최대한으로 주변과의 관계 속에 충분하게 발휘할 수 있는 상태, 즉 자기실현의 상태를 말하는 것이다. 이용자의 자기표현을 지원하는 사회복지사로서는 우선 자기 스스로, 한 사람의 인간으로서의 주체성을 발휘하는 것이 대전제가 된다.

2) 전문 대인원조관계와 역감정 전이

구체적으로는 사회복지사의 전문상담원조활동은 원조자로서 이용자(가족)와의 사이에 형성되는 전문 대인원조관계를 기반으로 전개된다. 여기서의 원조자와 이용자와의 관계는 이용자의 자기표현에의 지원과 생활문제해결을 위해 사회복지실천의 원칙(비에스텍에 의한 사회복지사와 클라이언트 간의 관계에 관한 7대 원칙이 유명)에 근거한 깊은 차원에서의 원조관계를 형성해 나가지 않으면 안 된다. 일상생활 속에서의 가족관계와 친구관계와는 다른 전문 대인원조관계를 형성하고, 유지해 나가기 위해서는 우선 원조자 자신이 스스로 주체성을 발달시켜 나가는 것이 가장 중요할 것이다. 왜냐하면 무의식적으로 원조자가 이용자와의 관계 속에서 자기의 개인적 욕구를 충족시키거나 하게 되면, 원조자는 자유를 잃어버리고, 원조관계를 유지시켜 나가는 것이 힘들어지게 된다. 이처럼 원조자가 이용자와의 관계 속에 무의식적으로 개인적 욕구를 충족시켜 나가는 것을 역감정 전이(counter-transference)라고 한다.

또한 이용자가 원조자에 대해 무의식적으로 개인적 욕구의 충족을 하는 것을 감정전이(transference)라고 하지만, 이것은 신뢰관계를 형성함에 있어서 유용하다. 하지만 역전이는 절대로 일어나지 않도록 해야 한다. 나아가 학생과 초임자에게는 숙련된 슈퍼바이저에 의한 슈퍼비전이 보다 효과적인 원조, 서비스를 제공하기 위해 필요하다.

3) 자기감지

사회복지사와 이용자와의 전문 대인원조관계의 형성은 사회복지에 대한 전문지식, 기술을 단순히 지적으로만 이해하여서는 충분하지 않다. 사회복지사는 자신이 어떤 사상과 가치관을 가지고 있는지, 어떠한 반응과 행동을 하는 인간인지, 어떤 단체에 소속되어 있는지, 어떠한 체험을 하였는지, 어떠한 성격인지 등, 시간적・공간적으로 매우 깊은 차원의 자기 이해를 할 필요가 있다. 이러한 자기이해를 사회복지사의 자기지각(self-awareness)이라고 한다.

또한 이용자와는 다른 사회복지사 측의 가치와 감정, 해석과 진단이 있다면, 이용자는 위화감과 고독감을 가지게 되며, 불안과 경계심, 자기 방어 등을 품게 되어서, 신뢰관계는 형성되지 않는다. 따라서 사회복지사는 자기가 소속된 집단으로부터의 주관과 과학적인 객관에 얽매이지 않고 자유로워질 필요가 있다. 그렇게 하기 위해서는 이러한 주관과 객관의 특성과 한계를 자각하고 통찰하며, 속박으로부터 자유로워지지 않으면 안 된다. 즉, 이용자의 주체적인 자기표현에 대한 원조를 하는 전문직이라는 사실을 잊지 말아야 한다. 항상 자기 자신의 이용자에 대한 개입활동에 대해 고찰하지 않으면 안 될 것이다. 이런 의미에서 |그림 5-5|와 같은 순환적 활동이 요구된다.

구체적으로는 사회복지사로서 일상적인 실천 가운데에 깊은 차원의 자기감지(있는 그대로의 자기의 모습에 대한 인식, 자기에 대한 긍정적 측면·부정적 측면을 모두 포함한 자기수용)와 자기의 주체성의 계발이 중요하며, 전문적 통제(professional control, 전문직으로서 개입할 때, 이용자에 마이너스 영향을 주는 태도, 행동 등을 조절할 수 있는 자율성의 체득)가 갖추어지지 않으면 안 된다.

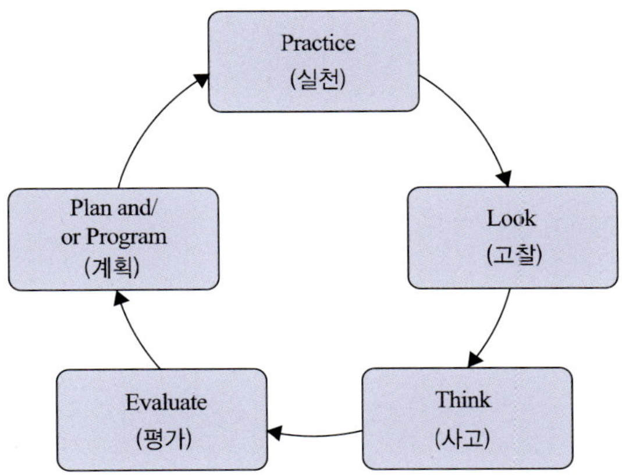

|그림 5-5| 사회복지사의 순환적 활동

4) 신뢰관계의 수립과 유지

상담기관과 시설에 도움을 요청하는 이용자는 일상의 생활 속에서, 스스로 해결할 수 없는 생활장애와 생활파괴에 직면하고, 절실하게 그 해결의 노력을 추구하면서도, 동시에 이제까지의 노력과 실패의 경험, 상처받은 과거의 경험 등으로 자기 방어를 만들게 되고, 긴장감을 가진 채 어렵게 찾아오는 경우가 많다. 나아가 전문가의 원조를 구하고 싶은 마음과 자기 방어의 양가감정(ambivalence)을 가지고 있는 경우도 많다.

사회복지사는 이용자가 찾아 왔을 때 동반하는 긴장감과 자기방어를 풀어주면서, 가능한 한 안심하고, 침착한 분위기를 만들어서, 이용자가 자연스럽게 스스로, 자신이 당면하고 있는 문제를 표출할 수 있는 관계를 만들어 가는 것이 중요하다.

이처럼 신뢰관계의 수립과 유지는 클라이언트를 지원하는 과정 전체를 통해서 기반이 될 기본적 조건의 하나이다.

요 약

1. 아동대상 사회복지 실천과정

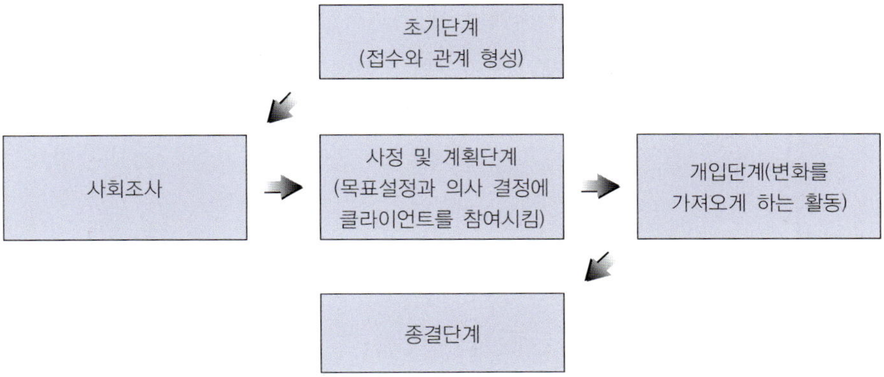

1) 접수면접

관찰, 경청, 적절한 질문기술을 활용함

2) 개별지도의 주요 절차

① 탐색(exploration) : 상담가와 아동이 만나서 어떤 일을 진행할지에 대해 서로 동의하는 단계로, 자료를 모으고 이를 조직하고, 약속, 계약이 이루어짐

② 사정(assessment) : 상담가의 지식과 판단을 통해 개별아동의 사례를 해석하여 무엇을 할지 결정함

③ 개입(중재, intervention) : 초기단계부터 시작되며, 아동과 함께 결정하고 제대로 된 서비스를 받을 수 있는 방법을 찾는 것

④ 종결(termination) : 개입하려는 문제가 해결되었는지, 아동이 자존심과 능력을 회복했는지, 계속 개입해야 하는지를 결정하는 마무리 단계

2. 아동대상 사회복지 실천기술

1) 사회복지사와 전문 대인원조관계

① 사회복지사의 사회성 : 사회복지사로서 스스로 전공하는 분야에 관한 전문 지식을 가지는 것은 필요한 일이지만, 인간의 생활을 대상으로 하는 원조자로서는 폭넓은 인간과 사회에 관한 기초적인 교양·자질이 필요함

② 사회복지사의 주체성 : 자기가 자신의 본질에 있는 개성적 가능성을 최대한으로 주변과의 관계 속에 충분하게 발휘할 수 있는 상태, 즉 자기실현의 상태를 말함

2) 전문 대인원조관계와 역감정 전이

3) 자기감지

4) 신뢰관계의 수립과 유지

연습문제

01 자신이 관심을 가지는 아동, 청소년 한 명을 선정하여 이번 시간 공부한 사회복지실천과정에 따라 개입계획을 해보시오.

> 예 초기 – 조사 – 사정 – 개입계획 – 개입(ㅊ료) – 종결

02 토론 : 나의 아동기를 꽃이나 과일 또는 색으로 표현해 보시오. 다른 사람과 토론해 본 후 소감을 발표해 보시오.

제 6 장

아동복지정책

제 6 장 아동복지정책

제1절 아동복지정책의 관점

1. 자유방임주의 관점

국가의 개입은 극단적인 경우를 제외하고는 한정되며, 부모-자녀 관계의 영역, 즉 국가는 시민생활의 사적 영역에 개입해서는 안 되며, 아동의 보호에 있어서 부모-자녀 관계의 프라이버시와 성역은 보호되어야 한다.

가족과 아동의 생활에 대한 최소 침해의 원칙(the least detrimental principle)과 가족관계의 지속성에 대한 욕구를 보장한다.

① **장점** : 가족의 자율성 존중, 비강제적인 서비스 제공

② **단점** : 가족의 상황이 아동에게 반영되므로 사회적 불평등이 재생산, 아동 보호의 일차적 책임을 가족에 둠으로써 아동의 복지가 훼손될 위험이 큼

2. 국가 개입주의 관점

출생 부모의 보호가 항상 최선의 것이 될 수는 없다. 아동은 사회에서 높은 우선순위를 가진 존재이며, 양질의 보호를 받을 권리가 있고, 적절한 처우를 받지 못했을 경우에는 법적 강제력을 사용하여서라도 보호를 받아야 한다.

① 본질적으로 미약한 아동은 사회에서 최우선의 보호를 받을 존재임
② 국가가 부모-아동 관계에 개입할 수 있는 강제력과 법적 근거를 확대
③ 사회적 자원과 비용이 많이 소요되며, 개인의 자유침해를 제기함

3. 가족과 친권보호 관점

국가의 개입이 정당화되지만 아동의 출생가정을 유지하고 보호하는 지지적인 형태이어야 한다.

① 제2차 세계대전 이후 서구의 복지국가 확대과정에서 발달
② 빈곤이나 박탈에 대한 아동문제에 국가가 개입하며, 부모와 아동의 지지를 강화
③ 출생가정에서의 보호를 강조하여 아동학대의 심각성을 과소평가, 가정에 대한 지원은 방임적임

4. 아동의 권리 및 아동해방의 관점

아동을 위해 무엇이 최선인가에 관한 입장이 아동 자신의 견해, 느낌, 욕구, 정의, 자유, 선택에 강조점을 둔다. 국가가 해야 할 일은 아동이 그들의 부모나 다른 성인으로부터 자유로울 수 있도록 보장하는 일이다.

① 성인과 동일한 권리를 지닌 인간으로 아동의 권리를 옹호
② 아동의 견해와 욕구, 선택을 강조하며 국가는 아동에게 최대한의 자유를 보장해야 함
③ 지나치게 급진적이고 극단적인 자유방임정책으로 아동발달심리에 위배되는 부분이 있음

제2절 아동복지정책의 현황

1. 아동복지정책의 개념

1) 아동복지정책의 개념

정부가 아동과 관련된 사회적 욕구의 당위성에 입각하여 공식적·의도적으로 선택하였거나 아동에게 제공할 복지서비스에 대해 정치적·행정적 과정을 거친 결과물을 말한다.

2) 우리나라 아동복지정책의 특성

우리나라는 아동에 대해 가족책임주의와 자유방임주의의 관점을 취하고 있어 공권력에 의한 개입은 제도화되어 있지 못하다. 예를 들면, 아동학대에 대하여 '내 자식 내 마음대로 한다'는 것이 지배적이다.

① **자유방임과 가부장주의 관점에 근접** : 아동의 부양은 일차적으로 가족의 책임
② 국가의 개입은 전체 아동이 아닌 사회적 취약계층의 아동에게 국한
③ 가족기능이 실패한 후 치료적으로 개입하고 있어 비용소모가 큼

〈표 6-1〉 사회복지정책과 아동복지서비스 정책

사회복지정책의 영역		사회복지제도
협의의 사회복지정책	소득보장정책	국민연금, 고용보험, 산재보험, 공공부조, 사회수당제도
	의료보장정책	건강보험, 의료급여, 국민보건서비스
	주거정책	저소득층을 위한 임대주택, 주거환경개선사업
	사회복지 서비스정책	아동복지, 청소년복지, 장애인복지, 노인복지, 여성복지, 한부모가족복지
광의의 사회복지정책	교육정책	저소득층 교육비 지원, 학교급식
	조세정책	소득재분배 목적의 누진과세제도, 자녀장려금제도
	노동정책	고용보장, 최저임금제도, 직업훈련, 산업복지
	사법정책	보호관찰제도, 갱생보호제도, 법률구조제도

출처 : 박병현(2011) 재구성.

〈표 6-2〉 우리나라 아동복지정책의 추진방향

정책목표 : 아동 · 청소년의 건강한 성장환경 조성 및 자기계발 보장	
이행과제	단위과제
저소득 아동 · 청소년 지원 강화	① 아동 발달 지원 계좌(디딤씨앗통장) 확대 ② 드림 스타트 사업 확대 ③ 위기청소년 사회안전망 확대 ④ 아동 · 청소년 발달 지원 서비스 확대
아동 · 청소년 역량강화	① 아동 · 청소년 권리 증진과 참여기회 확대를 위한 제도 개선 ② 청소년 국제 교류 프로그램 확대 및 다양화
안전한 아동 · 청소년 보호 체계 구축	① 아동 · 청소년 안전체계 강화 ② 학대아동보호를 위한 전문 인력 확충 및 시스템 구축 ③ 실종예방을 위한 지역 단위 아동안전시스템 구축 및 조기발견 체계 구축 방안

출처 : 보건복지부(2014).

2. 아동을 위한 사회복지정책의 유형

1) 아동과 관련된 사회보험

(1) 아동급여

국민연금법 제52조 및 동법 시행령 제38조의 부양가족연금액에 의해 연금수급권자의 19세 미만의 자녀 또는 장애등급 2급 이상에 해당하는 자녀에 대해서 지급한다.

(2) 의료보장

① 거의 모든 아동은 건강검사(신체의 발달상황 및 능력, 정신건강 상태, 생활습관, 질병의 유무 등에 대하여 조사하거나 검사하는 것)를 받게 한다.

② 만성질환자의 경우에는 보험일수와 보험급여 가능범위가 제한되어 있어 가족이 만성질환 아동의 일차적 지원을 담당하고 있으며, 미숙아를 위한 의료복지 수준은 낙후한 상태이다.

(3) 실업

① 실업은 가족의 스트레스를 급격하게 높이는 위기사건이자, 아동학대의 주요한 설명변인이다.

② 실업급여도 낮아 실업가정의 아동복지 수준은 미흡한 편이다.

(4) 가족수당

① 가족수당은 가족의 빈곤을 해결할 수 있는 수단이 된다.

② 가족수당은 인구의 감소를 막으려는 인구정책으로 기능한다.

③ 가족수당은 아동양육에 드는 가족의 재정적 부담을 완화시킨다.

2) 아동과 공공부조

(1) 국민기초생활보장사업의 핵심 대상이 되는 아동

시설보호아동, 소년소녀가정세대, 빈곤가정의 아동

① **거택보호** : 아동의 최선의 교육환경은 그의 부모가 있는 가정이다.

② **시설보호** : 18세 미만의 아동으로서 아동복지법, 사회복지법, 장애인복지법 등의 규정에 의해 시설에서 수용보호한다.

③ **자활보호** : 생업자금 지원 및 융자, 취로사업 등 지급

④ 교육보호

⑤ 의료보호

(2) 관련된 급여

① **생계급여** : 수급자의 소득인정액 등을 감안해 차등지급

② **교육급여** : 입학금, 수업료, 학용품비, 기타 수급품을 지원

(3) 문제점

국민기초생활보장법에 의해 소득보장을 받지 못하는 사각지대 빈곤가정의 아동문제가 심각하다.

3) 가족유지 및 지원정책

(1) 소득보장방법

- 선별주의에 의한 방법은, 요보호아동에 대한 급여지급, 아동부양능력이 없는 사회취약계층에 대한 지급이 있다.
- 보편주의에 의한 방법은, 아동을 모든 가정에게 부담을 가져오는 존재로서 인식하고 가정의 아동양육부담을 경감시켜 주는 것을 목표로 한다.

(2) 서비스 제공에 의한 방법

- 가족기능 강화를 위한 상담과 교육서비스
- 문제가 발생한 사례에 대하여 가족에 초점을 둔 케이스워크서비스
- 집중적인 가족위기서비스, 영유아보육서비스

(3) 대체가정서비스

① 일시적인 대체가정 보호로는 육체적·성적 학대, 유기, 특수한 의료적 요구 등을 지닌 아동을 대상으로 부모와 떨어져 다른 가정에서 보호받는 가정위탁서비스가 있고, 친족보호, 지역사회 그룹홈, 주거치료센터, 감호시설, 재활시설 등 가정에서 제공될 수 없는 서비스 욕구를 지닌 정서적 장애, 행동장애를 지닌 아동들에게 서비스를 제공하는 주거시설보호가 있다.

② 영구적인 대체가정 보호로는 입양(요보호아동이 안정적인 가정환경에서 건전하게 성장할 수 있도록 지원함으로써 아동의 복지증진 도모)이 있다.

③ 시설보호

시설보호는 보호자가 없거나 유실, 유기 또는 이탈된 아동, 보호자가 양육하기 곤란한 아동을 아동복지시설에서 양육하여 건전한 사회인으로 육성하

는 것을 목적으로 한다. 아동복지시설의 종류는 아동양육시설, 아동일시보호시설, 아동보호치료시설, 공동생활가정, 자립지원시설, 아동상담소, 아동전용시설, 지역아동센터 등이 있으며, 주로 사회복지법인에 의하여 운영된다.

4) 사회복지서비스

(1) 한부모가족지원법 제12조 중 복지급여 내용

국가나 지방자치단체는 복지급여를 신청하는 자에게 아동교육지원비와 아동양육비를 포함한 복지급여를 실시하도록 규정하고 있다.

(2) 한부모가족지원법 시행령 제13조

한부모가족의 실태와 국민생활 수준을 고려하여 예산의 범위 내에서 매년 여성가족부장관이 정한다. 즉, 아동교육지원비는 입학금·수업료, 학용품비와 그 밖에 교육에 필요한 비용으로 하고, 그 내용과 수준은 한부모가족의 실태와 국민생활 수준을 고려하여 예산의 범위에서 정한다.

(3) 장애인복지법 제38조 자녀교육비 지급

장애인복지실시기관은 경제적 부담능력 등을 고려하여 장애인이 부양하는 자녀 또는 장애인인 자녀의 교육비를 지급할 수 있다고 규정하고 있다.

(4) 영유아보육법 제34조 무상보육

국민기초생활보장법에 의한 수급자와 보건복지부령으로 정하는 저소득층 자녀(만 6세 미만)의 보육에 필요한 비용은 국가 또는 지방자치단체가 그 전부 또는 일부를 부담하도록 규정, 법정 저소득층 아동에게는 보육료 전부, 기타 저소득층 아동에게는 보육료의 일부를 보조한다.

3. 아동복지 프로그램 현황

2017년도 아동복지사업 프로그램 현황을 살펴보면 〈표 6-3〉과 같다.

〈표 6-3〉 2017년도 아동복지사업 프로그램 현황

구분	아동복지사업의 유형	추진방향, 목적 및 내용
아동복지정책과	보호가 필요한 아동 보호	아동에게 적합한 보호·양육·자립 방안을 강구하여 건강한 사회인으로 육성
	가정입양 지원	보호자가 없거나 보호자로부터 이탈된 아동 등의 권익과 복지를 증진하기 위한 가정을 영구적으로 제공하여 신체적·정서적·사회적으로 건강하게 성장할 수 있도록 지원함
	기정위탁 보호	보호대상아동(요보호아동)을 보호·양육하기를 희망하는 가정에 위탁 양육함으로써 가정적인 분위기에서 건전한 사회인으로 자랄 수 있도록 함 – 보호대상아동 발생 시 가정보호를 우선하도록 하며, 특히 2세 미만 영아의 경우 가정보호 우선 실시 필요
	소년소녀가장 지원	– 추진방향 : 소년소녀가정 지정을 금지하고 기존의 소년소녀가정은 가정위탁보호로 전환 추진 – 단, 아동이 만 15세 이상으로 아동복지법 제19조에 의해 후견인을 선임하는 경우에 한해 추가지정 가능
	결연사업 운영	시설보호아동, 가정위탁세대 아동, 소년소녀가정 등의 아동과 지역사회 이웃과의 결연으로 물질적·정서적 지원을 하여, 이웃사랑의 사회기풍을 조성하고 아동의 건전한 육성을 도모함
	공동생활가정(그룹홈) 운영	보호가 필요한 아동에게 가정과 같은 주거여건과 보호, 양육, 자립지원 서비스를 제공하는 것을 목적으로 하는 아동 공동생활가정(이하 "그룹홈"이라 한다)의 운영에 관하여 필요한 사항을 정함
	아동복지시설 운영	아동양육시설, 아동일시보호시설, 아동보호치료시설, 자립지원지설, 아동상담소, 아동전용시설
	보호아동 자립지원	보호대상아동의 자립준비 역량강화 및 보호종료 후 안정적인 사회진출과 자립실현
	디딤씨앗통장(CDA)	저소득층 아동의 사회진출 시 학자금·취업·창업·주거마련 등에 소요되는 초기비용 마련을 위한 자산형성을 적극적·장기적으로 지원할 필요 2007년 4월부터 미래 성장 동력인 아동에 대한 사회투자로 빈곤의 대물림을 방지하고 건전한 사회인 육성을 위해 "아동발달지원계좌(CDA : Child Development Account)" 추진

아동권리과	드림스타트	취약계층 아동에게 맞춤형 통합서비스를 제공하여 아동의 건강한 성장과 발달을 도모하고 공평한 출발기회를 보장함으로써 건강하고 행복한 사회 구성원으로 성장할 수 있도록 지원
	아동복지교사 지원	가. 아동의 건전한 성장과 발달을 지원 – 지역사회에서 방치되기 쉬운 취약계층 아동에게 다양한 교육 프로그램을 제공하여 아동의 건전한 성장과 발달을 지원 나. 지역사회 일자리 창출을 통한 아동곡지 서비스 인력 양성 – 재정지원 일자리 사업으로서 취업취약계층을 비롯한 지역사회 우수인력을 채용, 교육훈련을 통해 아동복지서비스 인력 양성
	지역아동센터 운영	방과 후 돌봄이 필요한 지역사회 아동의 건전육성을 위하여 보호・교육, 건전한 놀이와 오락의 제공, 보호자와 지역사회의 연계 등 종합적인 복지서비스 제공
	결식아동 급식지원(지방이양)	저소득 가정의 아동들이 건강하게 자랄 수 있도록 급식지원 등을 통해 결식예방 및 영양개선
	아동학대 예방 및 피해아동 보호	아동학대 예방 강화 및 피해아동에 대한 적극적인 보호를 통해 아동의 건강한 성장환경 조성 및 권리증진 도모
	실종아동 등 보호	보호시설 : 사회복지사업법 제2조 제3호의 규정에 따른 사회복지시설 및 이에 준하는 시설로 인가・신고 등을 하지 아니하고 아동 등을 보호하는 시설 ※ 아동복지시설, 장애인복지시설, 정신보건시설, 노인복지시설, 노숙인시설 등

출처 : 보건복지부(2017).

제3절 아동복지행정 및 서비스전달체계

1. 아동복지행정

1) 아동복지행정의 개념

아동복지행정은 아동복지정책을 아동복지서비스로 전환시키는 데 필요한 사회복지조직에서의 총체적 활동이다. 아동복지조직의 목표달성을 용이하게 하기 위해 관리자에 의해 수행되는 상호의존적인 과업과 기능 및 관련 활동 등의 체계적 개입이라 할 수 있다. 또한 아동복지제도를 구성하는 제 법률 등을 공적 책임을 가지고 집행하는 것이다. 헌법을 기본으로, 아동복지법을 중추로 하는 법체계하에서 중앙정부와 광역자치단체, 기초자치단체로 각각 역할을 분담해 원활하게 아동복지서비스를 수행하도록 조직화되어 있다.

국가, 아동복지기관 및 아동복지시설은 추구하고자 하는 정책 방향과 구체적 내용이 있을 것이며, 이러한 지침들은 실제 서비스로 전달되는 과정인 행정적 뒷받침이 함께 이루어지지 않으면 안 된다. 따라서 아동복지행정은 아동복지 정책 및 관련 법률과 밀접한 관련을 맺고 있으며, 공공조직이나 민간조직과 같은 서비스 전달을 위한 구체적인 체계가 필요한 것이다. 아동복지의 이상이 실현되기 위해서는 아동복지의 방법론에 관한 연구와 지식은 물론 이를 실제적으로 현실화할 수 있는 정책적 접근 역시 중요하다. 정책적 접근 중에서도 제대로 만들어진 법률과 정책이 아동에게 실질적인 혜택을 주기 위해서는 이를 운영하는 전달체계, 즉 행정조직의 아동복지행정이 제대로 이루어져야 한다.

2) 아동복지행정의 주체

아동복지행정의 주체는 아동복지활동을 실시하는 기구나 기관을 말하며 국가 및 지방자치단체가 제도적으로 실시하는 정부행정기관, 국제기구 및 국내 민간단체 등이 있다.

2. 아동복지서비스의 전달체계

우리나라의 아동복지서비스는 공공행정조직과 민간조직에 의해 전달되고 있다. 공공조직은 일반행정조직의 관할하에 있으며, 국민기초생활보장법에 의해 급여를 제공하는 공공부조와 사회복지사업법과 아동복지법에 의해 국가가 아동복지 기관이나 시설에 대해 운영비를 보조하는 체계로 이루어져 있다. 이 중 공공부조는 거택보호인 경우 시・군・구 또는 읍・면・동을 통해 직접 수혜자에게 전달되고, 시설보호의 경우 시・군・구 또는 읍・면에서 아동복지시설에 전달된다.

민간조직은 국내의 민간단체와 외국의 원조단체로 구성되어 있다. 국내의 민간단체는 아동복지기관과 아동복지시설이 공공과 민간 자체의 재원으로 서비스를 수혜자에게 직접 전달하고 있으며, 외국의 원조단체는 국내의 아동복지기관이나 시설에 금품과 기타 서비스를 제공하는 형태로 전달되고 있다.

우리나라의 행정전달체계는 보건복지부를 정점으로 하여 각 시・도가 아동복지행정의 기획, 조정 등을 관장하며, 다시 시・군・구에 담당부서를 두어 일반사무를 처리하고, 행정구조로는 읍・면・동에 사회복지전담공무원을 두어 실제 업무를 담당하게 하고 있다. 중앙 → 시・군・구 → 읍・면・동의 행정경로를 통해 아동복지행정이 각기 수준에서 이루어지고 있는 것이다.

1) 전달체계의 분류 Ⅰ

(1) 구조기능에 따른 분류

① **행정체계** : 아동복지서비스 계획 지시, 지원 관리감독

② **집행체계** : 대상자에게 서비스를 직접 제공

(2) 운영주체에 따른 분류

① **공적전달체계** : 중앙정부 및 지방정부, 공공기관이 직접 관리운영

② **민간전달체계** : 복지재단, 사회복지협의회, 수용시설 등 민간이 직접 관리운영

2) 전달체계의 분류 Ⅱ

(1) 공공부문

① 보건복지부와 여성가족부에서 아동청소년복지의 입법과 정책 담당

② 지방자치단체는 중앙행정부에서 내려온 지침업무를 수행

③ 서비스 내용 비체계적, 피드백의 어려움, 업무과다 및 전문 인력 부족

(2) 민간부문

① 아동복지를 담당하는 중앙행정부와 지방자치단체 부서의 일관되고 직접적인 업무 전달

② 사회복지 전문 인력과 아동복지전문요원의 확충

제4절 아동복지 관련 입법

1. 아동복지 관련법의 현황 및 체계

1) 정책분야에 따른 구분

정책분야에 따른 아동복지 관련법을 살펴보면 〈표 6-4〉와 같다.

〈표 6-4〉 일반아동과 요보호아동에 따른 아동복지 관련법

대상 / 기본방향	요보호아동	일반아동 (요보호아동 포함)
아동을 1차적 대상으로 하는 법	입양특례법, 소년법 보호소년 등의 처우에 관한 법률 장애인 등에 대한 특수교육법 보호시설에 있는 미성년자의 후견직무에 관한 법률	아동복지법 영유아보육법 청소년보호법 청소년기본법 교육기본법 학교보건법
아동을 2차적 대상으로 하는 법	한부모가족지원법	모자보건법
기타 아동복지법	국민기초생활보장법 장애인복지법 가정폭력방지 및 피해자보호 등에 관한 법률 산업재해보상보험법 장애인고용촉진법 정신보건법 보건의료기본법 성매매방지 및 피해자보호 등에 관한 법률	사회복지사업법 국민연금법 국민건강보험법 남녀고용평등과 일·가정 양립지원에 관한 법률 근로기준법 보건의료기본법 민법

출처 : 법제처 국가법령정보센터(2017) 재구성.

2) 대상에 따른 구분

일반적으로 아동복지 관련법은 아동만을 대상으로 하는 법, 아동이 그 대상으로서 포함되는 법과 아동복지를 지원해 주기 위한 행정 및 조직에 관한 법으로 나눌 수 있으며, 법, 시행령, 시행규칙, 조례의 형식으로 제정되어 있다. 현재 우리나라의 아동복지 관련법은 〈표 6-5〉와 같다.

〈표 6-5〉 아동복지 관련법

분 류	법 명
아동복지일반법	아동복지법, 청소년기본법
빈곤아동 및 가정보호 한부모아동	사회복지사업법, 국민기초생활보장법, 한부모가족지원법, 보호시설에 있는 미성년자의 후견직무에 관한 법률, 입양특례법
사회보험	국민연금법, 국민건강보험법
아동건강	모자보건법, 지역보건법, 학교보건법, 학교급식법
근로종사아동	근로기준법
아동교육 및 보호	교육기본법, 유아교육법, 영유아보육법
비행아동 및 우범아동	소년법, 보호소년 등의 처우에 관한 법률, 보호관찰 등에 관한 법률
아동건전육성 및 보호	청소년기본법, 아동・청소년의 성보호에 관한 법률, 성폭력범죄의 처벌 등에 관한 특례법, 특정범죄자에 대한 보호관찰 및 전자장치부착등에 관한 법률, 가정폭력방지 및 피해자보호 등에 관한 법률

출처 : 법제처 국가법령정보센터(2017) 재구성.

2. 아동복지 관련법의 내용

1) 아동복지법

(1) 목적

아동이 건강하게 출생하여 행복하고 안전하게 자랄 수 있도록 아동의 복지를 보장하는 것을 목적으로 한다(아동복지법 제1조).

(2) 대상

요보호아동 및 모든 아동(아동복지법 제3조)

(3) 책임의 주체

국가, 지방자치단체, 아동의 보호자 및 모든 국민

(4) 각 주체에 대한 책임

① **국가와 지방자치단체** : 아동의 안전·건강 및 복지 증진을 위하여 아동과 그 보호자 및 가정을 지원하기 위한 정책을 수립·시행하여야 한다(아동복지법 제4조).

② **아동의 보호자** : 아동을 가정에서 그의 성장 시기에 맞추어 건강하고 안전하게 양육하여야 한다(아동복지법 제5조).

③ **모든 국민** : 아동의 권익과 안전을 존중하여야 하며, 아동을 건강하게 양육하여야 한다(아동복지법 제5조).

(5) 전달체계

① **아동복지위원회** : 아동복지에 대한 사항을 조사연구심의

② **아동복지시설** : 아동복지사업 실시

③ **인력체계** : 아동위원, 아동복지전담공무원, 사회복지사, 관련시설의 종사자

(6) 주요 내용

① 가족의 책임보다 국가와 사회의 책임을 강조

② 아동 관련 용품의 안전기준, 안전교육에 관한 규정과 절차

③ 요보호아동에 대한 보호조치의 내용과 절차에 대한 규정

④ 아동복지시설과 인력에 대한 내용

⑤ 아동학대방지의 보호를 위해 금지되는 행위에 관한 내용

(7) 재정 및 비용

① 국가와 지방자치단체는 규정된 아동복지사업 비용의 전부 또는 일부를 보조

② 아동의 보호조치 및 치료에 관한 비용을 아동의 부양의무자로부터 징수

③ 아동복지시설의 설치·운영을 위하여 필요하다고 인정하는 경우 국유재산법 및 공유재산 및 물품 관리법에도 불구하고 국유·공유 재산을 무상으로 대부하거나 사용·수익하게 할 수 있음

④ 아동복지시설에서 그 보호아동을 위하여 사용하는 건물 및 토지, 시설설치 및 운영에 소요되는 비용에 대하여는 조세특례제한법, 그 밖의 관계 법령에서 정하는 바에 따라 조세, 그 밖의 공과금을 면제할 수 있음

⑤ 이 법에 따라 지급된 금품과 이를 받을 권리는 압류하지 못함

2) 아동의 보호

(1) 아동에 대한 금지행위(아동복지법 제17조)

① 아동을 매매하는 행위

② 아동에게 음란한 행위를 시키거나 이를 매개하는 행위 또는 아동에게 성적 수치심을 주는 성희롱 등의 성적 학대행위

③ 아동의 신체에 손상을 주거나 신체의 건강 및 발달을 해치는 신체적 학대행위

④ 아동의 정신건강 및 발달에 해를 끼치는 정서적 학대행위

⑤ 자신의 보호·감독을 받는 아동을 유기하거나 의식주를 포함한 기본적 보호·양육·치료 및 교육을 소홀히 하는 방임행위

⑥ 장애를 가진 아동을 공중에 관람시키는 행위

⑦ 아동에게 구걸을 시키거나 아동을 이용하여 구걸하는 행위

⑧ 공중의 오락 또는 흥행을 목적으로 아동의 건강 또는 안전에 유해한 곡예를 시키는 행위 또는 이를 위하여 아동을 제3자에게 인도하는 행위

⑨ 정당한 권한을 가진 알선기관 외의 자가 아동의 양육을 알선하고 금품을 취득하거나 금품을 요구 또는 약속하는 행위

⑩ 아동을 위하여 증여 또는 급여된 금품을 그 목적 외의 용도로 사용하는 행위

(2) 아동의 복지를 위한 위원

① 아동정책조정위원

아동의 권리증진과 건강한 출생 및 성장을 위하여 종합적인 아동정책을 수립하고 관계 부처의 의견을 조정하며 그 정책의 이행을 감독하고 평가하기 위하여 국무총리 소속으로 아동정책조정위원회, 즉 아동정책조정위원을 둔다(아동복지법 제10조).

② 아동복지심의위원

시·도지사, 시장·군수·구청장은 정책사항을 심의하기 위하여 그 소속으로 아동복지심의위원회, 즉 심의위원을 각각 둔다(아동복지법 제12조).

③ 아동복지전담공무원

아동복지에 관한 업무를 담당하기 위하여 특별시·광역시·도·특별자치도 및 시·군·구에 각각 아동복지전담공무원을 둘 수 있다(아동복지법 제13조).

④ 아동위원

시·군·구에 아동위원을 둔다(명예직)(아동복지법 제14조).

(3) 아동보호전문기관의 설치(아동복지법 제45조, 제46조)

① 목적

- 국가는 아동학대예방사업을 활성화하고 지역 간 연계체계를 구축하기 위하여 중앙아동보호전문기관을 둔다(아동복지법 제45조 제1항).
- 지방자치단체는 학대받은 아동의 발견, 보호, 치료에 대한 신속처리 및 아동학대예방을 담당하는 지역아동보호전문기관을 시·도 및 시·군·구에 1개소 이상 두어야 한다. 다만, 시·도지사는 관할 구역의 아동 수 및 지리적 요건을 고려하여 조례로 정하는 바에 따라 둘 이상의 시·군·구를 통합하여 하나의 지역아동보호전문기관을 설치·운영할 수 있다(아동복지법 제45조 제2항).

② 업무(아동복지법 제46조)

- 중앙아동보호전문기관
  - 지역아동보호전문기관에 대한 지원
  - 아동학대예방사업과 관련된 연구 및 자료 발간
  - 효율적인 아동학대예방사업을 위한 연계체제 구축
  - 아동학대예방사업을 위한 프로그램 개발 및 평가
  - 직원 직무교육, 아동학대예방 관련 교육 및 홍보
  - 아동보호전문기관 전산시스템 구축 및 운영
  - 제28조의2 제6항에 따라 위탁받은 아동학대정보시스템의 운영
  - 그 밖에 대통령령으로 정하는 아동학대예방사업과 관련된 업무
- 지역아동보호전문기관
  - 아동학대 신고접수, 현장조사 및 응급보호
  - 피해아동 상담·조사를 위한 진술녹화실 설치·운영
  - 피해아동, 피해아동의 가족 및 아동학대행위자를 위한 상담·치료 및 교육
  - 아동학대예방 교육 및 홍보
  - 피해아동 가정의 사후관리
  - 아동학대사례전문위원회 설치·운영 및 자체사례회의 운영
  - 그 밖에 대통령령으로 정하는 아동학대예방사업과 관련된 업무

③ 아동학대 신고의무와 절차

- 아동학대를 '알게 된 경우' 뿐만 아니라 '의심이 있는 경우' 즉시 112에 신고하여야 한다.
- 아동학대 신고자의 신분은 경찰청에 의해 철저히 보장되고 있다.
- 「아동학대범죄의 처벌 등에 관한 특례법」, 공익신고자보호법

① 아동학대 신고전화 접수 112
- 24시간 신고체계 운영
- 아동학대로 의심되는 사례를 접수받아 신속하게 대처

② 현장조사 실시
- 응급아동학대사례 : 12시간 이내
- 단순아동학대사례 : 48시간 이내

③ 응급처치와 적절한 배치
- 응급아동학대 사례인 경우 가정에서 분리시켜 응급처치나 일시보호시설에 위탁

④ 전문상담치료 서비스
- 아동의 정서적 안정 및 건강한 성장, 학대자를 포함한 보호자의 행동 및 사고 수정을 위해 사례에 따라 필요한 내용을 다루되, 가능한 피해아동과 학대자의 강점을 인식하고 상담에 임함
- 심리검사, 놀이치료, 미술치료, 행동치료, 집단상담, 집중적인 가족 보존서비스, 개별 상담, 부부상담, 가족상담

(4) 아동복지시설의 개선, 사업의 정지, 시설의 폐쇄 등(아동복지법 제56조)

① 보건복지부장관, 시・도지사 또는 시장・군수・구청장은 아동복지시설과 교육훈련시설(대학 및 전문대학은 제외한다)이 다음의 어느 하나에 해당하는 경우에는 소관에 따라 그 시설의 개선, 6개월 이내의 사업의 정지, 위탁의 취소 또는 해당 시설의 장의 교체를 명하거나 시설의 폐쇄를 명할 수 있다.

- 시설이 설치기준에 미달하게 된 경우
- 사회복지법인 또는 비영리법인이 설치・운영하는 시설로서 그 사회복지법인이나 비영리법인의 설립허가가 취소된 경우
- 설치목적의 달성이나 그 밖의 사유로 계속하여 운영될 필요가 없다고 인정할 때
- 보호대상아동에 대한 아동학대행위가 확인된 경우
- 거짓이나 그 밖의 부정한 방법으로 경비의 지원을 받은 경우
- 아동복지시설의 사업정지기간 중에 사업을 한 경우
- 그 밖에 이 법 또는 이 법에 따른 명령을 위반한 경우

② 보건복지부장관, 시・도지사 또는 시장・군수・구청장은 아동복지시설과 교육훈련시설(대학 및 전문대학은 제외한다)이 사업 정지, 위탁 취소 또는 시설 폐쇄되는 경우에는 해당 시설을 이용하는 아동을 다른 시설로 옮기도록 하는 등 보호대상아동의 권익을 보호하기 위하여 필요한 조치를 하여야 한다.

③ 시설의 개선, 사업의 정지, 위탁의 취소 또는 해당 시설의 장의 교체나 시설의 폐쇄 처분의 기준은 위반행위의 유형 및 그 사유와 위반의 정도 등을 고려하여 대통령령으로 정한다.

(5) 보조금의 반환명령(아동복지법 제61조)

국가와 지방자치단체는 보조금의 교부조건을 위반한 경우, 거짓이나 그 밖의 부정한 방법으로 보조금의 교부를 받은 경우, 아동복지시설의 경영에 관하여 개인의 영리를 도모하는 행위를 한 경우, 보조금의 사용잔액이 있는 경우, 이 법 또는 이 법에 따른 명령을 위반한 경우 이미 교부한 보조금의 전부 또는 일부의 반환을 명할 수 있다.

(6) 비밀누설금지(아동복지법 제65조)

아동복지사업을 포함하여 아동복지업무에 종사하였거나 종사하는 자는 그 직무상 알게 된 비밀을 누설하여서는 안 된다.

3) 영유아보육법

(1) 제・개정이유

① 제정이유

현대사회의 산업화에 따른 여성의 사회참여 증가 및 가족구조의 핵가족화에 의한 탁아수요의 급증에 따라 아동보호와 교육문제는 개인적인 차원을 넘어 사회적・국가적 차원에서 해결이 불가피하게 되었으나, 현행 아동복지법에 의한 탁아사업은 시설 설립주체의 제한으로 인한 보육사업 확대곤란, 관장부처의 다원화로 체계적이고 효율적인 보육사업 추진 등에 문제점이 있으므로, 영유아의 보호와 교육에 관한 별도의 입법을 통하여 보육시설의 조속한 확대 및 체계화로 아동의 건전한 보호・교육 및 보육자의 경제적・사회적 활동의 지원을 통하여 가정복지 증진을 도모하기 위해 제정하였다.

② 개정이유(2017. 9. 15. 시행)

현재 부모교육이 충분히 이루어지지 못하고 있어 영유아의 보호자에게 영유아의 성장・양육방법, 보호자의 역할, 영유아의 인권 등에 대한 교육을 실시하고, 국가나 지방자치단체의 장이 사업주로서 설치하는 직장어린이집에는 공무원뿐만 아니라 다양한 형태의 근로자가 종사하고 있는 점을 고려하여 관련 규정을 개정하는 한편, 산업단지에 우선적으로 국공립어린이집을 설치하도록 하는 등 현행 제도의 운영상 나타난 일부 미비점을 개선・보완하기 위해 개정하였다.

(2) 대상

① 영유아는 6세 미만의 취학 전 아동이며, 방과 후 보육대상의 경우에는 12세 미만의 아동에게까지 연장하여 적용한다.

② 우선대상은 국민기초생활보장수급자와 저소득층 자녀이다.

(3) 전달체계

국공립 어린이집, 사회복지법인 어린이집, 법인・단체 등 어린이집, 직장어린이집, 가정어린이집, 협동어린이집, 민간어린이집

(4) 주요 내용

① 보육정책조정위원회, 보육정책위원회, 육아종합지원센터, 보육개발원에 관한 내용

② 어린이집의 종류와 운영, 시설기준 및 아동의 영양・건강・안전관리에 관한 내용

③ 보육교사 및 보육시설 종사자의 자격에 관한 내용

④ 영유아의 보육에 필요한 비용 부담과 보조, 세제지원에 관한 내용

(5) 재정 및 비용

① 무상보육의 원칙

내용 및 범위는 대통령령으로 정한다.

② 국가나 지방자치단체는 대통령령으로 정하는 바에 따라 어린이집의 설치, 보육교사(대체교사를 포함한다)의 인건비, 초과보육(超過保育)에 드는 비용 등 운영 경비 또는 지방육아종합지원센터의 설치·운영, 보육교직원의 복지 증진, 취약보육의 실시 등 보육 사업에 드는 비용, 폐쇄회로 텔레비전 설치비의 전부 또는 일부를 보조하거나 조세를 감면할 수 있다.

4) 청소년기본법(1987년 청소년육성법 제정, 1991년 청소년기본법 제정)

(1) 제·개정 이유

① 제정이유

미래사회의 주역이 될 청소년들이 지식을 바탕으로 건강하고 정서와 용기가 충만하며, 예절과 협동을 바탕으로 공동체적 삶을 실천하고, 자유민주주의 원칙에 대한 신념과 조국에 대한 긍지를 가지고 인류공영에 이바지할 줄 아는 밝고 능동적인 모습으로 자랄 수 있도록 하기 위하여 가정·사회 및 국가의 책임과 의무를 정하고 이를 실천하기 위한 기본적인 사항을 정하기 위해 제정하였다.

② 개정이유(2018. 6. 13. 시행)

국가 및 지방자치단체의 청소년 관련 정책을 심의·협의·조정하는 기구에 청소년을 포함하여 구성·운영할 수 있도록 하고, 청소년참여위원회를 구성·운영하여 청소년들의 제안이 정책과정에 반영될 수 있도록 함으로써 청소년의 자치권 및 참여권을 실질적으로 보장하려는 것이다.

(2) 대상

청소년의 범위를 9세 이상 24세 이하로 적용하였다.

(3) 전달체계

여성가족부 이외 교육부, 고용노동부, 농림축산식품부, 법무부, 행정안전부 등에서 관련 업무를 담당하고 있다.

(4) 주요 내용

① 청소년 육성과 복지증진에 관한 내용
② 청소년정책에 관한 내용
③ 청소년비행 선도 및 지도자의 자격, 육성 위원회 설치에 관한 내용

(5) 재정 및 비용

청소년육성에 필요한 재원을 확보하기 위하여 청소년육성기금을 설치하였다.

5) 한부모가족지원법

(1) 제 · 개정 이유

① 제정이유

제명을 한부모가족지원법으로 변경하고, 자녀가 취학 중인 경우 자립능력이 갖추어지지 아니한 상태로 학비 등으로 인한 생활비 지출이 증가될 수 있는 시기라는 점을 고려하여 자녀가 취학 중인 때에는 22세 미만까지 확대하여 지원하도록 하며, 65세 이상의 고령자들과 손자녀로 구성되어 있는 조손가족의 경우도 이 법에 따른 보호대상자로 함으로써 조손가족의 생활안정과 복지증진을 도모하는 한편, 법 문장을 원칙적으로 한글로 적고, 어려운 용어를 쉬운 용어로 바꾸며, 길고 복잡한 문장은 체계 등을 정비하여 간결하게 하는 등 국민이 법 문장을 이해하기 쉽게 정비하기 위해 제정하였다.

② 개정이유(2018. 6. 13. 시행)

현행은 전체 한부모가족에 대한 표본조사 형식의 실태조사만 시행되고 있어 청소년 한부모에 대한 유의미한 결과를 도출하는 데 한계가 있으므로 한부모가족에 대한 전반적인 실태조사 외에 필요한 경우 청소년 한부모 등에 대한 실태를 조사·연구할 수 있도록 하는 한편, 만 24세 이하 저소득 청소년 한부모와 한부모가족의 생활안정과 복지증진을 위하여 생계비·아동양육비·검정고시학습비 등의 복지 급여 제공과 자립을 위한 자금 대여 및 고용 지원 등을 실시하고 있으나, 청소년기에 미혼모나 미혼부가 되어 친족의 도움 없이 홀로 자녀의 양육과 생계를 책임지고 있는 저소득 청소년 한부모가족의 경우 어려운 가정형편과 불규칙한 생활패턴 등으로 인하여 건강 위협요인에 노출되는 경우가 많아 이들에 대한 건강 지원 방안을 추가로 마련하기 위하여 국가와 지방자치단체가 청소년 한부모의 건강상태 확인과 질병 예방을 위하여 건강진단을 실시할 수 있도록 하려는 것이다.

(2) 대상

'모' 또는 '부'가 세대주이거나 사실상 가족을 부양할 때 18세 미만의 자녀가 있는 가정

(3) 전달체계

모자가족복지시설, 부자가족복지시설, 미혼모자가족복지시설, 일시지원복지시설, 한부모가족복지상담소

(4) 주요 내용

생계비, 아동교육지원비, 아동양육비, 그 밖에 대통령령으로 정하는 비용

(5) 재정 및 비용

국가나 지방자치단체는 대통령령으로 정하는 바에 다라 한부모가족복지사업에 드는 비용을 보조할 수 있다.

6) 입양특례법

(1) 제 · 개정 이유

① 제정이유

보호시설에 수용되어 있는 불우아동의 입양절차를 간소화하고 양자로 된 자는 양친의 성과 본을 따르게 하는 등 민법에 대한 특례를 정하는 동시에 현행 고아입양특례법에 의한 국외입양의 추진에 있어서의 미비점을 보완하여 이를 이 법에 흡수 · 규정함으로써 당해 불우아동의 국내외 입양을 촉진하고, 양자로 되는 자의 안전과 복리증진을 도모하기 위해 제정하였다.

② 개정이유(2015. 5. 18. 시행)

현행법은 국내입양의 경우 입양기관의 장이 입양아동과 양부모의 상호적응 상태에 대한 관찰, 입양가정에 대한 아동양육 정보 제공 등의 사후관리서비스를 제공하도록 규정하고 있으나, 국외입양의 경우에는 이를 적용하지 않고 있는 상태이다. 그러나 국외입양 아동의 권익을 보호하기 위하여 사후관리를 해야 할 필요성이 있는바, 국외입양 사후관리는 입양기관이 국외 입양기관과 협력을 통해 진행하여 국내입양과 상이하게 이루어지므로, 대통령령에서 그 방법 등을 구체적으로 정하도록 함으로써 국외입양 아동이 건강하고 안전하게 양육될 수 있도록 하기 위해 개정하였다.

(2) 대상

① **아동** : 보호자로부터 이탈되거나 부모 또는 후견인 동의, 보호자의 친권이 상실, 부양 의무자를 알 수 없어 보호시설에 의뢰한 자

② **양친** : 양자를 부양함에 있어 경제적 · 신체적 · 정신적으로 장애가 없으며 필요한 요건을 갖춘 자

(3) 전달체계

입양기관

(4) 주요 내용

① 입양아동(국내입양, 국내에서의 국외입양, 외국에서의 국외입양)의 보호

② 입양기관 및 중앙입양원

(5) 재정 및 비용

국가와 지방자치단체는 입양기관의 알선을 받아 입양된 장애아동 등 입양아동이 건전하게 자랄 수 있도록 필요한 경우에는 대통령령으로 정하는 범위에서 양육수당, 의료비, 아동교육지원비, 그 밖의 필요한 양육보조금을 지급할 수 있도록 하였다.

7) 모자보건법

(1) 제·개정 이유

① 제정이유

모성의 생명과 건강을 보호하고 건전한 자녀의 출산과 양육을 도모함으로써 국민의 보건 향상에 기여하기 위해 제정하였다.

② 개정이유(2018. 6. 13. 시행)

과거 출산억제 정책의 법적 근거가 되었던 '가족계획사업'의 정의 규정 및 관련 사업 추진에 관한 규정은 임신·출산을 개인의 선택으로서 존중하되 구조적인 사회적·경제적 제약을 완화하려는 현재의 정책 흐름과 저출산이 장기화·심화되고 있는 현실에 맞지 않으므로 이를 삭제하고, 현재 시행령에서 정하고 있는 지방자치단체의 산후조리원 설치기준이 지나치게 엄격하여 사실상 설치 자체를 차단하고 있으므로 지방자치단체의 장이 관할 구역 내 산후조리원의 수급상황 등 지역 실정을 고려하여 자율적으로 산후조리원을 설치할 수 있는 근거를 마련함으로써 지방자치단체의 산후조리원 설치를 활성화하고 산모의 선택권을 확대하며 이용요금의 합리화 및 위생관리 강화를 유도하려는 것이다.

(2) 대상

① 임신 중인 여성과 분만 후 6개월 미만의 여성

② 출생 후 6년 미만의 남녀 유아

(3) 전달체계

모자보건기구, 난임전문상담센터

(4) 주요 내용

모자보건사업과 가족계획사업, 난임 관련 상담 및 교육, 산후조리업에 대한 내용

(5) 재정 및 비용

국가는 예산의 범위에서 경비를 보조할 수 있으며, 국유재산을 무상으로 대여할 수 있다.

8) 아동 · 청소년의 성보호에 관한 법률

(1) 제 · 개정 이유

① 제정이유

제명을 「청소년의 성보호에 관한 법률」에서 「아동 · 청소년의 성보호에 관한 법률」로 개정하여 아동도 이 법에 따른 보호대상임을 명확히 하고, 아동 · 청소년을 대상으로 한 유사 성교 행위 및 성매수 유인행위 처벌 규정을 신설하며, 성범죄 피해자 및 보호자에 대한 합의 강요행위를 처벌하는 규정을 신설하도록 하여 아동 · 청소년의 성보호를 더욱 강화하는 한편, 아동 · 청소년 성범죄자는 재범 가능성 및 범죄의 경중 등을 고려하여 정보통신망을 통하여 신상정보를 공개하도록 함으로써 아동 · 청소년 성범죄에 대한 경각심을 제고하고, 양벌규정을 보완하며, 의무의 실효성 확보를 위한 과

태료를 신설하는 등 제도 전반의 미비점을 개선하고 보완하기 위해 제정하였다.

② 개정이유(2016. 11. 30. 시행)

성범죄자 재범방지교육의 효과성 평가를 위하여 교육 이수자에 대한 재범률 조사를 실시할 수 있도록 근거를 마련하고, 성범죄자 신상정보 공개 기간을 계산함에 있어 다른 범죄로 교정 시설에 수용된 기간을 제외함으로써 아동·청소년을 성범죄로부터 두텁게 보호하려는 취지이다. 아울러 성범죄자 취업제한 대상기관에 위탁 교육기관을 추가하여 사각지대를 해소하고 가정방문 학습 교사 사업장을 아동·청소년 관련 기관 등에 포함하여 성범죄 경력조회 절차를 간소화하기로 하였다. 또한 아동·청소년 관련기관 등을 운영하려는 자에 대한 지방자치단체 장의 성범죄 경력조회 요청을 의무화하고 아동·청소년 관련 기관 취업자 등의 본인 성범죄 경력조회 근거를 마련하며, 취업제한 점검·확인 횟수를 연 1회로 규정하는 등 현행법의 일부 미비점을 개선·보완하도록 하기 위해 개정하였다.

(2) 대상

19세 미만의 자. 다만, 19세에 도달하는 연도의 1월 1일을 맞이한 자는 제외한다.

(3) 전달체계

수사기관, 아동·청소년대상 성교육 전문기관

(4) 주요 내용

① 성범죄자 재범방지교육의 효과성 평가를 위하여 교육 이수자에 대한 재범률 조사를 실시할 수 있도록 근거를 마련하고, 이를 위하여 범죄 및 수사경력자료를 관계 기관에 요청할 수 있도록 하는 등 관련 규정을 마련하였다 (제21조의2 2016. 5. 29. 신설).

② 성범죄자 신상정보 공개 기간을 계산함에 있어 「성폭력범죄의 처벌 등에 관한 특례법」상의 신상정보 등록기간에 넣어 계산하지 않는 기간(신상정보 등록의 원인이 된 등록대상 성범죄와 경합된 범죄, 등록대상 성범죄로 수용되어 있는 도중 재판을 받게 된 다른 범죄, 다른 범죄로 수용되어 있는 도중 등록대상 성범죄로 재판을 받게 된 경우 다른 범죄로 교정시설 또는 치료감호시설에 수용된 기간)을 제외하였다(제49조 제2항 단서).

③ 성범죄자 취업제한 기관에 초·중등교육법에 따라 정상적인 학교생활을 하기 어려운 학생 및 학업을 중단한 학생들이 이용하는 위탁 교육기관을 추가하였다(제56조 제1항 제2호 및 제57조 제1항 제1호).

④ 아동·청소년 관련 기관 등의 설치 또는 설립인가·신고를 관할하는 지방자치단체의 장, 교육감 또는 교육장이 아동·청소년 관련 기관 등을 운영하려는 자에 대한 성범죄 경력 조회를 요청할 수 있도록 하는 현행의 임의 규정을 강행규정으로 변경하고, 가정방문학습교사를 채용하거나 위탁하는 사업장의 운영자에게 성범죄 경력조회 권한을 부여할 수 있도록 하고자 해당 사업장을 '아동·청소년 관련기관 등'에 포함하도록 하며, 아동·청소년 관련기관 등을 운영하려는 자 및 해당 기관에 취업하려는 자가 직접 자신의 성범죄 경력조회를 신청하여 그 결과를 제출할 수 있도록 하였다(제56조 제1항부터 제4항까지).

⑤ 중앙행정기관의 장이 최소 연 1회 이상 아동·청소년 관련기관 등에 대한 성범죄 경력자 점검·확인을 하도록 하였다(제57조 제1항).

(5) 재정 및 비용

국가와 지방자치단체는 필요한 재원을 조달하여야 한다.

제5절 아동복지정책의 한계와 개선방안

1. 아동복지정책의 한계

아동복지법의 가장 앞선 전신이라 할 수 있는 1960년대 초의 아동복리법은 그 당시의 시대적 요청에 따라 빈곤아동, 보호자가 없는 아동 등의 요보호아동을 주된 대상으로 하였으나, 아동복지법은 적극적인 사회복지법으로서 요보호아동을 포함하여 모든 아동을 대상으로 아동이 가진 문제의 해결과 동시에 건전하게 자랄 수 있도록 하는 지원을 목적에 반영하고 있다(현외성, 2001).

아동복지법의 내용 변화를 보면 요보호아동에 대한 제도적 대응에서 일반아동의 건전육성과 문제예방으로 강조가 바뀌고 있다. 그럼에도 불구하고 실제 아동복지정책의 수행은 아직도 요보호아동에 대한 사후적 개입이 많은 비중을 차지하고 있다. 보편주의를 기초로 한 새로운 아동복지법의 채택은 실제 아동복지정책상의 변화를 보장하는 것은 아니었다. 아동복지법이 만들어진 후에도 아동복지사업의 실제 운영에 있어서는 여전히 제한적이고 잔여적인 아동복지정책이 지배적이었으며, 단기적으로는 오히려 법정신과 현실 간의 괴리를 확대시킨 셈이 되었다(이혜경, 1993)는 지적을 면하기 어려운 상황에 있다.

요보호아동에 대한 사회적 보호도 아직 가정적인 환경을 확보하지 못하고 있다. 아동에 대한 사회적 보호는 어떤 분야보다도 가정적인 환경의 구성이 절실하다. 서구 복지국가의 아동복지체계 및 내용을 단기간에 수용하기는 어려울 것으로 본다. 그러나 아동복지의 지향을 거듭 분명히 하고 가능한 한 범위 내에서 그 지향을 좇아 단계적인 발전을 도모하는 노력은 반드시 필요하다.

2. 문제점

① 유엔아동권리 협약의 비준국이나 국제적 기준에 미치지 못함

② 아동복지법의 정신은 아동복지 현장에서 실현되지 못하고 있음

③ 공공부조에 의한 소득지원의 수준이 아동의 정상적 발육 및 교육에 필요한 현실적 요구와는 맞지 않음

3. 아동복지정책의 개선방안

1) 요보호아동의 발생 예방

일반아동을 위험으로부터 보호하는 프로그램을 강화, 아동을 양육하는 가정이 제 기능을 수행할 수 있도록 지원하는 사업의 확충이 필요하다. 기존의 아동상담만으로는 요보호아동의 발생을 예방하기는 역부족이다. 아동을 양육하는 가정에 대한 별도의 지원이 희박한 우리나라 상황에서 새로운 노력이 필요하다. 아동양육가정을 지원하는 정책으로 아동수당을 도입하자는 논의가 있어 왔다. 아동수당은 아동이 있는 가구에 모두 지급하는 보편적인 지원으로 일차적인 아동복지안전망의 위상을 가질 수 있다. 선진 복지국가에서는 많은 나라에서 실시하고 있으나, 우리나라에서는 아직 미흡한 실정이다. 즉, 보편적인 아동수당의 도입이 어려울 수 있으므로, 아동양육비의 부담이 더욱 큰 가정을 중심으로 고려해 볼 필요가 있다.

2) 사회적 보호의 환경변화 도모

아동이 요보호상태에 있어 가정으로부터 적절한 양육을 보장받을 수 없을 때, 사회가 아동의 보호를 책임져야 할 것이다. 그러나 이러한 경우에도 아동의 보호는 가정과 같은 환경을 지향하는 것이 되어야 한다. 가정과 근접하는 위탁보호나 그룹 홈 확충 그리고 양육시설을 가정과 유사한 환경으로 조성, 가정으로의 복귀 가능성을 높이는 프로그램들이 강화되어야 할 것이다.

3) 전문성 강화

현대사회에서의 아동은 다양한 문제를 경험하므로, 아동의 욕구에 따라 제공하는 프로그램이 다각적인 것이어야 하며, 개별 프로그램들은 아동의 문제 해결 또는 욕구충족을 위해서 전문성을 확보해야 한다. 예를 들어, 비행아동, 정서적 문제 경험 아동, 빈곤아동 등의 문제에 대한 대응에서 사회복지사의 전문성을 강화하는 방안이 마련되어야 하며, 전문성을 강화하는 방안으로 교육의 계속 실시, 관련 전문직의 팀접근 강화 등이 적극적으로 검토되어야 한다.

4) 국가의 의무 강화

아동복지정책과 관련하여 국가의 의무를 강화하는 것이다. 지금까지 아동복지정책이 보여준 일관된 특성 중의 하나는 국가가 가능한 한 아동복지에서 그 의무의 수준이나 범위를 최소화하고자 하였다는 것이다. 이러한 특성은 아동복지가 소극적이며 사후적인 한계를 갖게 하는 원천이 되어 왔다. 국가의 의무가 어느 수준에서 인정되고 있는가를 단적으로 보여주는 여러 임의 조항, 특히 재정적 지원에서 빈번하게 나타나는 임의조항을 강제조항으로 변경시키고 아동복지에서 국가가 주요 주체로서 위상을 바로잡아야 할 것이다.

요 약

1. 아동복지정책의 관점

1) 자유방임주의 관점

국가의 개입은 극단적인 경우를 제외하고는 한정되며, 부모-자녀 관계의 영역, 즉 국가는 시민생활의 사적 영역에 개입해서는 안 되며, 아동의 보호에 있어서 부모-자녀 관계의 프라이버시와 성역은 보호되어야 한다.

2) 국가 개입주의 관점

출생 부모의 보호가 항상 최선의 것이 될 수는 없다. 아동은 사회에서 높은 우선순위를 가진 존재이며, 양질의 보호를 받을 권리가 있고, 적절한 처우를 받지 못했을 경우에는 법적 강제력을 사용하여서라도 보호를 받아야 한다.

3) 가족과 친권보호 관점

국가의 개입이 정당화되지만 아동의 출생가정을 유지하고 보호하는 지지적인 형태이어야 한다.

4) 아동의 권리 및 아동해방의 관점

아동을 위해 무엇이 최선인가에 관한 입장이 아동 자신의 견해, 느낌, 욕구, 정의, 자유, 선택에 강조점을 둔다. 국가가 해야 할 일은 아동이 그들의 부모나 다른 성인으로부터 자유로울 수 있도록 보장하는 것이다.

2. 아동복지정책의 한계와 개선방안

① 국내입양, 가정위탁보호 등의 프로그램을 확대 정착시키고, 현재의 시설수준을 개선하기 위한 정책적 노력이 필요하다.

② 보편적 아동복지서비스로 발전하기 위해 가정복지사업과의 통합이 요구된다.

③ 아동수당제도를 도입해야 한다.

④ 전문화되고 다양한 아동복지 프로그램 및 부모교육, 지역아동을 위한 오락과 과외활동, 빈곤지역 아동에게 우선순위 부여 등을 포함해 나가야 한다.

연습문제

01 **아동복지법 제46조 제2항에 제시되어 있는 지역아동보호전문기관의 업무가 아닌 것은?**

① 아동학대 신고접수, 현장조사 및 응급보호
② 피해아동 상담·조사를 위한 진술녹화실 설치·운영
③ 상담원 직무교육, 아동학대예방 관련 교육 및 홍보
④ 피해아동, 피해아동의 가족 및 아동학대행위자를 위한 상담·치료 및 교육
⑤ 아동학대사례전문위원회 설치·운영 및 자체사례회의 운영

02 **공중의 오락 또는 흥행을 목적으로 아동에게 곡예시키는 행위나 아동에게 구걸을 시키거나 아동을 이용하여 구걸하는 행위는 몇 세 미만의 아동에게 해당되는가?**

① 10세
② 12세
③ 14세
④ 18세
⑤ 20세

정답	1. ③ 2. ④

제 7 장

빈곤아동과 학대받는 아동

제 7 장 빈곤아동과 학대받는 아동

제1절 빈곤아동

1. 빈곤의 개념

1) 빈곤의 개념

빈곤은 일정 수준 이하의 소득에 의해 인간다운 생활을 영위하기가 어려운 상태라고 볼 수 있다. 빈곤은 물질적 자원뿐만 아니라 가정환경, 자원의 보유, 교육 및 직업과 관련된 영역에서의 조건의 차이와 관련되기 때문에 경제적인 특성만으로 빈곤을 정의하기가 불충분하다. 빈곤은 경제적인 특성뿐만 아니라 사회・문화적 특성을 포함한 복합적인 현상으로 인간의 삶에 종합적으로 영향을 미친다. 빈곤이란 여러 가지 의미를 가지고 있어서 시대와 사회에 따라 다르게 정의되며, 각 학문 영역에 따라 다양하게 인식되고 있다.

(1) 절대적 빈곤(Absolute Poverty)

절대적 빈곤이란 가족이 생존에 필요한 의식주를 해결하지 못하는 상태를 말하며, 최저한도의 생활을 유지하기가 어려운 정도를 나타낸다. 절대적 빈곤의 측정방법에는 최저생계비 방식과 엥겔방식이 있다. 최저생계비 방식은 의식주의 기본적인 욕구를 해결하는 데 드는 비용을 계산하는 방법이며, 엥겔방식은 음식비가 소득에서 차지하는 일정한 비율을 빈곤선으로 산정하는 방법이다. 절대적 빈곤선의 경우 무엇보다도 다른 기본적 욕구 사항을 최저생계비, 빈곤선(poverty line)에 의해 파악한다.

(2) 상대적 빈곤(Relative Poverty)

상대적 빈곤은 불평등으로서의 빈곤을 의미하는 것으로 상대적 궁핍과 관련된 개념이다(김기태 외, 2004). 상대적 빈곤은 사회의 평균, 자원의 소유 정도를 다른 사람과 비교해서 느끼는 차등을 전제로 하는 개념으로 위축감, 고립감, 압박감, 박탈감 등으로 표현되며 심리적 결핍감이라고 볼 수 있다. 상대적 빈곤을 측정하는 방법으로는 평균소득이나 중위소득의 일정 수준 이하를 빈곤으로 정의하거나, 전체 소득분포에서 일정 수준 이하를 빈곤으로 정의하거나 또는 상대적 박탈 개념을 도입하여 정의하는 방법이 사용된다. 빈곤을 상대적인 관점에서 규정할 경우 특정 사회의 전반적인 생활수준을 고려할 수 있으며, 물질적인 것뿐만 아니라 비물질적인 측면에서는 적용 가능한 개념이라는 측면에서 유용성을 지닌다(이두호 외, 1991).

(3) 빈곤문화론

도시저소득층 밀집지역이나 슬럼지역의 주민들의 생활은 사회의 주류문화와는 달리 빈곤문화가 존재하며 이 문화는 다음 세대로 전승된다. 루이스는 빈곤문화의 특징을 다음과 같이 설명하였다. 첫째, 지역사회 내의 기존 경제・사회・정치 제도에 효과적인 통합과 참여가 결여되어 있다. 둘째, 지역사회 공동체 의식을 행할 수 있는 응집력을 가지고 있다. 셋째, 성의 조기발견, 사실혼, 가정에 대한 포기현상이 높게 나타난다. 넷째, 심리적으로 의타심, 무기력 및 열등감을 가지고 있다(공계순 외, 2004).

2) 빈곤아동의 개념

빈곤아동은 빈곤가정에서 생활하는 18세 미만의 아동으로 말할 수 있다. 즉, 빈곤아동은 개인이나 가구의 소득이 최저생활을 하는 데 필요한 최저생계비 이하인 절대 빈곤층 가구(국민기초생활보장 수급 가구), 최저생계비의 120% 이하(차상위계층)가구, 최저생계비의 150% 이하인 가구(차차상위계층)의 아동을 말한다.

(1) 한부모가정 아동

한부모가정이란 배우자와 사별 또는 이혼하거나 배우자로부터 유기된 여성(남성), 심신장애로 인하여 장기간 노동능력을 상실한 배우자를 가진 여성(남성), 미혼여성(남성) 그리고 배우자의 생사가 분명하지 아니한 여성(남성), 배우자 또는 배우자 가족과의 불화 등으로 인하여 가출한 여성(남성), 배우자의 해외거주, 장기복역 등으로 부양받을 수 없는 여성(남성)(보건복지부령에 의한 의미)으로서 18세 미만의 아동을 양육하는 일정한 생활수준 이하의 세대를 말한다.

(2) 소년소녀가정 아동

20세 미만의 아동, 청소년으로 구성된 가족(부모의 사망보다 이혼, 별거, 재혼, 가출이 증가)으로서 이들은 부모로부터 보호를 받아야 할 나이에 가정을 책임져야 하는 경제적 어려움뿐만 아니라 자신의 일을 스스로 결정해야 한다는 점에서 심리·정서적 어려움을 겪고 있다. 즉, 소년소녀가정 아동은 다음과 같다.

① 10대에 아동가정으로 선정되어 학생가장의 역할을 지속적으로 수행해 오고 있는 청소년
② 책임질 능력이 없는 부모와 함께 생활하는 청소년으로 정부로부터 학생가장으로 책정되어 보호받고 있는 청소년
③ 노동력 없는 직계혈족(조부모 등)과 함께 생활하는 결손 및 빈곤가정의 청소년

〈표 7-1〉 소년소녀가정 현황

(단위 : 세대, 명)

구 분	2011	2012	2013	2014	2015
세대주(수)	699	483	338	208	129
세대원 수	1,020	796	493	292	183

출처 : 보건복지부. 보건복지통계연보. 각 년도.

2. 빈곤과 아동발달

1) 빈곤이 아동발달에 미치는 영향

빈곤이 아동발달에 미치는 영향은 첫째, 성인 초기의 학교생활 실패, 실업의 가능성, 만성적인 복지 의존성, 강력범죄, 무기력감 및 절망감 등으로 정상적인 발달과업을 성취하는 데 장애를 가져올 뿐만 아니라 빈곤의 악순환으로 가출이나 비행을 저지르기 쉽다.

둘째, 빈곤가족 부모의 특성은 맞벌이로 인해 자녀의 방임이 많으며 충분한 양육을 하지 못한다는 죄책감으로 인해 감정에 치우쳐 일관성 없는 행동을 하는 경우가 많고 사춘기의 자녀를 통제할 수 있는 능력이 부족하다.

맞벌이 주부의 경우 취업과 가사, 자녀양육 등의 3중 역할수행의 어려움으로 인해 육체적 정신적 피로에 싸여 있으며, 맞벌이 가족 가장의 경우는 빈곤의 책임을 전 가족으로부터 받기 때문에 알코올중독, 자녀에 대한 폭력이 더 많이 발생하는 경향이 있다.

셋째, 빈곤은 부모로 하여금 아동과 긍정적인 상호작용을 할 수 있는 능력을 제한하는 경향이 있다. 맥리오드(McLeod)와 샤나한(Shanahan)에 의하면 빈곤한 부모의 부정적인 정서적 상태는 아동양육에 있어서 일관성이 결여된 언행을 적용하게 하고 아동에게 긍정적 사고를 심어주기보다 부정적 사고를 심어주게 된다고 한다. 뿐만 아니라 부모는 양육과정에서 아동에게 둔화된 감수성과 낮은 만족도를 보이고 회피적이고 강압적인 양육방법을 적용하는 경향이 있다.

2) 빈곤아동이 경험하는 문제

(1) 경제 문제

가정생활의 유지 곤란과 영양실조, 유해한 환경에 감염되기 쉽고, 각종 질병에 시달리며, 안정된 주거환경이나 적절한 교육환경을 제공받지 못하고 있다.

(2) 신체발달 문제

우리나라 초등학교 4～6학년의 빈곤아동과 비빈곤아동을 비교한 최선희 연구(2003)에서도, 빈곤아동의 평균 키가 비빈곤아동의 평균 키보다 1cm 이상 작으며, 체중도 1kg 이상 차이가 있어 전체적으로 빈곤아동이 비빈곤아동에 비해 아동 발육 상태가 안 좋은 것으로 나타났다. 또한 지난 6개월간 심한 질병 경험 여부에서도 비빈곤아동의 질병발생률이 28%인 데 반해 빈곤아동은 39%를 나타내 빈곤아동의 건강 상태가 더 안 좋은 것으로 나타났다.

(3) 학습 및 교우관계 문제

빈곤은 아동의 학력성취에 부정적인 영향을 미치는 중요한 요인이 되며(구인회, 2003), 진로문제, 불량교우 문제 등에도 영향을 미친다. 1988년 미국 국민보건조사에 의하면 빈곤가족의 아동이 비빈곤가족 아동보다 학년유급, 정학 및 퇴학 등의 징계를 더 많이 받는 것으로 나타나고 있다. 최선희의 연구(2003)에서도 빈곤아동의 학업 적응 점수가 66점이며 비빈곤아동은 72점으로 빈곤아동이 비빈곤아동에 비해 학업 적응력이 낮은 것으로 나타났다. 특히 가족 구조에 따른 학교적응력을 살펴본 결과, 양부모가정 아동, 소년소녀가정 아동, 친척가정 아동, 한부모가정 아동, 조부모가정 아동 순으로 나타나 양부모가족의 아동이 가장 높고 조부모가정의 아동이 가장 낮은 것으로 나타났다.

(4) 가정 문제

빈곤아동들의 가정 문제에 있어서는 비빈곤아동에 비해 상대적으로 가정 문제를 더 많이 경험하는 것으로 보고된다. 빈곤아동의 부모들은 상대적으로 양육 기술이 부족하고 부모-자녀 관계가 좋지 않은 것으로 나타났다. 빈곤아동들은 상대적으로 가정에서 아동학대와 방임을 6.8배 이상 더 경험하고 폭력 피해도 2.2배 이상 더 높은 것으로 나타난다(Duncan & Books-Gunn, 2000).

우리나라 연구에서는 부모-자녀 관계를 주 부양자와의 신뢰 관계, 의사소통, 훈육 및 감독, 양육 활동 등으로 나누어 볼 때 모든 영역에서 빈곤아동은 비빈곤아동에 비해 낮은 것으로 평가되었다. 특히 부모의 양육 활동에 있어, 빈곤아동들은 비빈곤아동에 비해 10점 정도 낮아 부모의 양육이 부족한 것으로 나타났다(최선희, 2003).

3. 한부모가정 아동의 문제

1) 심리 · 정서적 문제

(1) 부성상실

만 5세 이전에 부성상실을 경험한 남아들은 남성성이 잘 발달되지 못하며 6~10세 사이에 부성상실을 경험할 때 아버지에 대해 비현실적이고 여성적인 환상을 가지게 된다. 정신병리를 앓고 있는 아동들의 경우, 아버지의 부재기간이 길수록 아버지의 부재가 시작되었을 때 아동의 연령이 어릴수록 정신병리가 더 심했고, 만성적인 성격장애와 도덕성 발달에 장애를 초래하기도 한다.

(2) 모성상실

아동에게 어머니와의 이별은 모성의 질이 좋고 나쁘다는 구별 이전에 가장 가까이서 사랑했던 대상의 상실이라는 충격적인 경험이다. 이러한 대상 상실은 곧 모성 상실을 수반하고 이것은 발육불량과 같은 의학적 증상을 일으켜서 유아에게 신체발달 지연 현상을 초래하거나 반응을 나타내지 않는 자기 고립 상태 같은 심리적 증후를 일으키기도 한다.

2) 경제적 문제

한부모가정 현황(표 7-2 참조) 및 저소득 한부모가정 현황(표 7-3 참조)을 살펴보면 다음과 같다.

〈표 7-2〉 한부모가정 현황

(단위 : 1,000가구, %)

연 도	총가구수	한부모가구		
		계	모자가구	부자가구
2010	17,339	1,594(9.2)	1,247	347
2011	17,687	1,639(9.3)	1,278	361
2012	17,951	1,677(9.3)	1,304	373
2013	18,206	1,714(9.4)	1,329	385
2014	18,457	1,749(9.4)	1,352	397
2015	18,705	1,783(9.5)	1,374	409
2016	18,948	1,816(9.6)	1,395	421

출처 : 통계청. 장래가구추계전체가구 대비 한부모가구 비율.

〈표 7-3〉 저소득 한부모가정 현황

(단위 : 세대, 명)

연도별	계		모자가족		부자가족		조손가족	
	세대	세대원	세대	세대원	세대	세대원	세대	세대원
2010	185,211	482,200	140,806	366,983	41,253	107,884	3,152	7,333
2011	188,970	495,694	144,081	377,767	43,160	113,606	1,729	4,321
2012	217,547	578,663	164,953	442,061	47,047	125,033	5,547	11,569
2013	222,593	591,818	168,275	450,860	48,902	129,745	5,416	11,213
2014	225,472	595,624	171,260	455,318	49,152	129,845	5,060	10,461
2015	229,985	574,285	174,401	437,903	50,666	126,516	4,918	9,866
2016	231,411	565,648	175,281	431,538	51,104	124,372	5,026	9,738

전체 : 한부모가족지원법대상 + 국민기초생활보장법대상 + 국가보훈법대상(2011년까지).
한부모가족지원법대상 + 국민기초생활보장법대상(2012년부터).

출처 : 여성가족부. 2018년 한부모가족사업 안내.

(1) 여성 한부모가정의 문제

상당수의 여성들은 배우자의 상실과 동시에 소득원을 잃게 되어 가족의 경제적 능력도 저하되게 된다. 특히 우리 사회에서 여성이 안정된 직업을 가지기가 쉽지않아 안정된 소득원을 기대하기 어려우므로 여성가구주의 경우에 경제적 어려움은 곧 빈곤가족의 특성으로 이어지게 된다. 현재 빈곤 여성가구주 가족을 위한 정책적인 지원은 보건복지부에 의한 저소득층 모자가정을 대상으로 한 한부모가정지원법과 국민기초생활보장법에 의한 지원이 있다.

한부모가정지원법에 의하여 이혼, 사별, 남편이 가출한 것이 확인된 저소득층 여성가구주 가정은 아동양육비와 교육비를 지원받을 수 있으나, 실질적인 혜택을 주기에는 상당히 미흡하다. 국민기초생활보장법에 의한 빈곤가구에 대한 정부지원도 역시 부족하여 여성가구주 가정의 경제적 빈곤은 심각한 실정이다.

(2) 남성 한부모가정의 문제

남성 한부모가정의 경우 경제적 수입을 위한 직장생활과 모의 부재를 대신하여 가사와 아동양육을 병행하는 데서 생기는 경제적 빈곤이다. 자녀양육과 가사를 모두 감당할 수 있는 직업 선택의 기회가 적고 전직의 가능성도 높아져 여러 가지 문제들이 복합적으로 파생되기도 한다.

4. 소년소녀가정의 문제

1) 경제적 문제

소년소녀가정의 문제는 가정부양의 책임을 맡았던 부모가 부재함으로 인해 경제적으로 빈곤하게 된다는 것이다. 뿐만 아니라 오늘날에는 그 친부모와 보호자로부터 적절한 보호를 받을 수 없는 상태에 처해 있으면서도 아동복지법상의 규정된 아동양육 시설로의 입소를 거부하는 아동들이 있다. 따라서 형제자매들로만 구성된 가정을 이루어 생활하거나 만성 및 악성질환자, 생계불능자가 되어버린 직계존비속을 부양하는 역할까지 감당하는 아동이 적지 않다(이소희, 2003).

2) 정서적 문제

오늘날 아동의 문제행동은 대부분 경제적 욕구가 해결되지 않고, 주위로부터 정서적인 지지를 받지 못하는 불안정한 생활에서 일어난다고 볼 때 소년소녀가정이 외면하고 있는 정서적 문제는 경제적 문제가 가세되어 심각한 양상으로 나타날 소지가 매우 크다.

3) 사회화 및 교육의 문제

소년소녀가정 아동의 문제는 보호자의 보호와 지도가 부족하여 일상생활 및 정서상의 어려움을 경험하게 된다. 경제적 문제와 가사부담으로 인해 학업문제에 어려움을 경험하고 있으며, 진로문제에 있어서 부모님과 상의하지 못하고 스스로 해결해야 하기 때문에 충고를 해줄 사람이 없다는 문제가 있다.

4) 대인관계상 문제

자신에 대한 열등감과 자기 비하로 남과 어울리기 어려우며, 나보다 나이 많은 사람들을 대할 때에는 왠지 무섭고 말하기가 두렵게 된다. 또 부모님이 없다는 이유로 주위 사람들이 동정하는 것 같아서 기분이 좋지 않으며 위축된 생활을 하게 된다.

5) 가사부담의 관리문제

가장의 역할을 수행하는 아동의 경우 가사일에 어려움을 가지게 되며, 가사일과 학업을 병행하는 것이 어렵게 된다.

5. 빈곤아동을 위한 사회복지적 대책

1) 빈곤 한부모가정 지원서비스

(1) 정부지원

빈곤 한부모가정에 대한 정부의 지원은 공공부조정책인 국민기초생활보장사업과 원호사업에 의해 이루어지고 있다.

(2) 민간지원

지역사회복지관, 모자보호시설, 모자자립시설, 여성단체, 자활후견기관 등에서 한부모가정을 위한 지원사업이 있으며 지역사회복지관에서 제공되는 서비스를 살펴보면 경제적 지원으로는 부업 및 취업상담・알선, 의료비・보험료 지급, 자립금 적립지원, 자조협동조합 학비(장학금)지급, 학원비 보조, 결식·급식지원 등이 있고 심리사회적 지원으로는 상담, 지역사회연계서비스, 교육서비스, 보육서비스, 가족행사, 사례관리 등이 있다.

2) 소년소녀가정 가족지원사업

소년소녀가정 가족지원사업의 목적은 실질적으로 가정을 이끌어 가는 소년소녀가정의 아동에 대하여 생활 보호를 해줌으로써 자립능력 배양 및 건전한 사회인으로 육성 도모하기 위함이며 추진 방향은 소년소녀가정을 제한하고 가정위탁보호사업을 추진하는 것에 초점을 둔다.

(1) 정부지원

지원대상은 국민기초생활보장법에 의한 수급자(가구) 중 18세 미만의 아동이 실질적으로 가정을 이끌어 가고 있는 세대로서 18세 미만의 아동으로만 구성된 세대, 18세 미만의 아동이 부양능력이 없는 부모와 동거하는 세대이며, 15세 미만의 아동으로만 세대를 구성할 경우 소년소녀가정 지정을 제한하고 가정위탁이나 시설입소 강구하는 것을 지향한다.

다만, 형제, 자매 등 2인 이상으로 당해 아동이 지역사회 내에서 독립적으로 오랫동안 생활해 왔고, 동거하지는 않으나 주변에 친・인척 등이 거주하여 수시로 보호를 받고 있어 가정위탁이나 시설(그룹홈) 입소가 적절하지 않다고 판단되는 때에는 예외적으로 지정한다.

지원아동이 만 18세 이상이나 중 고등학교에 재학 중인 경우에는 졸업 시(졸업하는 날이 속하는 달)까지 지원 가능하며 지원내역은 다음과 같다.

- **생계급여** : 국민기초생활보장법에 의한 생계 및 교육급여
- **의료급여** : 의료급여법에 의한 의료급여
- **부가급여** : 150천 원 이상/인 월(지방이양)
- 전세자금 지원

(2) 민간지원

민간지원으로는 소년소녀가정에 대한 후원, 정서적 지지, 재가복지서비스 제공 및 전문사회복지 프로그램 제공이 있으며 그 내용은 다음과 같다.

① 결연사업

결연사업이란 주로 아동복지관계 민간기관이 주체가 되어 소년소녀가정 가족과 일반가족을 결연시킴으로써 결연가족으로 하여금 상당히 부분적이긴 하지만, 부모역할을 대행하는 효과를 갖게 하는 것이다. 이 사업은 소년소녀가정 가족에게 경제적 지원 및 정서적인 격려와 지지를 주기 위한 대책의 하나로 실시되고 있으며 우리나라의 대표적인 결연사업기관으로는 한국어린이재단, 동방아동복지회, 대한사회복지회, 홀트아동복지회, 한국어린이보호회 등이 있다.

② 후견인 지정

아동만으로 구성된 세대에 대해서는 가까운 이웃에 거주하는 아동위원, 종교인, 지역 여성지도자, 공무원 등으로 후견인 지정을 하여 어려운 점을 상시 의논, 해결하도록 하고 있다. 후견인은 결연기관과 협조체계를 구축하여 후원금을 제대로 사용할 수 있도록 지도하여 후원금의 부적절한 사용을 방지하기도 한다.

③ 정서적 지원

소년소녀가장 가정에 대한 정서적 지원은 한국복지재단의 소년소녀가장 가정을 위한 프로그램을 활용하여 다양한 정서적 지원 프로그램을 실시하고 있으며 후원 프로그램을 활성화해 나가고 있다.

④ 지역사회복지관의 서비스로는 가사지원, 청소 및 세탁지원, 정서지도서비스 등의 재가복지서비스와 공부방 프로그램, 학습지도 프로그램, 진로지도 및 경제생활 지원 프로그램, 취업알선 및 취업훈련 프로그램 등이 있다.

⑤ 공동생활가정(group home)

보호가 필요한 아동에게 가정과 같은 주거 여건과 보호를 제공하는 것을 목적으로 하는 시설로서 공동생활가정의 유형은 단기보호, 장기보호, 치료보호가 있다.

- 단기보호 : 경제적 위기, 부부의 갈등, 별거, 수감 및 아동학대 등으로 인해 보호자 또는 친인척이 함께 거주할 수 없는 아동보호(보호기간 : 1년 원칙 1년 단위로 연장 가능)
- 장기보호 : 기존의 소년소녀가정 또는 시설에서 보호 중인 아동 및 장기보호가 필요한 아동(18세 미만)
- 치료보호 : 시설보호에 적응하지 못하거나 약간의 정서적 문제 등으로 인하여 시설보호에 적합하지 않은 아동(보호기간 : 1년 원칙 1년 단위로 연장 가능)

6. 빈곤아동을 위한 정책과제

1) 한부모가정 아동을 위한 복지정책과제

① 한부모가정 아동에 대한 복지 수준 제고 및 복지 대상 확대

현재 저소득 한부모가정의 아동양육비 액수는 '건강한 아동 양육과 균형 있는 영양공급'이라는 취지에 매우 불충분하다.

② 한부모 및 자녀에 대한 사회적 인식 개선을 위한 노력

한부모가정 = 결손가정이라는 인식은 개선되어야 한다.

(교육・홍보 등 적극적인 인식전환 노력 필요)

③ 한부모가정 문제해결을 위한 관련법, 제도의 정비

주민등록제도 개선, 국민기초생활보장제도 보완, 아동지원제도 개선, 자녀 양육비 청구, 건강보험제도 보완 등

④ 한부모가정을 통합적으로 지원해 주는 가족정책의 실현

현재 부모와 자녀 등 대상자 중심으로 구분되나, 아동의 경우 가족의 유기체적 기능에 영향을 받고, 장기적 관점에서 잠재력 개발이 보다 중요하다는 점에서 복합적이고 통합적으로 지원가능한 가족정책 서비스와 프로그램의 제공이 필요하다.

⑤ 한부모가정 지원을 위한 가족정책 전달체계 활성화

정부 각 부처 소관분야별 한부모가정 정책에 관한 협의 및 조정기능을 강화하고 공공과 민간의 상호연계시스템을 구축할 필요가 있다.

⑥ 한부모가정 아동의 적응을 위한 다양한 복지 프로그램 개발

한부모가정의 부모-자녀 관계 교육 프로그램 개발, 주간보호, 단기보호 및 방과 후 지도시설 확충, 자녀 학업지도 확대 및 다양한 특기적성, 취미교실 프로그램 마련, 자녀의 건강한 성장을 위한 신체적·정서적 대안 마련 등

2) 소년소녀가정을 위한 정책과제

① 소년소녀가정 발생의 예방

가족해체를 발생시키는 여러 가지 문제를 해결해 줄 수 있는 지원정책이 필요하다.

② 가족기능 강화 방안

가족관계 강화 프로그램, 가정경영을 할 수 있는 가족경제 프로그램, 부모역할 훈련 프로그램 등 가족 기능을 강화할 프로그램을 실시하는 것이 필요하다.

③ 소년소녀가정을 위한 경제적 지원 강화

④ 학교와 직장 등 진로지도 프로그램 실시

고등학교 진학 전후에 직장과 학교진학 등과 관련된 진로상담을 실시하여 진로에 대한 사전준비를 할 수 있는 제도적 장치가 필요하다.

3) 빈곤아동을 위한 복지정책 및 복지 실천 방향

(1) 교육급여의 현실화와 서비스 전문성 확보

빈곤아동의 교육급여를 현실적 수준으로 지원해야 할 것이며, 빈곤이 대물림되지 않도록, 방과 후 프로그램의 질적 수준 향상이 이루어져야 할 것이다. 뿐만 아니라 지역아동센터에서 제공되는 서비스가 효과적인 서비스로 제공되기 위해서는 교육복지, 보건이 연계된 통합 서비스로 변화되어야 할 것이며, 이를 제공하는 종사자의 전문성 확보가 이루어져야 할 것이다.

(2) 경제적 지원확대

소년소녀가정 아동, 한부모가정 아동, 국민기초생활보장사업 수급가정의 아동에게 지원하는 생계급여의 보장수준을 아동이 건강하고 문화적 양육을 보장할 수 있는 수준으로 지원해야 할 것이다. 그리고 빈곤가정의 아동을 위한 아동수당제도가 도입되어야 하며 아동수당의 수준은 아동의 기본생활이 보장되는 수준으로 확대되어야 한다.

(3) 신체적 · 정서적 건강관리 강화

빈곤아동은 일반아동에 비해 건강상태가 좋지 않고 발달 정도가 부진하며 정서 및 행동문제에서 일반아동에 비해 우울 및 충동성, 행동문제 등을 더 많이 경험하고 있어 건강한 성장을 보장하기 위한 지원이 보다 더 필요하다. 따라서 빈곤아동에 대한 체계적 건강관리를 강화하여 빈곤아동의 성장 및 발달 수준을 일반아동 수준으로 끌어 올려야 할 것이다. 이를 위해서는 지역사회 연계를 통한 서비스가 제공되어야 하며, 특히 빈곤아동의 정서적 발달을 위한 상담 및 치료 서비스가 제공되어야 할 것이다.

제2절 학대받는 아동

1. 아동학대의 정의와 유형

1) 아동학대의 정의

아동학대의 정의는 시대와 나라마다 사회문화적 정의가 다르므로 한 가지로 일축하기는 쉽지 않으나 일반적으로 아동학대란 아동의 부모를 포함한 보호자 또는 성인이 자신의 신체나 도구를 이용하여 아동에게 신체적·정서적·성적 폭력을 가하거나 방임함으로써 아동에게 심각한 해를 입히거나 아동의 정상적인 성장을 저해하는 것을 말한다.

켐프(Kempe, 1962)에 의해 내려진 아동학대의 가장 고전적인 정의는 "보호자에 의해 가해지는 심각한 손상"이다. 1991년의 유니세프 한국위원회가 정의한 내용은 "신체적 구타(폭력), 부적절한 취급(양육), 유기, 신체적·성적 착취나 가해 그리고 성적인 측면의 어느 한 부분, 또는 그 이상에서 아동의 건강이나 복지를 위협하는 것"으로 보고 있다. 아동복지법에서의 '아동학대'란 보호자를 포함한 성인에 의하여 아동의 건강, 복지를 해치거나 정상적인 발달을 저해할 수 있는 신체적·정신적·성적 폭력, 가혹행위 및 아동의 보호자에 의하여 이루어지는 유기와 방임을 말한다.

(1) 협의의 개념

신체적 학대에 한정되는 것으로, 객관적으로 관찰 가능한 상처를 아동에게 가하는 행위, 즉 부모나 돌보는 사람에 의해 행해지는 심각한 손상을 말한다.

(2) 광의의 개념

아동의 부모와 성인들이 신체적·정서적·제도적으로 아동의 성장·발달을 저해하는 모든 행위이다.

(3) 학대의 영역

신체적 학대, 신체적 방임, 정서적 학대, 성적 학대, 물리적 방임, 교육적 방임, 의료적 방임, 유기 등이 있다.

2) 아동학대의 유형

(1) 방임(Neglect)

부모와 성인들이 고의적으로 아동 양육과 보호를 소홀히 함으로써, 아동의 복지를 해치거나 정상적인 발달을 저해할 수 있는 모든 행위를 말하며 물리적, 교육적, 의료적 방임과 유기로 구분될 수 있다. 방임은 주로 아동에 대한 무관심 또는 인식 결핍 등의 형태로 나타나며 지속적이고 만성적인 경향이 있다.

① 물리적 방임

기본적인 의식주를 제공하지 않는 행위, 상해와 위험으로부터 아동을 보호하지 않는 행위 등을 말한다.

② 교육적 방임

보호자가 아동을 학교(의무교육)에 보내지 않거나 아동의 무단결석을 허용하는 행위 등을 말한다.

③ 의료적 방임

아동에게 필요한 의료적 처치를 하지 않는 행위 등을 말한다.

④ 유기

아동을 보호하지 않고 버리는 행위, 아동을 병원에 입원시키고 사라지는 경우 등을 말한다.

<사례>

소방서 구급대원 A씨는 30대 여성이 부부싸움 중 남편이 휘두른 칼에 복부에 상처를 입어 출혈이 심하다는 내용으로 신고를 받고 출동하였다. 구조를 위해 집에 들어간 순간, 방 안에 악취가 진동했고 집안 곳곳에 쓰레기 봉지가 널려 있었으며 바퀴벌레 등 벌레를 목격했다. A씨는 응급조치를 한 후 자녀로 보이는 B군과 C군의 지저분한 옷과 또래보다 마르고 왜소한 모습에 눈길이 갔다.

A씨는 퇴근한 이후 아동들이 추운 날씨에 짧은 티셔츠를 입고 있고, 비위생적인 환경에서 생활하며 집 안에 쓰레기 등이 가득 찬 점이 마음에 걸려 아동학대 신고전화(112)로 신고하였다.

(2) 학대

① 신체적 학대(physical abuse)

신체적 학대란 아동의 신체에 손상을 입도록 한 모든 행위로 확연한 손상을 가져오며 육안으로 확인이 가능한 신체적 학대를 말한다. 신체적 학대란 정당한 이유 없이, 또는 이유가 분명하다고 하여도 지나치게 감정적으로 아동을 때리거나 벌하는 것으로서, 손이나 회초리 등의 도구를 사용하여 손바닥, 종아리, 엉덩이 등의 신체 부위를 때리는 모든 행위를 의미한다. 그 밖의 과도한 처벌이나, 벌한 결과가 신체적인 상해를 주는 것이나, 과도한 일을 시키는 것까지를 모두 포함하여 신체적 학대라 할 수 있다.

- 물건을 던지는 행위
- 떠밀고 움켜잡는 행위
- 뺨을 때리는 행위
- 차고 물어뜯고 주먹으로 치는 행위
- 물건을 이용하여 때리거나 때리려고 위협하는 행위
- 마구 두들겨 패는 행위
- 무기(칼, 도끼, 망치 등)로 위협하거나 무기를 사용하는 행위

<사례>

가현(가명, 여, 7세)이는 발견 당시 친아버지의 심한 매질로 얼굴 절반이 검게 멍들고 눈은 부어 완전히 감긴 모습이었다. 코에서 입까지 손톱으로 할퀸 상처가 있었고 머리를 심하게 맞아 뒤쪽이 물렁물렁하였다. 몸 전체에 타박상과 오래된 상처가 여러 군데 발견되었다.

② 정서적 학대(emotional abuse)

정서적 학대는 다른 학대에 비해 정의하기가 매우 어렵다. 정서적 학대란 보호자나 양육자가 아동을 대할 때 부정적 태도로 임하며, 경우에 따라 아동의 정서발달이나 사회성발달에 치명적 손상을 가져올 수 있을 정도로 언어적, 정서적으로 공격하는 것을 말한다. 정서적 학대는 눈에 보이지 않고 당장 그 결과가 나타나지 않는 정신적인 손상을 주기 때문에 그 심각성을 잘 모르고 지나칠 수 있어 그 문제가 더욱 심각하다 할 수 있다.

- 비방하거나 위협하여 희생양을 만드는 행동
- 아동을 타락시키는 행동
- 필요한 발달적 자극을 주지 않는 태만행동
- 적절한 치료와 통제를 하지 않는 경우
- 아동발달 수준에 맞지 않는 비현실적인 기대로 아동을 괴롭히기
- 경멸, 모독감, 수치심을 주거나 감금하는 등의 적대적이며 거부적인 태도를 취하는 경우
- 아동을 형제나 친구 등과 비교·차별·편애·왕따시키는 행위

<사례>

하루 종일 욕설과 통제를 받는(정서적 학대) 정아(가명, 여, 9세)는 한시도 마음대로 움직일 수 없다. 언제나 아빠와 계모가 자신의 행동을 트집 잡기 때문이다. 아침 7시에는 무조건 일어나야 하고 아침밥을 먹을 때까지 방 한쪽에 무릎을 꿇고 조용히 있어야 한다. 엄마는 학교에서 화장실에 자주 가면 안 된다며 국이나 물까지 강제로 못 먹게 한다. 준비물을 한 번도 스스로 사본 적이 없다. 아빠가 직접 학교에 가서 내주시기 때문

이다. 중·고등학생들이나 읽을 수 있는 책을 사주며 읽으라고 강요한다. 학교에서 조금이라도 늦게 끝나는 날은 초조하고 불안하다. 부모에게 하루 종일 끔찍한 욕설을 듣고 모든 행동에 통제를 받아야 하는 정아는 언제나 우울하고 친구도 없이 지내는 외톨이다.

③ 성적 학대(sexual abuse, sexual assualt)

미성년의 미성숙한 아동과 청소년들이 동의할 수 없는 또는 가족 간의 사회적 금기를 어기는, 이해하지 못하는 성적 활동에 개입시키는 것으로, 성기나 기타의 신체접촉을 포함하여 강간, 성적 행위, 성기노출, 자위행위, 성적유희 등 가해자의 성적 충족을 목적으로 아동에게 가하는 행위를 말한다.

- 아동의 성기를 만지거나 자신의 성기에 접촉을 요구하는 행위
- 성교, 폭력적 행위
- 아동 앞에서 옷을 벗으며 자기의 성기를 만지는 행위
- 강제로 애무를 하거나 키스를 하는 행위
- 아동의 옷을 강제로 벗기는 행위
- 소아 나체를 보는 것을 즐기거나 포르노 비디오를 아이에게 보여주는 행위

<사례>

성추행을 3년 동안 저지르다 이웃주민 신고로 경찰이 조사를 하는 과정에 있는 성학대 사례이다.

인주(가명, 여, 11세)는 정신박약아지만 현재 초등학교 5학년이다. 같은 마을에 사는 67세의 마을 할아버지로부터 3년 동안 지속적으로 성추행을 당해오다 이웃주민의 신고로 경찰에 고소되었다. 특히 발견 당시 가해자는 슈퍼 옥상 계단에서 감정을 이기지 못하고 강제로 추행을 하기 위해 1,000원을 주는 등 수십 회어 걸쳐 위와 같은 방법으로 추행을 하였다.

근친강간의 특징은 가해 부모나 형제가 단지 성적 욕구만을 충족하는 것이 아니라 가해자 자신이 가지고 있는 문제점이나 충족되지 않은 욕구를 해소하기 위

해 자신들의 지위와 힘을 이용하여 아동을 성적으로 이용한다는 점이며, 가해자가 피해자에게 타인에게 알리지 못하게 하고 언급조차 금기시하는 사회적 분위기 때문에 은폐되고 있다. 가정 내 성폭력은 가족 내의 딸이 아내 역할을 하는 가정에서 흔히 볼 수 있다. 이는 학대자와 피학대자의 관계, 연령차, 강압의 이용, 행위 자체의 부적절성 등으로 인해 학대 가운데서 특별히 심각한 것으로 다루어진다.

2. 학대의 문제점

아동학대의 심각성은 미성숙한 아동을 대상으로 일어나며 그 후유증이 평생 지속되며, 학대의 경험은 즉각적인 상처와 스트레스, 충격을 남기며, 아동으로 하여금 생존을 위해 부적절한 대처방식을 학습하게 한다.

아동학대의 후유증으로 충격 후 스트레스 장애(Post-Traumatic Stress Disorder)가[1] 오래 지속된다.

마틴과 브리즐리(Martin & Breezly, 1977)의 연구에 의하면 학대받은 아동의 특징적 행동은 삶을 즐기는 능력에 손상을 입어 즐거움을 잘 느끼지 못하며, 정신의학적 또는 정신·신체적 증상을 나타내며 낮은 자존감, 집중력 결여, 부정적 태도, 불면증, 의무적 행동, 유사성숙행동을 나타내었다.

켐프와 켐프(Kempe & Kempe, 1978)의 연구에 의하면 학대의 결과는 마귀증상(demon symptom)[2]을 나타내며 이것은 그들이 받은 공격의 모방일 수도 있고, 부정적 행동 중심의 대처만을 학습한 결과이라고 할 수 있다.

---

1) PTSD(Post-Traumatic Stress Disorder)란 일상적인 경험 밖의 사건을 경험한 사람들이 회상이나 꿈, 감정 등을 통해 악몽과 수면장애 등과 같은 그 충격적인 사건들이 계속해서 재경험됨으로써 심리적 고통을 받는 것이다.

2) 마귀증상(demon symptom)은 오랫동안 아무것도 하지 못하고 계속 움직이며 조용히 서 있지 못하고 부정적으로 주의를 끌려고 계속 노력하며, 다른 아이로부터 받아들여질 수 있는 방법으로 함께 놀지 못하는 증상이다.

성학대는 13세 이하의 아동을 18세 이상의 학대행위자가 성행위를 하는 것으로서 성학대에 대해 사람들이 생각하는 충격과 부정적인 반응이 아동에게 반사되어 성학대 당한 것을 자신의 잘못으로 생각하며 학대행위자와 자신을 분리하기 어렵고 피해아동과 학대행위자의 역할을 떠나 자신의 정체감을 찾기가 어렵다. 특히 근친상간은 아동에 대하여 양가감정을 가지게 한다.

- 가족 내 성적 학대의 경우 후유증이 심각하다
- 성학대의 경우 사건의 노출 후 처리 과정에서 고통을 당한다. 예를 들면, 의사의 검진, 경찰에의 신고, 부모님이 법정에서 증거제시의 과정을 통해 자신이 버림받았음을 느낀다.
- 성에 대하여 조숙해진다.
- 신체적 손상은 정신적 손상을 가져오고, 이것은 결과적으로 자기비하로 이어져 자아존중감이 결여된다. 따라서 성학대를 당한 아동에게 죄의식을 심어주어서는 안 되며, 피해자는 무죄라는 점을 강조하여 자아존중감을 회복하도록 해야 한다. 부모가 너무 속상한 나머지 자녀를 깨진 그릇으로 취급하고, 자녀에게 은연중에 이러한 메시지(message)를 보낼 수가 있다.

3. 아동학대의 발생 현황

아동학대예방사업이 시작된 이래로 상담신고 접수 건수는 꾸준히 증가하여 2015년 한 해 동안 19,203건의 신고가 접수되었으며, 이 중 아동학대의심사례가 차지하는 비율도 전체 상담신고 접수 건수의 87%인 16,651건으로 예년에 비해 높게 나타났다. 아동학대 신고 전화 중 2015년 아동학대로 판정된 사례 11,715건을 아동학대 사례 유형별로 살펴본 결과, 두 가지 이상 학대가 중복된 '중복학대'가 5,347건(45.6%)으로 가장 많았으며, '정서학대' 17.5%(2,046건), '방임'이 17.2%(2,010건), '신체학대' 16.1%(1,884건), '성학대' 3.6%(428건) 순이었다(표 7-4).

〈표 7-4〉 연도별 아동학대 사례 유형(중복학대 별도 분류)

(단위 : 건)

구 분	2011	2012	2013	2014	2015
계	6,058	6,403	6,796	10,027	11,715
신체학대	466	461	753	1,453	1,884
정서학대	909	936	1,101	1,582	2,046
성학대	226	278	242	308	428
방 임	1,783	1,713	1,778	1,870	2,010
유 기	53	0	–	–	–
중복학대	2,621	3,015	2,922	4,814	5,347

출처 : 보건복지가족부(2016). 학대피해아동현황.

학대행위자와 피해아동과의 관계를 2015년 자료를 통해서 보면 학대행위자가 부모인 경우가 9,348건을 차지하였고, 친인척인 경우는 562건, 대리양육자 및 타인의 경우 1,431건, 187건 순이었다(표 7-5).

〈표 7-5〉 학대행위자와 피해아동과의 관계

(단위 : 건)

학대 행위자별(1)	학대행위자별(2)	2011	2012	2013	2014	2015
계	소 계	6,058	6,403	6,796	10,027	11,715
부 모	소 계	5,039	5,370	–	8,207	9,348
	친 부	2,855	3,013	2,790	4,531	5,368
	친 모	1,963	2,090	2,383	3,211	3,475
	계 부	62	74	108	189	236
	계 모	129	151	144	242	237
	양 부	11	23	14	17	17
	양 모	19	19	15	17	15
친인척	소 계	1,019	1,033	–	1,820	562
	친조부	58	74	58	69	96
	친조모	84	104	79	135	112
	외조부	15	14	8	17	28
	외조모	37	48	30	54	52

	친인척	131	175	150	229	201
	형제・자매	24	20	26	55	73
	부・모의 동거인	89	75	86	146	158
	초・중・고교 직원	85	16	28	145	234
	학원 및 교습소종사자	30	37	11	80	64
	시설종사자	265	–	–	–	–
	이 웃	60	60	51	73	85
	낯선 사람	32	48	34	51	102
	파악 안 됨	1	23	32	18	21
	위탁부	5	0	2	5	8
	위탁모	8	3	11	7	5
	유치원교직원	–	31	53	99	203
	보육교직원	–	110	202	295	427
	아동복지시설종사자	–	99	362	177	296
	기타시설종사자	–	20	20	29	22
	청소년관련시설종사자	–	0	7	0	7
	베이비시터	–	6	4	7	7
	기 타	98	70	85	129	166
대리양육자	소 계	–	–	–	–	1,431
타 인	소 계	–	–	–	–	187

출처 : 보건복지가족부(2016). 학대피해아동보호현황.

4. 아동학대의 발생원인

아동학대행위자의 80% 이상이 부모이고 정상적인 사람들이다. 단지 소수만이 성격장애나 정신장애를 가지고 있어 모든 부모들이 학대부모가 될 가능성이 있다는 것에 주의를 기울여야 한다. 그럼에도 불구하고 일반적으로 아동학대는 빈곤 및 가정 내의 스트레스 등과 연관된 경우가 많다. 부모의 교육 정도가 낮거나 실직 상태이고 생활수준이 낮고, 부부갈등이 존재할 때 더 자주 발생하고 있다. 또한 가정폭력, 부모의 정신과 질환, 부모가 약물이나 알코올 중독이 있는 경우도

학대의 가능성이 더 높아진다고 볼 수 있다. 이 외에 아동이 조산아이거나 지적장애, 신체적 장애가 있는 경우 학대가 더 자주 발생하는 것으로 나타났다. 아동학대의 원인은 학대의 주 행위자인 부모, 학대를 받은 아동, 학대가 발생하는 가정 및 사회 요인 등으로 복잡하고 다양하다.

5. 학대의 결과

아동학대가 심각한 사회적 문제로 간주되는 것은 아동학대가 초래하는 부정적인 결과에서 비롯된다. 아동학대가 아동에게 미치는 영향은 매우 다양하며 오랜 기간 지속된다.

아동은 미성숙하기 때문에 성인의 보호를 필요로 한다. 독자적인 생활이 불가능하고 자기방어력이 약한 아동이 방임과 학대를 받을 경우 아동은 신체적·정서적·인지적 발달을 포함하는 모든 발달영역에서 심각한 손상을 입으며, 독특한 행동 및 발달 특성을 보이게 된다. 학대를 받은 아동은 학대의 내용에 따라 일반아동과는 다른 발달상의 특성을 보인다. 이러한 경향은 성장 이후까지 영향을 미쳐서 불행한 기억을 안고 살아가게 되며, 학대경험이 있는 부모는 다시 자신의 자녀를 학대하게 되므로 학대의 대물림이라는 지속적인 현상을 초래하게 되어 전반적인 아동의 발달과 복지를 저해하게 된다. 학대가 아동에게 미치는 영향은 다양하고, 심각하다. 아동학대 결과의 대표적 현상은 피학대아증후군이다. 이것은 피학대아동의 분노가 자신의 내부로 향하여 자기파괴, 즉 약물중독, 정신병, 자살, 우울 등으로 나타날 수 있으며, 구체적으로 제시하면 자아기능의 손상, 불안반응, 대인관계 이상, 충동조절의 이상, 부정적 자아개념, 자학적 행동, 학교부적응, 방어기제 부적절한 사용 등이 있다.

〈표 7-6〉 아동학대의 영향

	신체적 영향	행동적 영향
신체 학대	• 설명하기 어려운 상처와 채찍자국 발생 및 회복에 있어 시간차가 있는 상처에 사용된 도구의 모양이 그대로 나타나는 상처 • 설명하기 어려운 화상 손바닥, 발바닥, 등, 엉덩이에 담뱃불 자국 양말모양, 장갑모양, 도넛 모양 등의 뜨거운 물에 잠겨서 생긴 화상자국 팔, 다리, 목 등에 묶은 줄 자국의 화상 • 설명하기 어려운 골절 시간차가 있는 골절 복합 및 나선형 골절 • 설명하기 어려운 절상 입, 입술, 치은, 눈, 외음부	• 어른과의 접촉 회피 • 다른 아동이 울 때에 공포를 나타냄 • 공격적이거나 위축적인 극단적 행동 • 부모에 대한 두려움 • 집에 가는 것을 두려워함 • 위험에 대한 지속적인 경계를 보임 • 부모가 손상을 알려옴
정서 학대	• 성장장애 • 신체발달 저하 • 언어장애	• 특정 물건을 계속 빨고 있거나 물어뜯음 • 행동장애(반사회적, 파괴적 행동장애) • 신경성 기질(수면장애, 놀이장애) • 정신신경성 반응(히스테리, 강박, 공포) • 극단 행동 • 지나친 행동 • 발달 지연 • 자살시도
성학대	• 걷거나 앉는 데 어려움 • 찢어지고 피로 얼룩진 속옷 • 회음부의 동통과 가려움 • 회음부, 질, 항문 부위의 출혈이나 멍 • 십대 이전의 성병감염 • 임신	• 위축, 환상, 유아적 행동 • 기괴하고 미묘한 성적 행동과 지식 • 친한 친구가 없음 • 비행 • 가출 • 성적 모독을 호소함
방임	• 지속적인 배고픔, 나쁜 위생상태 • 부적절한 옷차림 • 의학적 치료와 치과 치료의 부족 • 지속적인 피로, 불안정감, 수업 중 과도하게 조는 태도	• 음식을 구걸하거나 훔침 • 장기간에 걸친 감독 소홀 • 위험한 행동에 대한 감독 소홀 • 비행 또는 도둑질 • 학교에 일찍 등교하고 집에 늦게 하교함

6. 학대피해아동을 위한 서비스

1) 아동학대 관련 서비스

2000년 아동복지법이 개정되어 아동보호를 위한 법적 근거가 강화되기 이전에는 민간 노력이 주도하였으며, 1979년 아동학대고발센터를 설치하였으나, 신고가 들어오지 않아 1년 만에 폐지하였으며, 1985년 서울시립상담소에서 아동권익보호소를 설치·운영하였으나 법적·제도적 뒷받침이 미비하였다.

1999년 한국어린이재단에서 세계아동기금의 후원하에 한국아동예방협회를 창립하였고, 전국 9개 시·도 지역사회복지 관내 '아동학대신고센터'를 개설하여 아동학대 발견과 치료에 주력하고 예방 목적으로 세미나 개최와 사례발표 등의 중심활동을 하였다. 2000년 10월 전국 17개 아동학대 예방센터가 아동보호 전문기관으로 설치되었으며, 2005년에는 39개소로 확대되었다.

지방아동보호전문기관의 주요 업무는 24시간 긴급전화 운영을 통한 전화상담, 사례접수 및 응급조치, 현장조사 및 가정방문, 가정지원프로그램 실시 및 지역자원연계, 사례판정 위원회관리, 타 기관과 협력체계 구축 등이다.

2) 아동학대보호서비스 전달과정

① 신고 및 접수

- 아동학대를 발견하거나 의심된다면 24시간 운영되는 아동학대 신고전화나 경찰신고(112; 통합운영)

② 조사 및 위기 사정

- 센터 직원 또는 경찰 현장조사를 통해 학대사실과 위급성을 판단하고 개입
- 안전을 위한 보호서비스, 응급조치 의뢰, 보호조치 의뢰

③ 개입

- 아동학대 가정과 아동의 욕구 확인하고 학대 원인 제거를 위한 개입 서비스를 제공

④ 사례평가 종결 및 사후관리

- 사례종결 : 아동학대 재발 가능이 없거나, 제공된 개입의 변화를 가져오지 못할 경우 종결
- 사후관리 : 가족 안정유지·학대 재발 예정 목적, 종결가족에 대한 전화통화와 방문 등의 방법으로 관리

7. 아동학대서비스 관련기관 및 역할

아동복지법 제45조에 의하여 국가와 지방자치단체는 아동보호전문기관을 설치하도록 하고 있고, 현재 중앙아동보호전문기관 1개소, 지역아동전문기관 59개소 등 총 60개 아동보호문기관이 설치·운영되고 있다. 중앙과 지역의 아동보호전문기관과 의료, 교육, 법률, 행정, 사법기관 등이 직간접적으로 아동학대서비스를 제공한다.

〈표 7-7〉 아동학대서비스 관련기관 및 역할

관련기관	역 할
중앙아동보호 전문기관	• 지역아동보호전문기관 및 학대피해아동쉼터 업무 지원 • 아동학대예방 관련 연구 및 교육 프로그램 등 개발 • 아동학대예방사업 관련 업무수행지침 및 보고서 발간 • 아동학대예방사업 정책 개발 • 아동보호전문기관 상담원 직무교육 프로그램 개발 및 교육 • 아동보호전문기관 상담원의 신변안전 보호를 위한 교육 • 아동학대 예방 관련 홍보 및 교육 • 국가아동학대정보시스템 운영 • 아동학대 관련 통계 관리 및 분석 • 관련기관 협력체계 구축 및 관리 • 해외발생 아동학대사례 관련 국제협력 지원
지역아동보호 전문기관	• 아동학대 신고접수 및 현장조사 수행 • 시설 내 학대의 경우는 필요시 지자체에 현장조사 동행 요청 • 신고접수 및 현장조사 내용을 토대로 아동학대 여부 판단 • 아동학대범죄 행위 제지 및 아동학대행위자를 격리하는 응급조치 • 피해아동을 보호시설 및 의료기관으로 인도하는 응급조치 및 상담·치료 등의 서비스 제공

지역아동보호 전문기관	• 사법경찰에게 아동학대행위자에 대한 임시조치청구 요청 • 아동보호사건 송치 시 아동보호사건 처리에 대한 의견 개진 • 임시조치, 조건부 기소유예, 보호처분 등 학대행위자에 대한 상담·교육 위탁 수행 • 피해아동 및 학대행위자·가족에 대한 상담·교육 등의 서비스 제공 • 피해아동 가정의 사후관리 • 아동학대사례전문위원 설치·운영 및 자체사례회의 운영 • 국가아동학대정보시스템에 아동학대 업무수행 결과 입력 및 보존 • 아동학대예방 교육 및 홍보 • 지역사회 자원 개발 및 관련기관 협력체계 구축 • 시장·군수·구청장에게 피해아동의 기초생활보장급여 또는 의료급여 등 필요한 보호 및 양육조치 의뢰 • 친권행사 제한 또는 친권행사 상실 청구 요청 • 후견인이 아동학대 등 현저한 비행을 저지른 경우 법원에 후견인 변경 신청
의료기관	• 의료행위 시 학대가 의심되는 아동에 대해 경찰 또는 아동보호전문기관에 신고(신고전화 112) • 응급조치 및 피해아동보호명령에 따라 의료기관으로 인도 및 치료위탁된 아동에 대한 치료 • 임시조치 및 보호처분에 따라 의료기관으로 치료 위탁된 행위자에 대한 치료 • 신고의무자군에 대한 신고의무자 교육 • 의료기관 내에 소아과, 소아정신과, 외과, 내과, 산부인과, 의료사회사업가 등으로 구성된 학대피해아동 보호팀을 구성·운영 • 아동학대 판정을 위한 피해아동, 가족 및 학대행위자에 대한 의학적 진단, 소견·증언 진술 및 피해아동을 위한 의료서비스 제공 • 응급한 조치를 필요로 하는 아동이 발생한 경우, 적극적으로 치료서비스 지원
교육기관	• 아동학대 예방을 위한 교과과정 포함, 교육 프로그램 개발 등 교육지원 • 초·중등학교 교직원, 유치원 교직원 및 강사, 학원강사에 대한 신고의무자 교육 • 학대행위자의 피해아동에 대한 접근 및 위협에 대한 예방 협조 • 보육·교육시설에서 발생하는 아동학대에 대한 신고 • 학대발생 보육·교육시설 및 학대행위자에 대한 행정징계
법률기관 (법무부)	• 아동학대범죄의 처벌 및 피해아동 보호에 관련한 법·제도·정책 마련 및 개선 • 아동보호전문기관 상담원 법 교육 • 아동학대 피해자 지원체계 구축 및 행위자 교정·교화 지원체계 마련 • 관계 중앙행정기관과의 협력체계 구축 및 연계 지원

행정기관 (보건복지부)	• 아동학대 예방을 위한 정책 수립, 관련 법·제도 마련 및 개선 • 관계 중앙행정기관과의 협력체계 구축 및 연계·지원 • 아동보호전문기관의 인력 및 자격 관리 • 중앙아동보호전문기관, 지역아동보호전문기관 및 학대피해아동쉼터 설치 및 운영 지원 • 신고의무자·아동·부모 등을 대상으로 한 아동학대 예방 및 아동인권 교육을 위한 교육자료 제작 • 아동학대 예방 홍보영상 제작, 배포, 송출 • 아동학대예방의 날(11월 19일) 및 아동학대예방주간 행사 및 홍보 실시 • 아동보호전문기관의 업무 실적에 대하여 3년마다 성과평가 실시
경찰	• 피해아동 보호조치 등 원활한 사례개입을 위해 아동보호전문기관과 긴밀한 협력체계 구축 • 아동학대 신고접수(112) 및 직무상 아동학대 의심사례를 알게 된 경우, 반드시 즉시 임시조치청구 및 수사·처분방향 결정 • 아동보호전문기관에 통보 및 사례내용 공유 • 아동보호전문기관에 접수된 신고사례에 대해 현장조사 시 동행 협조 • 응급조치를 요하는 아동학대 사례를 일시보호시설 또는 의료기관에 조치 의뢰 • 아동학대행위자에 대한 긴급임시조치 결정·집행 및 임시조치 신청 • 아동학대사건송치시 아동보호사건 처리에 대한 의견 개진 • 피해아동에게 필요한 절차 및 지원서비스(피해자 국선변호사, 진술조력인) 안내 • 신고의무자의 신고의무 준수 여부를 조사하고 지방자치단체에 과태료 부과 요청 • 아동학대의심사례 중 단독으로 조사한 사례에 대한 현장조사 결과를 국가아동학대정보시스템에 입력 • 오인·허위신고로 현장 확인된 경우, 신고접수 후 24시간 이내 • 아동보호전문기관에 확인사실 통보
기타 민간기관	• 아동학대 사례 발견 및 신고, 피학대아동의 신속한 치료 및 보호, 사후관리에 대한 서비스 제공, 자원 제공, 정보의 공유, 전문 인력에 대한 교육, 훈련, 아동학대예방사업, 홍보, 다양한 서비스의 공동 연구 및 개발, 기타 아동보호전문기관 운영에 대한 자문 및 모니터링 등

출처 : 보건복지부(2017). 2017년도 아동복지사업 안내.

8. 아동보호전문기관의 주요 사업내용

1) 신고 및 접수

아동학대를 발견하거나 의심된다면, 누구든지 24시간 운영되는 아동학대 신고를 경찰(112)에 신고한다.

2) 조사 및 위기 사정

① 기관의 직원, 공무원, 경찰의 동행 현장 조사를 통해 학대사실과 위급성을 판단하고 개입에 대한 계획을 수립한다.

② 안전을 위한 보호 서비스, 응급조치, 보호조치를 의뢰한다.

3) 개입(사례회의 및 서비스 계획수립)

아동학대 가정과 아동의 욕구를 확인하고, 학대원인을 제거하기 위한 개입 서비스를 제공한다.

4) 사례평가 종결 및 사후관리

① **사례종결** : 아동학대 재발의 가능성이 없을 경우나, 제공된 개입이 변화를 가져오지 못할 경우, 아동의 안전이 완전하게 해결되는 경우 종결한다.

② **사후관리** : 가족의 안정 유지와 학대 재발의 예방이 목적, 종결가족에 대해 6개월 동안 매월 1회 이상의 통화 또는 방문 등의 방법으로 관리한다.

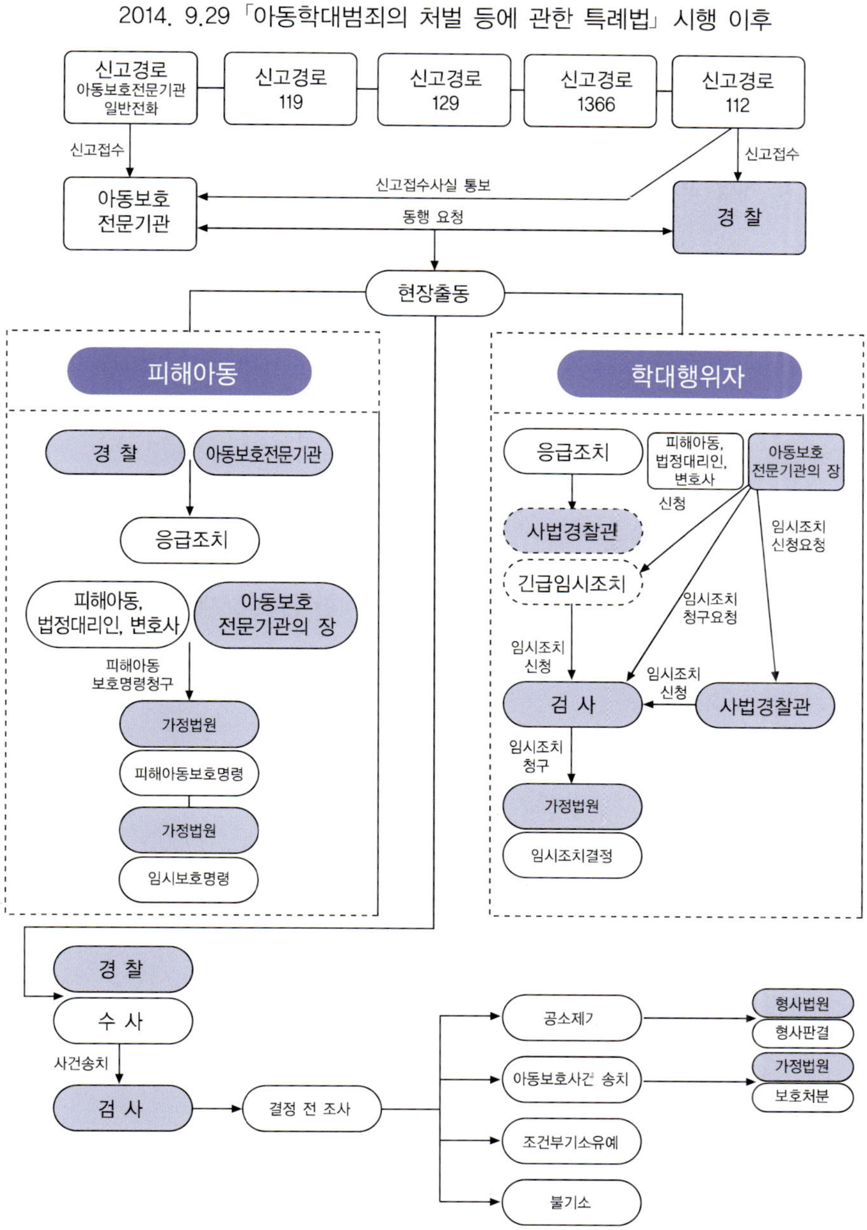

|그림 7-1| 아동학대사건 업무처리 흐름도

출처 : 보건복지부(2017). 2017년 아동분야사업안내.

9. 아동학대에 대한 사회적 개입방향

1) 아동학대의 예방을 위한 노력 강화

(1) 1차 예방 프로그램

새로운 사례의 발생을 막기 위해 전 인구를 대상으로 실시

(2) 2차 예방 프로그램

고위험 집단을 대상으로 문제가 발생하기 전에 미리 개입(예 미혼모, 장애아동에 대한 학대의 예방)

(3) 3차 예방 프로그램

특정한 문제를 가진 것으로 밝혀진 사람들에 대한 문제의 재발을 방지하기 위해 가족에게 서비스 프로그램을 제공

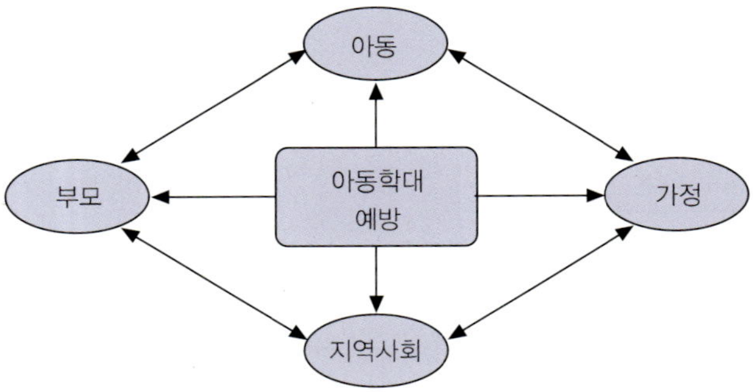

|그림 7-2| 아동보호전문기관의 업무 흐름

출처 : 중앙아동학대예방센터 업무체계도.

2) 아동학대에 대한 대응의 체계적 강화

① 아동학대에 대한 신고의식 강화

② 피해아동에 대한 보호 강화(쉼터 등)와 전문상담 실시

③ 학대행위자에 대한 전문적 서비스 강화 : 전문상담, 교육, 치료의 법제화 및 양육지원서비스 제공

④ 사회복지사, 의사, 교사, 법률가 등의 관련 전문직 간 협력의 체계화

3) 아동학대사업의 문제 및 개선점

① 신고의무자가 신고의무를 어겼을 때 받는 법적 제재 강화

② 신고의무자의 신분보장 및 비밀보장의 규정 강화

③ 명확하고 균형 있는 처벌규정 필요

④ 홍보 강화의 필요성

⑤ 아동학대 예방센터의 확충 및 상담원의 전문성 확보

⑥ 아동학대를 유발하는 원인을 제거하는 가족지원서비스 필요

⑦ 사례종결 후, 아동학대가 재발하지 않도록 행위자에 대한 지속적 치료 개입 서비스 필요

요 약

1. 빈곤가정 아동

1) 경제적 능력 부족으로 아동의 방치, 방임, 학대가 발생할 가능성 있음

2) 필요한 사회복지서비스

① 부모의 경제적 활동을 지원하고, 아동을 향한 스트레스 조절 및 양육에 관해 교육

② 아동의 성장에 필요한 영양, 보건, 교육에 대한 서비스 제공과 방치 방지

2. 학대아동을 위한 서비스

① 아동복지법 개정안(2000년)에 아동학대방지법안을 포함시켜 아동학대의 개념과 금지유형을 법으로 명확히 규정함

② **아동보호전문기관과 학대 긴급신고전화가 설치 운영됨** : 24시간 운영, 112

③ 아동학대방지법안

④ 아동학대의 개념과 금지유형을 명시

⑤ 아동보호서비스 전달체계의 강화

⑥ **신고의무자의 규정을 둠** : 교사, 의료인, 사회복지시설의 종사자 및 아동복지 관련 공무원

⑦ **성폭력 특별법(성폭력범죄의 처벌 및 피해자 보호 등에 관한 법률)** : 18세 미만의 아동까지 대상

⑧ 아동보호전문기관 운영

연습문제

01 학대에 관한 설명 중 옳은 것은 ○, 틀린 것은 X를 하시오.

① 정서적 학대는 외관적으로 뚜렷이 보이는 학대의 증거를 가진다. (　　)
② 신체적 학대란 아동의 신체에 고의적으로 상처를 입히는 것이다. (　　)
③ 크게 신체적 학대, 정서적 학대, 성적 학대, 방임으로 구분할 수 있다. (　　)
④ 성적 학대에는 사회적으로 금지된 성적 활동을 시키는 성적 착취도 포함된다. (　　)
⑤ 성적 학대는 성인의 성적 만족을 위해 아동을 대상으로 성적인 신체 부위를 접촉하는 것이다. (　　)
⑥ 유기란 고의적으로 아동을 버리는 것이다. (　　)
⑦ 방임은 물리적, 교육적, 성적, 의료적 방임, 유기로 구분할 수 있다. (　　)
⑧ 교육적 방임이란 공부를 못한다고 구박하는 것이다. (　　)
⑨ 방임이란 부모와 성인들이 고의적으로 아동 양육과 보호를 소홀히 하는 것을 말한다. (　　)
⑩ 학대부모의 심리적·성격적 특성은 공격적이며 세상에 대하여 잠재적인 혐오감을 가지고 있다. (　　)
⑪ 학대하는 부모 중 경제적으로 무능력하여 가족부양의 책임을 다하지 못할 때 이에 대한 좌절감을 풀기 위해 아동을 학대한다. (　　)
⑫ 아동학대의 원인에 관한 사회심리학적 관점에서 볼 때 가족 내의 상호작용이 적을수록 아동학대 발생률은 높다. (　　)

02 학대받은 아동에게 나타나는 특성에 해당되지 않는 것은?

① 자아기능 손상
② 병적 대인관계
③ 충동조절 가능
④ 원시적 방어기제
⑤ 자학적, 파괴적 행동

03 아동학대방지법안의 성격으로 옳지 않은 것은?

① 신고의무자를 규정하였다.
② 아동보호서비스의 전달체계를 강화하였다.
③ 아동학대의 개념과 금지규정을 명시하였다
④ 전문가만이 아동학대 사례를 신고할 수 있다.
⑤ 아동학대를 하면, 5년 이하의 징역 또는 1천만 원 이하의 벌금에 처해진다.

정답	1. ×/○/○/○/○/○/○/×/○/○/○/○ 2. ③ 3. ④

제 8 장

입 양

제8장 입 양

제1절 입양의 개념

1. 입양의 개념

아동에게 가장 좋은 환경은 가정이다. 입양서비스는 태어난 가정에서 양육하기가 곤란한 기아, 결손, 결함가정의 아동에게 건전한 가정을 영구적으로 제공하여 아동이 신체적으로나 사회적으로 건전하게 성장할 수 있도록 하기 위한 아동복지서비스의 하나이다. 그러나 역사적으로 입양은 반드시 아동의 복지를 위해서만 이루어진 것은 아니라고 볼 수 있다.

입양은 아동을 위한 비시설보호 방법으로서 가족관계를 창출하며 아동을 위해 항구적인 가정을 제공한다. 가정이 없는 타인의 아동을 법적인 절차를 거쳐서 자신의 아동으로 한 후, 그에 따른 부모적인 권리와 책임을 지는 것을 입양이라고 하며 이러한 가정을 입양가정이라 한다. 즉, 입양은 아동이 태어난 친가정이 부모사망, 부모이혼, 미혼모, 혼외 임신, 경제적 빈곤 등으로 해체되어 친부모의 아동양육이 불가능하게 된 경우에 지역사회가 영구적으로 아동에게 친가정을 대신할 수 있는 대리가정을 제공해 주는 것이다.

입양(adoption)이란 생물학적 부모가 양육하기 곤란한 아동에게 새로운 가정과 부모를 얻게 해주는 과정이다. 따라서 입양은 생물학적 과정을 통해서가 아니라 법적・사회적 관계에 의해서 친자관계를 맺는 것이다(Kadushin, 1980). 다시 말하면, 입양이란 친부모로부터 아동의 현재와 미래에 대한 모든 권리와 의무가 소멸

되고 행정적·법적 권한에 의해 혈연관계가 없는 타인에게 양육의 권리와 의무가 이양되는 것을 말한다(이소희, 2003).

입양의 목적을 보면 보호자가 없거나 보호자로부터 이탈된 아동 등의 권익과 복지를 증진하기 위한 가정을 영구적으로 제공하여 신체적·정서적·사회적으로 건강하게 성장할 수 있도록 지원함을 목적으로 한다.

2. 입양의 유형

1) 일반적인 분류

① 친족입양

아동이 계부, 계모, 큰아버지 등 혈연관계 또는 부나 모의 재혼으로 인해 관계를 이루고 있는 사람에 의해 입양되는 경우

② 비친족 입양

아동이 전혀 가족 관계를 갖지 않는 사람에 의해 입양되는 경우

2) 어느 국가의 부모에게 입양되는가에 따른 분류

① 국외입양

외국인이 국외에서 입양하는 경우로 국내입양 절차와 동일하지만, 국외로 출국 전에 보건복지부장관으로부터 해외이주 허가를 받아야 한다.

② 국내입양

아동이 태어난 그 나라에서 입양을 하는 형태를 말하며, 아동의 본적지 또는 주소지 관할 가정법원에서 입양인가를 받아야 한다.

3) 누구를 통해 이루어지느냐에 따른 분류

① 독립입양

입양기관을 통하지 않고 입양하는 것으로 친부모가 가족이나 친구, 이웃에 직접 아동을 입양시키거나, 아는 사람을 통해서 혹은 의사나 변호사 등 제3자의 소개로 입양시키는 경우 등으로, 독립입양의 단점은 다음과 같다.

- 비용이 많이 든다.
- 비밀보장이 어려워 후에 친부모와의 문제가 야기될 수 있다.
- 아동의 요구보다는 입양부모의 요구에 기초하여 입양이 이루어질 수 있다.
- 친부모는 입양에 관한 전문적인 심리적·법적·정신적 상담을 받을 수 없고, 적절한 의료혜택, 필요한 경제적·사회적 도움도 받지 못하는 경우가 많다.
- 입양아동이 문제가정에 배치될 수도 있다.
- 입양에 관한 일정한 기록 보관이 어렵다.
- 입양과정 중 친부모의 마음이 변하거나, 판사가 입양을 불허한 경우, 양부모는 아무런 법적 권리를 갖지 못한다.

② 기관입양

아동복지기관에서 전문가에 의해 친부모로 하여금 친권을 포기하게 하고, 기관이 모든 법적 대리인이 되어서 입양절차를 밟는 경우로서, 아동이 건전하게 육성될 수 있는 입양가정을 연결할 수 있고, 친부모가 친권을 포기한 법적 증거 확보 및 비밀보장이 가능하다. 기관입양의 장점은 다음과 같다.

- 입양문제에 특별한 지식을 가진 전문직원에 의해 이루어지므로 신뢰할 수 있고, 제도적 혜택을 받을 수 있다. 즉, 한국의 경우 사회복지사, 미국의 경우 사회복지대학원을 졸업한 석사학위 이상 소지자로 제한한다.
- 특별한 욕구를 가진 아동을 충족시킬 수 있는 입양가정 선정이 가능하다.
- 기관을 도와 특별한 문제를 가진 아동을 다루는 전문가가 있다(정신과 의사, 심리학자, 유전학자, 소아과 의사 등).

- 일괄적인 자료처리가 가능하다.
- 입양을 기다리는 동안 아동을 돌봐줄 수 있는 자원이 있다(가정위탁보호, 시설보호).

제2절 입양의 기본 원리

1. 입양의 기본 원리

① 아동은 가족, 지역사회, 국가에서 양육되는 것이 최우선이고 가장 바람직하다. 입양은 아동의 가족이 아동을 필요로 하고, 받을 권리가 있는 보호를 제공할 수 없다는 것이 명백할 때에만 적용하여야 한다.

② 대리모가 필요한 경우 아동이 속해 있는 인종집단, 국가, 문화집단과 종교집단에서 찾는 것이 좋다.

③ 입양은 아동의 복지, 욕구, 관심에 기준해야 한다. 즉, 아동을 위해서 선택되어야 하지 가정을 위해서 아동이 선택되어서는 안 된다.

④ 아동이 가족을 대신할 영구적인 보호가 필요할 때는 입양이 바람직하다.

⑤ 영구적 대리보호의 필요성 여부에 대하여 신속히 처리한다.

⑥ 입양대상 아동의 발생 예방에 주력한다.

⑦ 입양가정의 사후관리 강화 및 지속적 지원책을 강구한다.

⑧ 입양에 대한 국민의식 제고를 위한 대국민 홍보를 강화한다.

2. 입양의 구성요소

입양대상아동, 친부모, 양부모 등의 3체계가 포함된다.

1) 입양아동

① 양자 될 조건

18세 미만의 아동으로서 부모・직계존속 또는 후견인의 동의가 있어야 하나, 15세 이상 아동의 경우에는 본인의 동의가 필요하다.

② 입양특례법(제9조)에 규정

- 보호자로부터 이탈된 자로서 특별시장・광역시장・도지사 및 특별자치도지사(이하 시・도지사) 또는 시장・군수・구청장이 부양의무자를 확인할 수 없어 국민기초생활보장법에 따른 보장시설에 보호의뢰한 사람
- 부모(부모가 사망이나 그 밖의 사유로 동의할 수 없는 경우에는 다른 직계존속) 또는 후견인이 입양에 동의하여 보장시설 또는 입양기관에 보호의뢰한 사람
- 법원에 의하여 친권상실의 선고를 받은 사람의 자녀로서 시・도지사 또는 시장・군수・구청장이 보장시설에 보호의뢰한 사람
- 그 밖에 부양의무자를 알 수 없는 경우로서 시・도지사 또는 시・군・구청장이 보장시설에 보호 의뢰한 자

③ 건강한 아동 및 특수한 보호가 필요한 아동

특수욕구를 가진 아동 : 인종이 다른 아동, 혼혈아동, 동일한 가정에 입양되고자 하는 2명 이상의 형제 장애아동, 시설연장아동 등

2) 입양부모의 자격요건

연령, 신체적 건강, 결혼상태, 불임, 종교, 재정적 안정, 정서적 건강, 부모로서의 동기, 입양동기, 가족 구성원과 이웃의 태도 등을 고려한다(Kadushin, 1980).

또한 재산, 종교, 연령, 건강, 국적, 혼인 여부, 자녀 수 등을 고려한다.

① 양자를 부양함에 충분한 재산이 있을 것

② 양자에 대하여 종교의 자유를 인정하고 사회의 일원으로서 그에 상응하는 양육과 교육을 할 수 있을 것

③ 양친이 될 사람이 아동학대・가정폭력・성폭력・마약 등의 범죄나 알코올 등 약물중독의 경력이 없을 것

④ 양친이 될 자가 대한민국 국민이 아닌 경우 본국법에 의하여 양친이 될 수 있는 자격이 있을 것

⑤ 양자가 될 아동이 복리에 반하는 직업이나 그 밖에 인권침해의 우려가 있는 직업에 종사하지 아니할 것

⑥ 그 밖에 양자로 될 자의 복지를 위하여 다음의 필요한 요건을 갖출 것

- 25세 이상으로서 양자 될 자의 연령차이가 60세 미만일 것. 다만, 양친이 될 자가 대한민국 국민이 아닌 경우에는 25세 이상 45세 미만이어야 함
- 자녀가 없거나 자녀의 수가 입양아동을 포함하여 5명 이내일 것
- 혼인 중일 것

3) 친부모

① **자발적인 친권포기** : 미혼모, 빈곤, 사망, 이혼 등의 사유로 자녀양육 의사나 능력이 없는 자. 즉, 가정의 해체로 자녀를 더 이상 양육할 수 없거나, 합법적 혼인관계가 아닌 출산 등의 이유로 양육 의사나 능력이 없는 자

② **비자발적인 친권포기** : 아동학대 등으로 친권을 박탈당한 부모

4) 입양에 있어서 입양기관의 역할

〈표 8-1〉 입양의 구성요소에 따른 입양기관의 역할

입양의 구성요소	입양기관의 역할
아 동	아동의 복지를 위해 최선의 선택 결정
친부모	친권포기에 대한 정보를 제공하거나 강요하지 않도록 함 상실감이나 죄책감 등에 대한 정서적 지지와 상담
양부모	최선의 선택과 결정을 내릴 수 있도록 지지 아동에 대한 정확한 정보 제공, 사전교육을 통한 올바른 가치관 확립
사 회	입양에 대한 올바른 인식 고취 입양을 적극적이고 긍정적으로 수용할 수 있는 사회 분위기 조성

5) 입양기관과 사회복지사의 역할

① 입양특례법의 규정에 따라 입양사업을 주도하는 사회복지기관

② 사회복지사는 기관 입양의 법적 대리인 역할

③ 입양에 대한 인식과 입양가정의 역할을 알리고 확신을 줌

④ 친부모, 대상아동, 양부모 사이의 감정에 대한 대처기술을 활용

3. 입양의 주요 과정

입양은 보건복지부 가정, 아동복지과 → 시・도의 보건복지국(서울시-여성정책담당관) → 시・군・구의 아동복지과 → 입양기관의 전달체계를 가진다. 아동의 입양은 아동입양기관과 아동상담소에서 이루어지며, 지방의 경우에는 아동일시보호소와 영유아보호시설에서도 입양이 이루어지고 있다.

입양을 희망하는 부모는 먼저 방문 또는 메일을 통해 양친가정조사 신청서를 입양 관련 기관에 접수하고 상담한다. 이를 접수한 기관은 2회 이상의 가정조사를 통해 주민등록등본, 호적등본, 건강진단서를 확인하여 적부를 결정한다. 적격한 자의 경우 양친가정조사서를 발급받고 아동을 대리모나 시설에서 데리고 온다. 발생된 보호대상아동에 대해 해당 공공기관은 부양 의무자 확인 공고를 15일간 하고, 부양 의무자가 확인되지 않으면 입양기관의 알선에 따라 양부모에게 인도되어 호적신고를 행하는 일련의 절차를 밟게 된다. 국내 입양은 입양기관을 통하여, 그리고 국외입양은 보건복지부 장관의 허가를 받은 입양 알선기관을 통하여 할 수 있도록 되어 있다. 국내에는 국내외 입양사무를 담당하는 28개의 입양기관이 있는데, 이 중 국외입양은 홀트아동복지회, 대한사회복지회, 동방아동복지회, 한국사회봉사회의 4개 기관에만 허락되어 있다. 입양 6개월 후 아동이 등재된 주민등록등본을 확인하는 것으로 아동입양기관의 업무는 종결된다.

1) 입양의 기본 절차

입양대상아동의 입양준비에 관한 법적 절차(제9조, 제22조, 시행규칙 제7조)

① 아동 보호의뢰

- 보장시설에 보호의뢰(시 · 도지사 또는 시장 · 군수 · 구청장)
- 입양기관에 보호의뢰(부모 또는 후견인)

※ 보호 확인 의뢰 : 입양기관 또는 보장시설의 장이 시장 · 군수 · 구청장에게 의뢰

② 후견인 직무

- 입양기관의 장은 보장시설의 장, 부모 등으로부터 입양될 아동을 인수한 때에는 그 인수한 날부터 입양 완료일까지 후견인 직무를 행함(제22조)

※ 시 · 도지사 또는 시장 · 군수 · 구청장은 친권자 또는 후견인이 없는 아동을 발견한 경우 필요하다고 인정할 때에는 법원에 후견인 선임 신청(아동복지법 제19조)

※ 보호시설에 있는 미성년고아의 경우, 국가 또는 지자체에서 설치 · 운영하는 시설은 보호시설의 장이 후견인이 되고, 국가 또는 지방자치단체 외의 자가 설치 · 운영하는 경우 그 시설 소재지 시장 · 군수 · 구청장이 후견인 지정(보호시설에 있는 미성년자의 후견 직무에 관한 법률 제3조)

③ 부양의무자 확인 공고

친권자 또는 후견인이 없는 경우, 보호시설장 및 기관장은 소재지 관할 시장 · 군수 · 구청장에게 부양의무자 확인 공고 의뢰, 의뢰를 받은 시장 · 군수 · 구청장은 15일간 확인 공고

※ 기아인 경우, 기아발견신고 및 기아발견조서 작성(입양기관, 지방자치단체) 후 가정법원에 성 · 본 창설 허가재판 청구 → 아동의 가족관계등록 창설(제23조)

④ 입양대상아동 확인서 발급

보장시설의 장 또는 입양기관의 장이 작성하여 양자 될 자의 자격 확인기관(아동 거주지 관할 시장・군수・구청장)에 제출하여 확인을 받음(시행규칙 제7조)

⑤ 입양정보통합관리시스템 등록

입양기관의 장은 입양기관에 보호 의뢰된 아동 및 친생 부모의 정보를 중앙입양원에 제공[(입양정보통합관리시스템 등록(51개 항목)] 하여야 함(시행규칙 제23조)

※ 입양기관에 보호의뢰된 아동의 성명・주민등록번호・주소, 출생 일시 및 장소, 성별, 장애 또는 질환의 유무와 종류 등 24개 항목

※ 친생부모의 성명・주민등록번호・주소・연락처, 입양사유와 입양동의 및 입양정보공개에 대한 동의 여부 등 9개 항목

※ 양자 또는 양친 될 자의 성명 생년월일, 국적,주소 및 연락처 등 13개 항목

※ 양친 또는 양친 될 자의 입양희망아동에 대한 성별, 연령, 건강이상, 특이사항 등 5개 항목 양친 될 자의 입양준비에 관한 법적 절차(제10조, 시행령 제2조, 시행규칙 제6조, 제8조)

⑥ 양친가정조사신청서 제출

양친이 되려는 사람은 조사기관(양친 될 자 거주지 관할 시장・군수・구청장, 입양기관의 장)에 양친가정조사 신청서 제출

※ 국외입양의 경우 입양을 원하는 국가 또는 그 국가의 공인된 입양기관이 국내입양기관에 입양 알선을 의뢰한 것으로 갈음

⑦ 가정조사 및 양친 가정조사서 발급

조사기관은 '양친가정조사서'에 따라 가정조사를 실시하고 입양적격 여부를 결정, 신청인에게 양친가정조사서 발급(시행규칙 제8조 제1항)

※ 양친가정조사는 직장・이웃・가정 등을 2회 이상 직접 방문하여 실시하되 적어도 1회 이상은 미리 알리지 아니하고 방문조사해야 함

※ 국외입양의 경우 입양을 원하는 국가 또는 외국 입양기관이 행한 가정조사서로 양친가정조사서를 갈음

⑧ 범죄경력의 확인 요청

조사기관은 양친이 될 사람이 범죄경력이 있는지 확인을 위해 범죄경력 조회 신청서에 범죄경력 조회 동의서를 첨부하여 경찰관서의 장에게 제출

⑨ 교육 및 양친교육 이수 증명서 발급

입양기관의 장은 양친이 될 사람에게 소정의 교육을 실시하고 양친교육 이수 증명서 발급(시행규칙 제5조 제2항), 가정법원 허가(제11조, 시행규칙 제9조)

⑩ 입양허가 신청서 제출

양자가 될 사람의 등록기준지 또는 주소지의 가정법원(또는 가정법원 지원)에 입양허가 신청서 제출

⑪ 구비서류

입양동의서, 입양대상아동의 가족관계등록부 등의 증명서, 입양대상아동 확인서, 양친교육 이수 증명서, 범죄경력 조회 회신서, 양친가정조사서(시행규칙 제9조), 친양자 입양 신고(제15조)

⑫ 입양의 효과

입양된 아동은 민법상 친양자와 동일한 지위를 가짐(제14조)

⑬ 친양자 입양신고

양친 또는 양자는 가정법원의 허가서를 첨부하여 「가족관계의 등록 등에 관한 법률」이 정하는 바에 따라 친양자 입양신고를 하여야 함

⑭ 입양아동 등의 인도 및 보고(제31조, 시행규칙 제22조)

법원이 입양을 허가한 경우, 보장시설의 장 또는 입양기관의 장은 입양아동과 그에 관한 기록 및 소유물품을 양친될 사람에게 인도하고, 소재지 관할

시장・군수・구청장에 아동 인도결과 보고

※ 양부모에게 양자될 자의 기록 및 소유물품 인계 시 의료적 필요 등의 특별한 사유가 존재하지 아니하는 한 친부모의 동의 없이 친부모 인적사항이 노출되지 않도록 주의, 사후관리 제공(제25조)

⑮ 사후관리

입양기관의 장은 입양이 성립된 후 1년 동안 양친과 양자의 상호 적응을 위하여 사후관리를 하여야 함

※ 사후관리 내용 : 양친과 양자의 상호 적응 상태에 관한 관찰 및 이에 필요한 서비스, 입양가정에서의 아동양육에 필요한 정보의 제공, 입양가정이 수시로 상담할 수 있는 창구의 개설 및 상담요원의 배치

2) 국내에서의 국외입양(외국인이 국내에서 입양하는 경우)

일반절차는 국내입양절차와 동일하다.

① 국내에서 입양하려는 외국인은 후견인과 함께 양자될 사람의 등록기준지 또는 주소지 관할 가정법원에 입양허가를 신청함(제18조)

② 구비서류

입양허가신청서, 입양동의서, 입양대상아동의 가족관계등록부 등의 증명서, 입양 대상아동 확인서, 양친가정조사서, 본국 정부로부터 공인받은 범죄경력 조회에 관한 문서・입양서약서 및 재정보증서, 본국의 법에 의해 양친될 자격이 있음을 증명하는 서류(시행규칙 제12조)

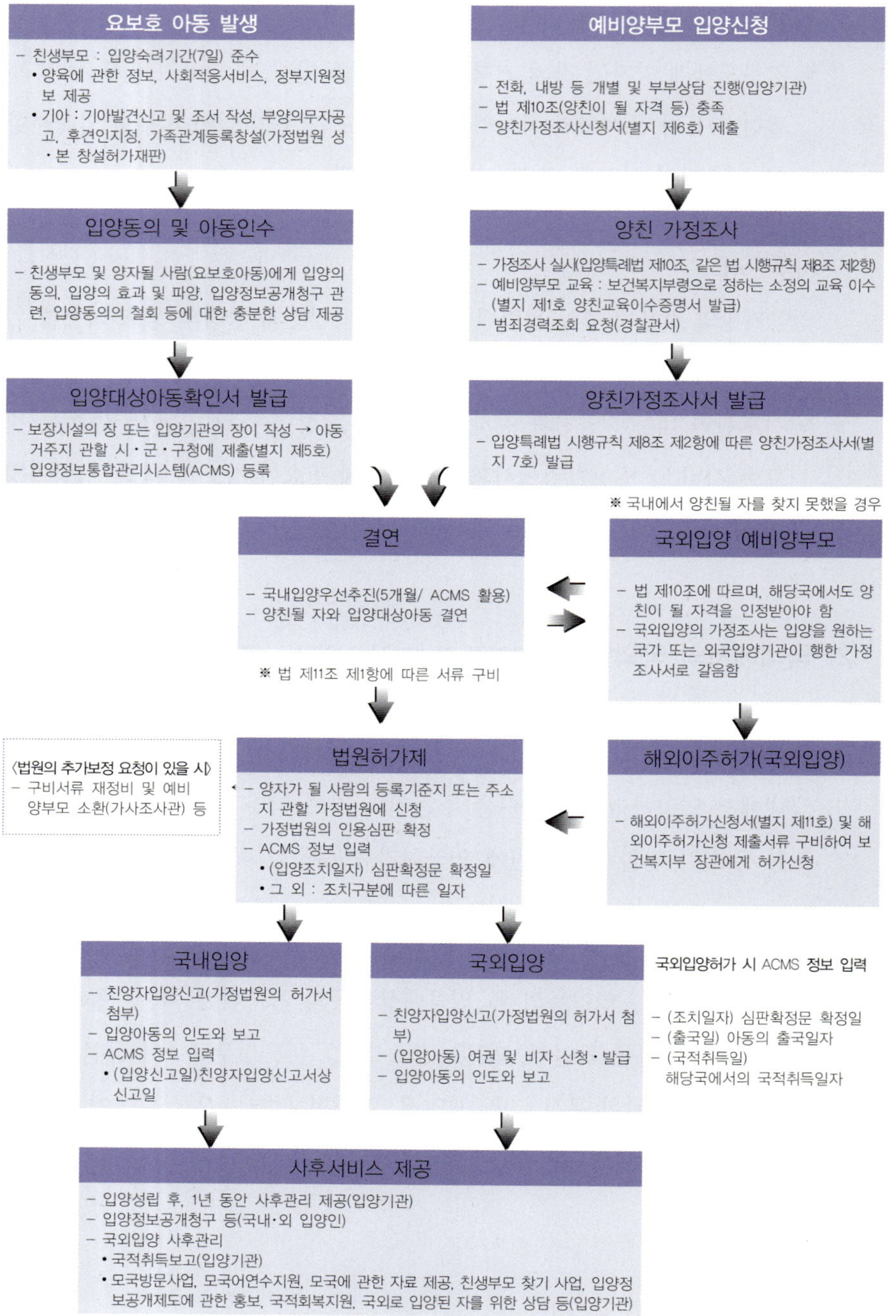

|그림 8-1| 입양절차

출처 : 보건복지부. 2017년 아동분야사업안내.

3) 외국에서의 국외입양(외국인이 국외에서 입양하는 경우)

① 국외에 거주하는 외국인이 국내에 거주하는 아동을 입양하기 위해서는 입양기관을 통하여 입양절차를 진행하여야 함(제19조)

② 외국인으로부터 입양 알선을 의뢰받은 입양기관의 장은 보건복지부장관이 발행한 해외 이주허가서를 첨부하여 가정법원에 입양허가를 신청하여야 함

③ (보건복지부 제출서류) 해외이주허가신청서(시행규칙 제13조 제1항), 입양대상 아동의 가족관계등록부 등의 증명서, 본국 정부로부터 공인받은 범죄경력 조회에 관한 문서, 입양대상 아동확인서, 양친가정조사서, 입양동의서, 입양서약서 및 재정보증서, 본국의 법에 의해 양친될 자격이 있음을 증명하는 서류(시행규칙 제13조)

4. 입양 체계의 문제

1) 입양아동의 문제

① 분리와 애착

아동이 애착관계를 맺고 있던 사람과 분리되는 것은 아동의 신뢰감, 자존감 형성에 해로운 영향을 미치고 다른 사람과 정서적인 관계 형성 능력을 저하시킬 수 있다.

② 부모중복의 문제

자신에게 두 부모, 가족이 있다는 사실을 수용해야 하는 문제를 경험하게 되고, 입양아는 입양을 친부모에 대한 상실로 경험하는데, 입양부모를 배신하는 것이 두려워 적절하게 애도할 방법을 찾지 못하는 경우가 많다.

③ 자아정체감

입양의 의미를 이해하면서 그 의미를 받아들이는 과정을 통해 자아존중감을 형성하고 이를 전체 자아정체감에 통합시켜야 하는 과업이 있다. 친부모

로부터의 버려짐과 상실은 입양아동에게 상처를 남기고 자아존중감이나 자기가치관에 부정적인 영향을 미치게 되는 경우가 있다. 특히 국외입양아동의 경우, 민족과 문화, 언어의 상실이 더해져 자아정체감 형성에 더 큰 어려움을 겪게 된다.

2) 입양부모의 문제

입양부모의 문제는 불임의 문제, 부모로서의 역할 문제, 입양아동의 자아정체감 형성 관련 문제 등으로 나누어 볼 수 있다.

① 불임의 문제

불임으로 입양하게 된 부모의 경우, 불임과 관련하여 여러 심리적 어려움 경험하였으며, 입양아동과 생물학적으로 연결되지 않은 입양부모는 아동이 자신에게 속해 있다고 믿기 어렵기 때문에 불안을 경험한다. 입양을 자녀의 출산과 양육이라는 사회적 역할 수행에 실패했기 때문에 선택해야만 하는 대안이자 낙인으로 받아들이는 경우 불안은 더욱 심해진다.

② 부모로서의 역할 문제

일반적인 부모와 달리 양육의 어려움을 불평할 권리가 없다고 생각하기 쉬우며 이런 생각이 완벽한 부모역할을 요구하게 하고 일반적인 부모역할 수행에 어려움을 경험하게 된다.

③ 입양아동의 자아정체감 형성 관련 문제

입양부모는 입양아동이 성장하여 자신들의 입양사실을 알고 친부모를 찾아갈 것이라는 두려움을 가질 수 있으며 이런 생각은 아동에 대한 집착과 입양사실에 대한 비밀로 나타날 수 있다.

3) 친부모의 문제

대부분의 미혼부모는 입양 이외의 다른 대안에 대한 정확한 정보, 친부모로서의 권리, 입양과정에 대한 정보 등 아동에 대한 친권포기를 하기 전 친부모에게 필요한 서비스나 정보를 거의 제공받지 못하며 친부모는 부수적인 존재로 간주되고 친권 포기 후에 얼마나 강한 상실감과 심리적 고통을 경험하게 될 것인지, 그런 감정을 표현해도 되는 것인지에 대해 아무런 조언도 듣지 못하는 무력감을 경험하게 된다.

제3절 입양 현황

1. 입양 현황

가족해체, 아동학대 및 방임 등에 따라 입양의 대상이 되는 '요보호아동'이 대폭 증가하고 있다. 2012년부터 2016년 현재 요보호아동의 발생은 〈표 8-2〉에서 보는 바와 같이 지속적으로 증가하고 있으며 2016년도 발생한 요보호아동 4,592명 중 5.3%가 입양된 것으로 나타나고 있다.

입양의 현황을 살펴보면, 2015년 말 국내외 입양아의 수는 총 1,057명(국내 683명, 국외 374명)으로 집계 되었으며, 오늘날 이혼율의 증가와 경제 한파로 인한 실업율의 증가, 시설보호 중심의 아동보호 방법을 지양하고, 가정 내 보호(가정위탁보호, 입양)를 지향하는 아동보호정책으로 인해 입양아동은 더욱 늘어날 것으로 보인다.

〈표 8-2〉 사회적 보호를 필요로 하는 아동의 보호 현황

(단위 : 명)

구 분	보호유형 계	시설보호	가정위탁 보호	입 양	소년소녀 가장보호
2012	6,926	3,748	2,289	772	117
2013	6,020	3,257	2,265	478	20
2014	4,994	2,900	1,688	393	13
2015	4,503	2,682	1,582	239	0
2016	4,592	2,894	1,449	243	6

출처 : 보건복지가족부(2017). 요보호아동현황보고.

〈표 8-3〉 국내 · 외 입양 현황

(단위 : 명)

구 분	2011	2012	2013	2014	2015
국 내	1,548	1,125	686	637	683
국 외	916	755	236	535	374
계	2,464	1,880	922	1,172	1,057

출처 : 보건복지부(2016). 가정위탁국내입양소년소녀가정현황.

2. 입양에 있어서 장애 요인

1) 입양에 대한 사회적 편견과 혈연주의

우리나라는 유교문화의 영향으로 혈연을 중시하는 전통적 관념하에 있었으며 현재에도 혈연중심의 가족관이 지배적이다. 따라서 혈연이 아닌 아동에 대한 입양은 사회적으로 크게 용인되지 못하고 있으며, 이는 국내입양이 활성화되지 못하는 중대한 요인으로 작용하고 있다. 뿐만 아니라 요보호아동에 대한 국내입양의 경우 아동의 복지를 위한 입양 보다는 가정의 무자녀 문제를 해결하기 위한 부모 위주의 입양이 대부분이다. 또한 입양에 대한 사회적 인식이 아직도 매우 부정적이기 때문에 대부분의 양부모들이 비밀입양을 원하고 혈액형 및 외모, 성별, 연령, 미혼모와 부의 배경 등 입양하는 데에 있어서 많은 조건들을 제시하고

있는 실정이며, 이로 인해 연령이 높은 아이나 장애아, 질병아, 미숙아들의 국내 입양은 거의 이루어지지 않고 있다고 할 수 있다. 그 외 입양에 대한 장애 요인으로서 사람들이 가지고 있는 입양에 대한 편견이나 오해 또는 염려가 있다. 이러한 편견을 극복하고 입양부모가 자신감을 가지고 입양아동을 편안하게 수용하고 적응하는 과정을 나타내면 〈표 8-4〉와 같다.

〈표 8-4〉 공개입양가족의 적응과정

영역	개 념	범 주	하위주제
입양 과정	• 병으로 불임치료하기 • 불임 이슈에 대처하기	불임과 함께 살아가기	혈연중심 가족문화에 대한 도전을 통해 가족을 이루어가기
	• 가족을 이루려는 열망 • 입양을 해야겠다는 부담감	입양을 결정하기	
	• 다른 가족 구성원 설득하기 • 확대가족 설득하기	가족전통에 도전하기	
	• 수수료 내기 • 부모자격 심사받기 • 입적하기	법적인 가족 되기	
	• 애착관계 형성하기 • 허니문 • 부모자격을 시험하기	상호 적응하기	

출처 : 권지성(2004).

2) 입양사실에 대한 태도

국내입양에 있어서 입양사실에 대한 태도를 보면, 가족만 알게 하는 경우가 39%로 가장 많고 부부만 알게 하는 경우가 32%인 반면, 공개를 하고 있는 경우는 13%에 그치고 있는 것으로 나타나고 있다. 양부모들의 대부분이 입양사실을 주위에 공개하지 않고 싶어 하는 것이다. 실제로 아동의 호적등재에서도 거의 모든 입양아동들이 친자로 등재되고 있는 실정이다. 이와 같이 입양사실을 비밀로 하고 친자로 입적하는 이유로는 첫째, 입양된 아동을 입양으로 받아들이기보다는 자신이 낳은 것과 같이 동일시하려는 마음이 크기 때문이며, 둘째로는 입양아동이 양자로 입적되면 입양사실을 비밀로 하려는 자신의 계획이 공개되어 버리기 때문이고, 셋째는 입양아동이 양자로 입적될 경우에는 불이익을 받을 수 있다고 우려하기 때문이라고 본다(한국보건사회연구원, 2001).

3) 입양제도 및 정책적인 지원의 부족

입양은 크게 독립입양과 기관입양으로 나누어 볼 수 있으며, 우리나라는 독립입양에 있어서 친척 간의 혈족입양이나 친부모가 직접 양부모와 상의해서 입양시키는 경우를 제외하고는 개인이 입양하는 것을 법률적으로 금하고 있다.

① **친권을 중요시** : 부모가 아동을 시설에 맡긴 후 3~4년 동안 소식이 없어도 해당 아동을 입양하지 못함

② **입양부모에 대한 정책적 지원 미흡** : 입양수속비 부담 및 경제적 부담에 대한 지원 미흡

③ 입양부모에 대한 제도적 배려 미흡

④ **입양기관에 대한 운영비 미 보조** : 입양기관 운영상의 문제점은 정부의 재정원조가 없기 때문에 입양기관이 영리성을 띠는 방향으로 변화할 수밖에 없다는 것이다. 즉, 국내입양 수수료가 입양대상아동의 양육비에 미치지 못하기 때문에 입양기관은 어려운 재정을 국외입양에 의한 지원금 또는 찬조금으로 보충하게 되는 것이다. 이렇게 입양기관이 국외입양에 의한 지원금 및 찬조금으로 재정의 부족을 보충하려는 상황에서는 정부가 아무리 국내입양을 강조한다 하더라도 국내·외 입양의 결정은 선별적으로 이루어질 수밖에 없으며 국내입양의 활성화를 기대한다는 것은 어렵다고 볼 수 있다.

⑤ 범국민적 계몽과 홍보부족

4) 입양에 있어서 특별한 문제를 가진 아동에 대한 배려 부족

① **나이 든 아이** : 이미 성격이 형성되었으며 의식적·무의식적 경험을 통해 상실감, 거부감, 정서결핍의 문제를 가지고 있다.

② **장애아동** : 장애에 대한 특별지식과 의료비 문제의 해결이 어렵다.

③ 해외입양되는 유색아동의 문제

④ **입양이 파양된 경우** : 입양부모의 죄의식, 실패감을 극복하도록 돕는다. 서로의 욕구 확인 후 새로운 대상자 선정에 대한 희망을 주는 것이 필요하다.

⑤ 독신자의 입양문제

5) 국내입양을 저해하는 입양촉진법의 내용

입양 후 1년 내 입양을 취소할 수 있으며 이 조항이 입양부모를 불안하게 한다. 외국의 경우는 미혼모가 아기 출산 후 72시간 내에 입양을 동의하고 판사의 선고가 있으면 입양을 취소할 수 없다.

3. 입양가정 및 입양아동에 대한 지원

1) 양육보조수당 및 의료비 지원(제35조)

① 지급대상

입양특례법상 허가를 받은 입양기관에 의해, 같은 법의 요건과 절차를 갖추어 장애아동을 국내 입양한 가정

※ 입양아동이 아동복지법 제3조 제4호에 해당되어 제15조 제1항 제3호부터 제5호까지에 해당하는 보호조치 되는 자는 지원 대상 아님(이 경우 보호조치 되는 당월 16일 이후 보호조치 완료되는 경우 보호조치되는 당월까지 지급, 보호조치를 해제하여 입양가정으로 보호조치 변경하는 경우 변경되는 해당 월부터 지급 가능)

- 장애아동의 유형(시행령 제7조)
  - 입양 당시 장애인복지법 제32조 제1항에 따라 장애인 등록을 한 아동
  - 분만 시 조산・체중미달・분만장애 또는 유전 등으로 입양 당시 질환을 앓고 있는 아동

※ 조산·체중미달·분만장애 및 유전 등으로 질환을 앓고 있던 아동이 지원을 받다가 완치된 경우 지급을 중단

- 입양 후 선천적 요인으로 인한 장애가 발견되어 장애인 등록을 하거나 질환이 발생한 아동

※ 질환이 있는 아동의 지원대상 유무 판정 기준 : 진단별 특성에 적합한 대학 병원급 전문의의 소견서(또는 진단서)를 첨부받아, 담당의사와 협의하에 결정

② 지급범위

양육보조금(월/ 인) : 중증장애인 627천 원, 경증장애인 등 그 외 지원대상 551천 원

※ 중증장애인 : 장애등급이 1~2급 또는 3급 장애인으로서 다른 장애가 중복된 자

※ 경증장애인 : 장애등급이 3~6급인 자

- 의료비
  - 연간 260만 원 한도 내에서 본인이 부담한 진료·상담·재활 및 치료에 소요되는 비용(급여 및 비급여 부분 포함)

    ※ 본인부담금(시행령 제7조 제2항 제2호)

    - 의료급여법 제7조 제1항 및 제12조에 따른 의료급여 또는 요양비에 대한 본인부담금
    - 국민건강보험법 제41조 제1항 및 제49조에 따른 요양급여 또는 요양비에 대한 본인부담금
    - 사회복지사업법·장애인복지법·「정신건강증진 및 정신질환자 복지서비스 지원에 관한 법률」 등 다른 법령에 따라 제공되는 진료·상담·재활 및 치료에 드는 비용 중 본인부담금
  - 장애인보조기구에 대한 의료비 청구도 포함(2013. 1. 1.부터 적용). 다만, 장애인 보조기구에 대한 의료비 지원액은 연간 의료비 지원 한도액의 50% 이내로 함

    ※ 장애인보조기구 : 장애인 보조기구 품목지정 등에 관한 규정 준용

2) 입양아동의 수업료 및 입학금 면제

① 지원대상 : 입양아동으로서 중・고등학교 재학생 또는 입학생

② 지원범위 : 중・고등학교 수업료 및 입학금 면제

3) 입양된 장애아동에 대한 무료진료 : 국립의료원에서 진료받을 경우

① 지원범위 : 의료급여 1종 수급권자와 동일

② 지원방법 : 국민건강보험법상의 본인부담금 면제

4) 주택 분양 및 전세자금 지원 : 입양 가정 5백만 원에서 1천만 원을 할증 지원

5) 연말정산 소득공제

세액공제액은 첫째 입양 시 30만 원, 둘째 입양 시 50간 원, 셋째 이상 입양 시 70만 원으로, 적용시기는 2017년 1월 1일 이후 출산·입양 신고하는 경우부터 적용한다.

4. 우리나라 입양기관의 현황

1) 입양기관

우리나라의 입양전문기관으로는 홀트아동복지회, 동방사회복지회, 대한사회복지회, 한국사회봉사회 등의 국내・외 입양 기관과 국내입양기관 등 입양기관 및 시・군・구의 아동상담소 등이 있다.

2) 한국입양홍보회

한국입양홍보회는 입양가족의 회원으로 구성된 입양가족 단체로서 입양가족을 위한 정기모임, 입양가족부모교육, 입양홍보사업, 입양가족캠프, 입양아동캠프 등의 사업을 전개하고 있으며 인터넷 사이트 및 정기모임을 통해 예비입양부모, 입양부모, 연장아동입양부모 등에 대한 상담사업을 하고 있다.

3) 입양정보센터

원가족을 찾기 위해 또는 모국을 알기 위해 모국을 방문하는 외국가정에 입양된 입양인들이 국내체류에 불편이 없도록 하고, 신속하게 서비스를 제공하기 위해 운영하며, 4개 국외입양기관이 공동으로 서울에 1개소 운영하고 있다.

〈표 8-5〉 우리나라 입양기관 현황

(2017년 1월 기준)

기관명		주 소	전화번호	비고
성가정입양원		서울특별시 성북구 선잠로 2길 242	02-764-4741~3	보건복지부 허가기관
대한사회복지회	대한사회복지회	서울특별시 강남구 논현로 86길 21	02-552-1017	
	부산지부	부산광역시 남구 유엔평화로 10번길 62	051-621-7003	
	대구지부	대구광역시 수성구 국채보상로 906	053-756-1392	
	광주지부	광주광역시 동구 지원로 26	062-222-1095	
	경기지부	경기도 의정부시 입석로 32번길 30	031-877-2849	
	전남지부	전라남도 나주시 보현길 9-4	061-333-2882	
동방사회복지회	동방사회복지회	서울특별시 서대문구 연희로 26	02-332-3941	
	부산지부	부산광역시 중구 중앙대로 123-2	051-469-5586	
	대구지부	대구광역시 동구 동대구로 425	053-755-1077	
	인천지부	인천광역시 부평구 백범로 478번길 8-7	032-502-2226	
	대전지부	대전광역시 서구 계룡로 318, 2층	042-526-3129	
	경기지부	경기도 안양시 동안구 경수대로 883번길 70	031-442-7750	
홀트아동복지회	홀트아동복지회	서울특별시 마포구 양화로 19	02-331-7032	
	부산사무소	부산광역시 수영구 장대골로 20-5	051-465-0224	
	대구사무소	대구광역시 달서구 두류공원로 259, 4층	053-756-0183	

홀트아동 복지회	충청사무소	대전광역시 중구 보문산로 329	042-586-1983	보건복지부허가기관
	인천사무소	인천광역시 남동구 남동대로 904 홀트인천복지센터 3층	032-424-0145	
	광주사무소	광주광역시 서구 화운로 164	062-227-8877	
	경기사무소	경기도 수원시 팔달구 경수대로 616번길 17-3	031-217-5999	
	강원사무소	강원도 춘천시 공지로305	033-521-2344	
	전북사무소	전라북도 전주시 완산구 백제대로변 279, 사라빌딩 3층	063-288-0880	
한국사회봉사회		서울특별시 도봉구 삼양로 162 가길 42-49	02-908-9191	
광주영아 일시보호소		광주광역시 동구 지원로 26	062-222-1095	시·도허가기관
자비아동 입양위탁소		강원도 강릉시 경강로 2267번길 19	033-642-3555	
꽃동네 천사의 집		충청북도 음성군 맹동면 꽃동네길 12-47	043-879-0292	
한빛국내 입양상담소		충청남도 홍성군 조양로 75번길 17	041-631-3691	
홍익아동 복지센터		제주특별자치도 제주시 화삼로 145	064-758-0845	

* 위 기관 모두 국내입양기관이며, 국외입양기관은 대한사회복지회, 동방사회복지회, 홀트아동복지회만 해당

출처 : 보건복지부(2017). 2017년 아동복지사업안내.

제4절 입양사업의 문제점 및 개선방안

1. 입양사업의 문제점

입양은 크게 독립입양과 기관입양으로 나누어 볼 수 있으며 우리나라는 독립입양에 있어서 친족 간의 혈족입양이나 친부모가 직접 양부모와 상의해서 입양시키는 경우를 제외하고는 개인이 입양하는 것을 법률적으로 금하고 있다.

입양기관의 운영상의 문제점은 정부의 재정원조가 없기 때문에 입양기관이 영리성을 띠는 방향으로 변화할 수밖에 없다는 것이다. 즉, 국내입양 수수료가 입양대상아동의 양육비에 미치지 못하기 때문에 입양기관은 어려운 재정을 국외입양에 의한 지원금 또는 찬조금으로 보충하게 되는 것이다. 이렇게 입양기관이 국외입양에 의한 지원금 및 찬조금으로 재정의 부족을 보충하려는 상황에서는 정부

가 아무리 국내입양을 강조한다 하더라도 국내·외 입양의 결정은 선별적으로 이루어질 수밖에 없으며 국내입양의 활성을 기대한다는 것은 어려울 것이다.

구체적으로 요약하면 다음과 같다.

- 혈연중심적 가치와 친권 위주의 제도로 인해 입양이 방치되거나 호적상의 성을 고칠 수 없음
- 입양에 대한 사회적 낙인을 피하려는 비밀 입양
- 입양 가정에 대한 입양지원제도의 미비
- 입양 수수료(알선비용)에 의해 기관이 운영되어 재정이 취약함

2. 입양사업의 개선방안

1) 입양대상 아동의 발생 예방

① 미혼모 발생 예방 및 장애아동 발생 예방(성교육 강화 및 신생아에 대한 각종 검사 실시)

② 아동 양육을 원하는 미혼모를 위한 보육정책과 미혼모의 아동유기에 대한 산전교육 및 보호시설을 통한 지원 확대

③ 요보호임산부에 대한 숙식시설 및 의료서비스를 제공하는 등의 사회복지서비스를 강화

④ 이혼으로 인한 입양아동을 줄이기 위해서는 올바른 결혼관 확립교육과 부모로서의 책임을 다할 수 있도록 법적인 감시기능 강화

⑤ 결손가정의 아동들이 편부, 편모에게서 성장할 수 있도록 정부의 양육지원 및 보육제도 마련

⑥ 빈곤가정의 장애아동 양육을 위한 의료시설 확충 및 장기지원책 마련

⑦ 입양이 어려운 장애아동의 보호를 위한 특수보호시설 마련

2) 입양과 관련된 법규의 정비

입양특례법 제15조에서 입양의 효력은 「가족관계의 등록 등에 관한 법률」에서 정한 바에 의하여 '신고'함으로써 생긴다고 규정하고 있는데, 「가족관계의 등록 등에 관한 법률」에 의한 입양은 몇 가지 필요한 서류만으로 가능하므로 입양아동의 대부분이 친자로 신고되고 있어 불법적 개인입양의 여지를 마련해 주고 있는 실정이다. 국내에서 불법 개인입양은 입양 알선 기관으로 인가받지 않은 산부인과의원이나 조산소 등에 의해 이루어지고 있는데 이렇게 비전문인들에 의해 아동이 입양된 경우에는 입양아동의 안전과 복지를 보장할 길이 없게 된다.

불법적인 개인입양을 규제하기 위한 제도적 정비의 강화를 위해서는 이러한 불법입양에 참여하거나 협조하는 자에 대한 정부의 강한 처벌이 요구된다. 입양특례법 제44조의 불법 입양 시 처벌규정에서는 입양 알선업무를 행한 자에 대해서만 3년 이하의 징역 또는 3,000만 원 이하의 벌금에 처한다고 규정되어 있는데, 처벌 대상자로서는 불법개인입양에 직접 관여하여 입양을 알선하는 자는 물론이고 불법적인 아동거래에 직접적으로 참여하는 입양부모 및 친부모 모두가 포함되어야 할 것이다.

3) 입양사업에 대한 정부지원의 강화 및 홍보의 전문화

입양기관의 운영에 있어서 가장 큰 문제점은, 입양기관에 대한 재정보조가 제대로 이루어지지 않아 이들 기관이 입양수수료에 의존하여 운영되고 있다는 점이다. 우리나라의 입양에 관한 예산은 아동복지 예산의 5% 내외로서 국내입양지정기관의 입양 알선사업 운영에 대한 재정보조의 수준이다. 국내입양의 활성화를 위해서는 입양전문기관들이 국내입양사업에 주력할 수 있도록 전폭적인 지원을 해야 하며 국내 입양비에 대한 현실화가 필요하다.

4) 입양 후 사후관리를 위한 대책 강화

입양특례법에서는 사후관리에 대한 입양기관의 의무를 규정하고 있다. 입양 후 서비스는 입양가정이 성공적으로 기능하도록 하며 입양아동이 잘 성장하도록 지원하게 한다. 이를 위해서 입양기관에서는 사후관리를 위한 창구를 개설하고 상담요원의 배치는 물론, 관계되는 서류를 영구적으로 보관하는 일이 필요하다. 국외 입양인들에 대한 정보 관리와 이들이 뿌리 찾기를 위해 입국했을 때 효과적으로 지원할 수 있는 체계 마련이 필요하며 같은 차원에서 국내입양아들의 정체성 찾기를 지원하는 사후 서비스도 강화해 나가야 한다. 사후관리가 실질적으로 충실하게 이루어지기 위해서는 입양아동의 복지에 관한 전문 입양사회복지사의 보고서가 없이는 입양의 마지막 단계인 입양종결이 이루어지지 않도록 하여야 하며, 입양사후지도를 받지 않으면 입양된 자녀의 호적입적이 가능하지 않도록 함으로써, 아동복지를 저해하는 개인적인 불법 개인입양을 차단할 수 있을 것이다.

5) 국내입양에 대한 국민의식의 개혁

우리 사회에는 아동에 대한 권익보장을 국가 및 사회가 지켜주어야 한다는 인식이 확고하게 정착되어 있지 못하고 아동복지에 대한 인식이 부족하기 때문에 입양을 아동복지를 위한 것으로 보기보다는 부부간의 문제나 가족 내의 문제 해결의 수단으로 보는 경향이 많다.

입양이 부모중심이 아닌 아동중심으로 이루어지기 위해서는 입양아와 입양부모, 입양기관의 합리적이고 조화로운 운영도 중요하지만, 이를 둘러싸고 있는 사회적 관념과 국민들의 의식이 '입양'을 어떻게 받아들이느냐가 더욱 중요하다.

그동안의 우리나라의 입양정책은 사회의 입양에 대한 부정적 태도, 부모 및 가족 위주의 입양 등의 사회인식을 전환시키려는 노력이 부족한 채 입양기관의 실적 위주로 전개되어 왔다. 따라서 앞으로의 국내입양정책에는 혈연 위주의 인식 극복과 함께 입양 및 아동복지에 대한 사회적 인식을 변화시킬 수 있는 국가적 노력이 무엇보다도 필요하다고 하겠다.

6) 국외입양을 위한 사후 프로그램 대책

한국소개 책자, 모국방문 지원 프로그램, 한국어 연수, 한국문화 체험 프로그램 등 실시, 입양정보센터를 통한 친부모 및 친인척 찾기 프로그램 추진, 그 외 공개입양 지원이나 위탁가정 제도의 활성화 등이 있다.

3. 입양아동을 위한 복지 실천방향

1) 입양아동을 위한 정체감 형성을 위한 다양한 프로그램의 개발

입양아동은 심각한 분리를 경험하고, 특히 연장아동의 경우는 입양 후 지속적 상담과 심리치료가 제공되어야 한다. 더불어 입양아동의 발달단계에 맞추어 본인이 입양된 사실을 이해하면서 자아정체감을 잘 형성할 수 있도록 상담서비스가 제공되어야 한다. 입양부모 자조집단인 한국입양홍보회는 매년 입양아동을 위한 캠프를 통해 입양아동이 또래 선후배 입양아동과 접촉하면서, 자연스럽게 입양됨을 이해하도록 돕고 있다.

2) 입양가족 생애주기에 따른 입양부모 역량강화 프로그램 제공

입양부모 역시 불임, 부모역할, 친부모 찾기에 대한 불안 등으로 인한 심리적 문제를 경험하고 있으므로, 입양 전후에 입양가정의 적응을 도울 수 있는 상담서비스가 제공되어야 한다. 이러한 상담서비스는 입양기관과 입양부모 자조집단에서 제공할 수 있으며, 입양가족의 생애주기에 따라 발생할 수 있는 입양자녀와 애착형성, 입양 공개, 입양자녀의 뿌리 찾기 등 다양한 문제에 대처할 수 있도록 입양부모 가이드북 등이 지원되도록 해야 할 것이다.

3) 친부모를 위한 상담 및 진로 개발 프로그램 제공

친부모에게도 친부모에게 필요한 사회복지서비스에 대한 정보를 제공하여야 하고, 입양 과정에서 입양아동, 입양부모와 함께 친부모의 권리도 보장되어야 하며, 입양 후 겪게 될 심리적 문제에 대한 상담과 치료서비스가 제공되어야 한다. 특히 입양을 선택한 미혼모들은 자신의 불확실한 장래와 진로 때문에 많은 스트레스를 겪고 있으므로(김만지, 2000), 이들을 위한 진로 개발 프로그램을 개발하여 제공할 필요가 있다.

요 약

1. 입양의 정의

부모가 양육하기 곤란한 아동들에게 영구적으로 새로운 가정과 부모를 제공해 주는 과정이다.

2. 목 적

가정에서 제대로 양육되지 못하는 아동, 또는 친부모가 없는 아동들이 건전 육성될 수 있는 새로운 가정과 부모를 만나게 해줌으로써, 궁극적으로 아동복지를 달성하기 위함이다.

연습문제

01 입양특례법에서 규정하는 입양대상에 해당하는 요보호아동이 아닌 것은?

① 부모가 보호시설에서 보호를 의뢰한 아동
② 기타 부양 의무자를 알 수 없는 아동으로 보호시설에 의뢰한 자
③ 입양기관에 다른 가정으로 입양을 원한다고 지원서를 낸 아동
④ 법원에 의해 친권상실을 선고받은 아동으로 보호시설에 의뢰한 자
⑤ 보호자로부터 이탈된 아동으로 부양 의무자를 확인할 수 없어 보호시설에 보호 의뢰된 자

02 다음 설명에 맞으면 ○표 틀리면 ×표 하시오.

① 입양절차에 있어서 양부모가 입양을 신청하기 전에 입양에 대한 부부간의 합의가 이루어져야 한다. (　　)
② 독립입양의 문제점은 입양으로 인한 제도적 혜택을 전혀 받지 못하며 아동이 문제가정에 입양될 위험이 있다. (　　)
③ 가정위탁보호사업은 위탁가정의 요구에 따라 위탁보호를 제공해야 한다. (　　)
④ 장애 입양아동은 어느 병원에서든지 무료진료를 받을 수 있다. (　　)

03 토론 : 우리나라에서 국내입양이 활성화되지 않는 원인을 살펴보고 활성화 방안을 제시해 보시오.

정답	1. ③　2. ○/○/×/×

제 9 장

가정위탁서비스

제9장 가정위탁서비스

제1절 가정위탁서비스의 개념과 역사

1. 가정위탁서비스의 정의

아동은 자기가 태어난 가정에서 가족과 함께 성장·발달하여야 한다. 불행히도 가정 내 여러 사정으로 정상적인 부모·자녀 관계를 유지하기가 불가능한 경우에는 대리가정으로 하여금 가정의 역할을 수행하게 하여야 할 때가 있다. 이 대리가정은 시설에 의한 양육보다는 아동의 성장·발달을 위하여 보다 바람직하다는 이념에서 실시되고 있다. 특히 미국에서는 1960년대 시설의 많은 부작용으로 인하여 탈시설화 운동이 강력히 대두되었으며 그것에 대한 대안으로서 가정위탁보호사업이 장려되었다.

가정위탁은 아동이 가정 내외의 여러 가지 요인으로 친가정에서 양육될 수 없을 때, 아동이 건강하게 성장할 수 있도록 친가정의 역할을 대신해서 일시적으로 아동을 보호, 양육하는 가정을 말한다. 가정위탁은 입양이 바람직하지도 않고 불가능할 경우 다른 가정에서 일정한 계획된 기간 동안 브호와 양육을 받는 대리보호를 말한다. 즉, 하루 24시간 내내 친부모가 아닌 다른 부모의 가정에 의해서 대리보호를 받는 여러 종류의 양육을 의미한다.

① 위탁보호란 친가정에서 양육될 수 없으나, 입양될 수도 없는 경우에, 일정한 시간 동안 주어지는 대리보호서비스이며 아동이 자기 가정에서 양육될 수 없을 때 입양이 바람직하지도 않고 불가능할 경우 일정 기간 동안 친부

모가 아닌 다른 부모의 가정에 의해서 대리보호를 받는 것을 말한다(CWLA : Child Welfare League of America).

② 가족붕괴나 결손가정으로 아동양육이 어려울 경우, 아동유기나 학대의 위험이 있는 경우 시행한다.

③ 아동에게 가족과 부모는 매우 중요하므로 위탁 가정을 통해 가정에 존속시키도록 배려해야 한다.

2. 위탁아동이란

위탁아동은 부모의 이혼, 가출, 학대, 방임, 유기, 빈곤 등으로 인해 가정이 없거나 자신의 가정에서 친부모로부터 보살핌을 받기 어려운 경우 일시적으로 부모를 대신해서 보살펴 줄 가정이 필요한 아동이다.

3. 가정위탁보호의 궁극적인 목적

부모(부양의무자)로부터 일탈된 아동이 부모에게 다시 돌아갈 때까지 가정적인 분위기에서 건강하게 성장하도록 보호하며 빠른 시일 내에 보호자에게로 돌아가거나 다른 좋은 가정에 입양되도록 돕는 데 있다. 따라서 친부모가 친권을 포기해야 하는 입양제도와는 달리 일차적으로 아동이 원가정으로 복귀하도록 하는 데 목적이 있으며, 시설에서 성장하거나 소년소녀가정으로서 방치되는 일이 발생하지 않도록 노력한다.

4. 가정위탁보호의 특징

① 일정 기간 동안에만 양육된다

입양과는 달리 일정 기간 동안에만 양육된다. 기간은 위탁아동의 가족 사정에 따라 달라진다.

② 타인의 가족에서 양육되는 것을 의미한다

아동이 친부모와 함께 살지 못하고 다른 사람의 가정에서 양육되는 것을 의미한다. 전혀 관계가 없는 가정일 수도 있고, 친척 관계가 있는 가정일 수도 있다.

③ 가정위탁지원센터와 함께 양육된다

지극히 개인적으로 이루어지는 일이 아니라 가정위탁지원센터에서 계획하여 실시하는 일에 참여하는 것이다. 소정의 교육을 받고 아동의 실제적인 양육에 있어서도 가정위탁지원과 관련한 센터와 긴밀한 관계를 갖게 된다. 사회복지기관에서 양육에 필요한 조언이나 도움을 주고 전반적인 과정을 지도한다.

5. 가정위탁보호가 어려운 경우

아동의 가정위탁에는 부모나 후견인이 사회복지사와 협의를 거쳐 아동을 가정이나 시설에 위탁하는 자발적 위탁과, 아동의 비행으로 가정법원의 판결이 있는 경우, 학대방임 피해아동이나 부모가 친권을 포기한 아동 등 법원에 의해 가정위탁이 명령된 비자발적 위탁의 두 가지가 있다.

그러나 가정위탁보호가 언제나 최선의 방책은 아니어서 다음과 같은 몇 가지 경우에는 가정위탁보호가 어렵다(김익균 외, 2005).

첫째, 아동이 지역사회에서 인정될 수 없는 행동의 문제를 가지고 있을 경우나, 혹은 아동이 자신의 가족 구성원의 삶에 위험이 될 수 있는 문제를 지니고 있을 경우이고, 둘째, 본래의 아동부모가 가정위탁에 반대할 때인데, 이때 그 반대는 아동이 타 위탁가정에 파기적인 요인이 될 수 있다고 판단될 경우이며, 셋째, 위탁가정에서 생길 수 있는 부모에 대한 영상과 자기 본래의 부모에 대한 영상이 분리됨으로써 혼란이 일어날 위험이 있는 경우이다. 넷째, 많은 아동들 사이에 아동을 두는 것이 좋지만 그와 같은 상황에 있는 가정을 찾기 어려울 경우나, 혹은 매우 짧은 기간 동안 대리적 보호가 필요한 경우이며, 다섯째, 아동의 장애가 그 가정이나 혹은 지역사회가 제공할 수 없는 특수한 보호나 훈련이 요구되는 경우이다.

6. 역사적 배경

① 1852년 뉴욕의 아동구호협회(New York Childrens Aid Society)가 최초로 위탁가정서비스를 실시하였다.

② 1909년 제1차 백악관회의 : 바람직한 아동의 보호제도로 권장

③ 1961년 한국은 아동복지법 공포 이후, 시설아동을 일반가정에 장기위탁보호 실시

제2절 가정위탁보호사업의 유형

1. 가정위탁보호사업의 유형

1) 대리양육서비스

요보호아동의 보호자나 그 연고자의 가정에서 보호 양육하게 하는 것이다.

2) 위탁보호서비스

(1) 유료위탁

사회기관으로부터 양육에 따른 수고비를 받는 위탁가정으로, 우리나라는 입양

알선기관에서 입양아동을 대상으로 입양 전 보호기간 동안 유료위탁을 실시한다.

(2) 장기위탁

친권자에게 돌아갈 수 없어 영구적인 가정생활을 제공해야 하나, 입양부모의 수가 부족해 입양하기 어려운 경우 실시한다.

(3) 전문적 위탁

심한 정서적 문제로 인해 행동이 불안하지만, 가정에서 도움을 받을 수 있는 아동을 위한 것으로서, 서비스에 대한 보수가 높고, 양부모는 단순한 부모가 아닌 치료팀의 일원으로 높은 수준의 인격을 갖출 필요가 있다.

(4) 무료위탁

가정위탁 보호사업의 효시로 자선적 차원에서 이루어지는 것이다.

(5) 고용위탁

아동이 숙식을 제공받고 추가적으로 임금도 받을 수 있는 것과 노동의 대가로 숙식만 제공받는 두 가지 형태가 있다. 우리나라의 경우에는 근로기준법에 의해 15세 이상의 아동만이 대상이 된다.

(6) 집단 위탁

같은 성별의 아이들을 4~12명으로 구성하여 한 가정에서 보호・양육하는 것으로 작은 시설, 확대된 가정과 같은 형태이다. 청소년선도나 정서장애아동, 사회나 본 가정으로 복귀하기 직전의 아동에게 효과적이다.

(7) 입양위탁

입양수속중인 아동을 일시적으로 보호하는 위탁의 형태이다. 우리나라에서는 국외입양 아동을 대상으로 입양위탁을 실시한다.

(8) 우리나라의 가정위탁 유형

- 대리양육 가정위탁 : 친조부모, 외조부모에 의한 양육
- 친 · 인척 가정위탁 : 친조부모, 외조부모를 제외한 친 · 인척에 의한 양육(민법에 의한 8촌 이내의 혈족 등에 의한 양육)
- 일반 가정위탁 : 일반인에 의한 가정위탁

3) 구성요소

가정위탁 보호사업의 실시에 따른 구성 요소를 카두신(Kadushin)은 지역사회, 기관, 위탁아동, 위탁부모, 친부모로 나누어 그 관계를 다음 |그림 9-1|과 같이 도식화해 본다.

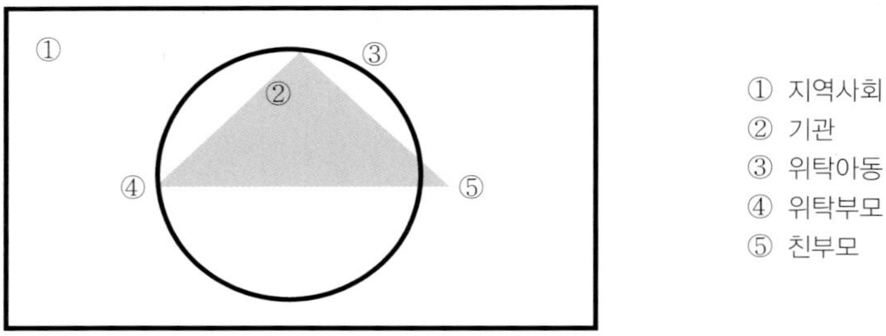

|그림 9-1| 아동 위탁사업의 구성요소

출처 : 김의영(1999). 아동복지론, p. 213.

위탁부모는 아동과 그의 친부모와 관계를 맺으며 친부모도 역시 아동과 위탁부모와 관계를 형성한다.

이렇게 하여 아동은 양가 부모와 관계를 맺게 되고 아울러 이들 세 요소는 위탁의 실시에 있어서 각기 독자적인 영역을 보유하게 된다. 기관은 위탁의 전 과정에 참여하여 아동, 친부모, 위탁부모에게 계속적인 서비스를 제공하게 되는데, 주변 지역사회의 특별한 여건들이 이 과정에 영향을 주게 된다.

이들 요소 중 위탁아동, 친부모, 위탁부모, 사회복지사와 사회복지기관에 대하여 살펴보면 다음과 같다.

(1) 위탁아동

위탁아동은 친부모에 대한 증오와 거부감, 위탁가정에 기대와 두려움을 가지는 경우가 많으므로 정서적 특성을 고려하여 시간이 지나면 친권자에게 돌아갈 수 있다는 희망과 확신을 주고 위탁가정에 대한 준비를 갖게 하는 것이 바람직하다.

(2) 친부모

자녀의 위탁으로 친부모는 심리적으로 좌절되거나 실의에 빠지게 되는 경우가 많으므로, 친부모의 상황과 감정을 이해하고 있음을 알리고 양육의 부담에서 잠시 벗어나 문제를 해결하도록 격려하여야 한다.

(3) 위탁부모

위탁부모는 합리적인 양육관과 윤리평가기준을 갖추고, 이해력이 풍부해야 하며, 기관의 협조체제를 잘 받아들이며 아동을 배려해야 한다.

(4) 사회복지사와 사회복지기관

사회복지기관과 사회복지사는 위탁부모와 위탁아동, 친부모의 관계가 조화롭게 잘 유지될 수 있도록 해야 한다.

2. 아동위탁서비스의 기본 원리

1) 가정위탁보호가 필요하게 된 원인

가정위탁보호가 필요한 원인은 아동적 요인과 가정적 요인으로 나누어 볼 수 있으며, 〈표 9-1〉에서 보는 바와 같이 사회적 보호가 필요한 아동의 발생원인은 비행, 가출 등 아동 요인에 의해 발생한 경우보다 부모의 빈곤·실직·학대, 미혼모 아동, 기아 등의 부모 요인으로 발생한 경우가 더 많은 것으로 나타나고 있다.

또한 〈표 9-2〉에서 보는 바와 같이 아동을 위탁하는 원인은 부모의 이혼, 가출, 재혼이 59.6%로 부모 요인으로 발생한 경우가 가장 높게 나타났다.

(1) 아동과 관련하여 여러 가지 어려움이 발생한 경우

아동의 신체적 장애, 지적 지체, 사회적인 일탈행위, 정서적 혼란 등으로 가정에서 일시적으로 보호할 수 없는 상황

(2) 부모와 관련된 여러 가지 어려움이 발생한 경우

부모의 사망, 이혼, 별거 등의 가족해체, 신체적 또는 정신적 질병, 아동에 대한 부모의 학대, 적절한 재정적 자원의 결핍으로 아동에게 적절한 보호를 제공할 수 없을 경우

〈표 9-1〉 보호를 필요로 하는 아동의 발생유형

(단위 : 명)

연도	계	요보호아동의 발생 유형				
		기 아	미혼모 아동	미 아	비행, 가출, 부랑아	빈곤, 실직, 학대 등 기타
2012	6,926	235	1,989	50	708	3,944
2013	6,020	285	1,534	21	512	3,668
2014	4,994	282	1,226	13	508	2,965
2015	4,503	321	930	26	360	2,866
2016	4,592	264	856	10	314	3,148

출처 : 보건복지가족부(2017). 요보호아동현황보고.

〈표 9-2〉 가정위탁 의뢰 사유

(단위 : 명, %)

계	부모 모두 사망	부 또는 모의 사망	별거/가출	부모 질병	부모 수감	이혼	실직·빈곤	부모 장애	학대·방임	미혼모(부)/혼외 출생	시설 의뢰	기타
14,340	693	3,618	4,009	201	386	4,538	177	58	203	300	63	94
100.0	4.8	25.2	28.0	1.4	2.7	31.6	1.2	0.4	1.4	2.1	0.4	0.7

출처 : 보건복지가족부(2014). 중앙가정위탁지원센터.

2) 기본 방향

① 가정보호를 통해 요보호아동의 건전양육을 도모한다.

② 요보호아동에 대한 관심 확산으로 국내입양의 활성화 여건을 조성한다.

③ 위탁가정에 대한 다양한 지원책을 강구한다.

④ 시설병(hospitalization)[1]아동의 성격적 결함을 예방하고 아동의 건전한 인격형성과 성장·발전을 도모하기 위해 가정보호(home care)가 필요하다.

3) 위탁가정의 자격

위탁가정을 바르게 선정하는 것이 가정위탁의 성공을 좌우하는 요건이나, 요건을 너무 제한하면 위탁을 희망하고, 양육능력이 있는 많은 가정이 배제될 수 있다.

예를 들면, 자녀가 없는 가정이 봉사 차원으로 위탁가정을 희망하는 경우, 부부 모두 시간제 근무를 하고 있으나 재정적, 정서적으로 아동양육의 능력이 있는 경우 등을 말한다. 따라서 위탁가정의 선정요건은 시, 군, 구의 위탁가정 선정업무를 돕기 위하여 행정지도 차원에서 제시한 것이며, 구체적 결정은 시장, 군수, 구청장이 하여야 한다.

(1) 기본 요건(친척 · 일반인 공통)

- 가족에게 범죄, 가정폭력, 아동학대, 알코올·약물 중독 등의 기록이 없을 것
- 건강진단서 등을 확인(전염성질환, 정신질환이 없을 것)

(2) 일반인에 의한 위탁보호의 요건

- 위탁가정으로 적합하다는 2인 이상의 이웃, 공립아동상담소 또는 가정위탁사업을 하는 단체(수양부모회, 한국복지재단)의 추천이 있을 것

---

1) 시설병 : 아동이 수용시설이나 병원 등에서 장기간 가정과 떨어져서 양호를 받게 되면 나타나는 심신의 발달장애를 총칭하는 것이다.

- 위탁가정의 아동 수는 자신의 자녀를 포함하여 4명을 초과하지 않아야 하며, 성별에 따라 별도의 방이 있어야 함
- 결혼하였고 아이를 키워본 경험이 있는 가정을 원칙으로 함
- 한국수양부모회, 한국복지재단 등에서 실시하는 위탁보호에 필요한 교육 이수를 원칙으로 함
- 대상아동이 형제인 경우는 같은 가정에 위탁하는 것을 원칙으로 함
- 위탁가정을 바르게 선정하는 것이 가정위탁의 성공을 좌우하는 요건이나, 요건을 너무 제한하면 위탁을 희망하고, 양육능력이 있는 많은 가정이 배제될 수 있음

(3) 위탁아동 사후관리

① 요보호아동 발생지와 위탁가정의 소재지가 같을 경우 관할 시장, 군수, 구청장은 위탁가정을 방문하여 아동의 적응상태 및 양육실태를 파악하여, 양육상 애로사항이 있을 경우 필요한 지원을 하거나 위탁가정을 변경 조치하여야 한다.

② 요보호아동 발생지와 위탁가정의 소재지가 다른 경우 다음과 같이 업무를 분담할 수 있다.

- 요보호아동 발생지 관할 시장, 군수, 구청장은 위탁아동에 대한 지원(생계, 교육, 의료보호)을 실시하여야 한다.
- 위탁가정 소재지 관할 시장, 군수, 구청장은 위탁가정 방문 및 아동 양육상태를 파악하여 별도 조치사항이 요구될 때에는 운영기관의 소재지 관할 시장, 군수, 구청장에게 통보하도록 한다.

(4) 양친의 자격(Hazel Fredericksen, 1948)

① 확고한 인생철학, 건전한 도덕적·윤리적 규준 및 정신적 가치를 가지고 있어야 한다.

② 아동의 퍼스낼리티의 정서적 결함을 채워줄 수 있을 정도로 민감해야 하며 이해력을 가지고 있어야 한다.

③ 그 아동을 수준에 맞게 다룰 수 있어야 한다(과거의 기록을 참작하여 보살펴야 한다).

④ 행동이나 퍼스낼리티의 결함을 다룸에 있어서 기관의 도움을 기꺼이 활용할 수 있어야 한다.

⑤ 아동의 활동과 진전에 관심을 두고 있어야 하며, 필요할 때 언제나 도움과 지지를 해줄 용의를 갖추고 있어야 한다.

4) 가정위탁보호의 절차

(1) 운영기관

- 공립아동상담소장, 요보호아동 보호 시설장, 입양기관장
- 위탁기간 : 1년의 범위 안에서 위탁보호기간 결정(연장 시 1개월 전에 시장, 군수, 구청장에게 연장 승인 필)

(2) 위탁아동 선정

우리나라의 경우 근거법령 : 보호대상아동(아동복지법 제3조)

① 보호아동

18세 미만의 아동(18세 이상인 경우에도 고등학교 재학 중인 아동은 포함)으로서 보호자가 없거나 보호자로부터 이탈된 아동, 아동을 학대하는 경우 등 그 보호자가 아동을 양육하기에 적당하지 아니하거나 능력이 없는 경우의 아동

② 보호연장가능아동

보호조치 중인 18세 이상 아동 중 요건에 해당하면 위탁보호기간을 연장 가능하다(아동복지법 제16조).

(3) 위탁가정 선정 및 교육

① 위탁부모의 모집 : 신문, 책자, 각종 방송매체 등의 홍보활동을 통해 모집

② 위탁부모교육 내용

〈표 9-3〉 위탁부모교육 내용

교육유형	대 상	내 용
사전교육 (8시간)	일반 위탁가정 부모교육	① 제1강 : 가정위탁사업의 이해와 절차 ② 제2강 : 위탁아동의 특성과 위탁양육의 실제 ③ 집단 프로그램 : 위탁 사례 발표, 질의응답
	친인척위탁가정 부모교육	① 제1강 : 가정위탁사업의 이해와 절차 ② 제2강 : 위탁아동의 특성과 부모역할 ③ 집단 프로그램 : 효과적인 부모역할의 실제
	대리양육가정 부모교육	① 제1강 : 가정위탁사업의 이해와 절차 ② 제2강 : 위탁아동의 특성과 양육방법 ③ 집단 프로그램 : 아동문제행동의 대처방법 및 양육기술 훈련
보수교육(8시간)		① 위탁부모의 역할과 의무 ② 문제행동의 원인과 대처방법 ③ 효과적인 부모-자녀 관계 및 대화기술 ④ 위탁 관련 행정, 법률, 지침의 이해 ⑤ 집단 프로그램(위탁양육 사례, 질의 응답)

출처 : 중앙가정위탁지원센터(www.forstercare.or.kr).

(4) 위탁아동 배치 및 사후관리

① 위탁가정에 아동을 배치할 때 가장 중요한 것은 아동에게 안정된 가정 분위기와 행복의 기회를 갖도록 하는 것이다. 따라서 아동의 행복과 안정의 욕구를 잘 충족시켜 줄 수 있는 자격을 갖춘 위탁가정을 선정하여 배치하여야 하며, 위탁된 아동의 양육 상황을 조사, 점검하고, 위탁아동, 위탁부모, 친부모와 긴밀한 관계를 갖고, 그들이 가지고 있는 문제를 해결할 수 있도록 사후관리를 해야 한다.

② **위탁가정에 대한 사후관리 담당** : 아동복지지도원, 아동위원, 관련 공무원 및 가정위탁지원센터 직원이 담당한다.

③ **일반위탁 및 신규 대리양육가정** : 위탁보호 초기 3~6월 이내는 매월 방문, 이후는 분기별 1회 이상 방문 및 전화연결을 통해 아동양육 실태 및 적응을 파악 지도한다.

④ 친인척 또는 일반인에 의한 위탁가정에서 보호 중인 아동에 대해 읍, 면, 동 사무소 사회복지전담공무원과 협조하여 국민기초생활보장법 제10조에 의한 생계급여 수급 여부를 확인한다.

(5) 위탁보호의 종결

위탁이 종결되면 아동은 친가정이나 입양가정으로 보낸다.

신 청	아동 및 위탁 가정환경 조사	가정위탁보호 결정·통보	사례관리	가정위탁보호 종결
보호필요아동 의뢰	**① 읍·면·동**	**시·군·구**	**읍·면·동 & 시·군·구 & 가정위탁지원센터**	**시·군·구 & 가정위탁지원센터**
(신청) 친권자, 후견인, 아동을 보호·양육·교육하거나 그러한 의무가 있는 자 또는 업무·고용 등의 관계로 사실상 아동을 보호·감독하는 자가 관할 아동거주지 시·군·구 또는 읍·면·동에 신청	**(조사·상담)** 아동과 위탁보호 희망자(조부모, 친·인척 등) **(서식작성)** –가정위탁보호(대리양육) 신청서(시행규칙 별지 1호) –가정위탁보호(대리양육) 신청인 가정조사서(시행규칙 별지 2호) –보호대상아동 조사서(시행규칙 별지 3호) –아동카드(시행규칙 별지 4호)를 작성 –가정위탁보호동의서(지침 서식 2호) **(서식제출)** 시·군·구에 제출	**(위탁보호 결정)** 조사결과를 토대로 결정 **(결정 통보 및 관련 서류 발송)** 관할 가정위탁지원센터 통보 관할센터에 관련 서류(시행규칙 별지 1~4호) 7일 이내 발송	**(아동카드 관리)** 아동카드 기재·관리 **(상담 및 관리)** 위탁아동, 위탁가정, 친가정 상담 **(업무지원)** 복지서비스 제공 등 업무지원 **(교육)** 공무원, 종사자, 위탁부모교육	**(서식작성)** 시·군·구에 아동귀가 신청서(시행규칙 별지 5호) 제출 **(종결 또는 연장)** 시·군·구는 종결 또는 보호기간 연장 **(통보)** 가정위탁지원센터에 통보 **(사후관리)**
위탁보호 희망자	**② 시·군·구**			
(신청) 관할 아동거주지 시·군·구 또는 읍·면·동에 신청	**(위탁부모 범죄경력 조회)** 위탁부모 거주 소재지 관할 경찰관서의 장에게 범죄경력 조회 **(서식작성)** –범죄경력조회 요청서(시행규칙 별지 8호) –범죄경력조회 동의서(시행규칙 별지 9호) –범죄경력조회 회신서(시행규칙 별지 10호)			

|그림 9–2| 대리양육, 친인척 가정위탁 절차

출처 : 보건복지부(2017). 2017년 아동복지사업안내.

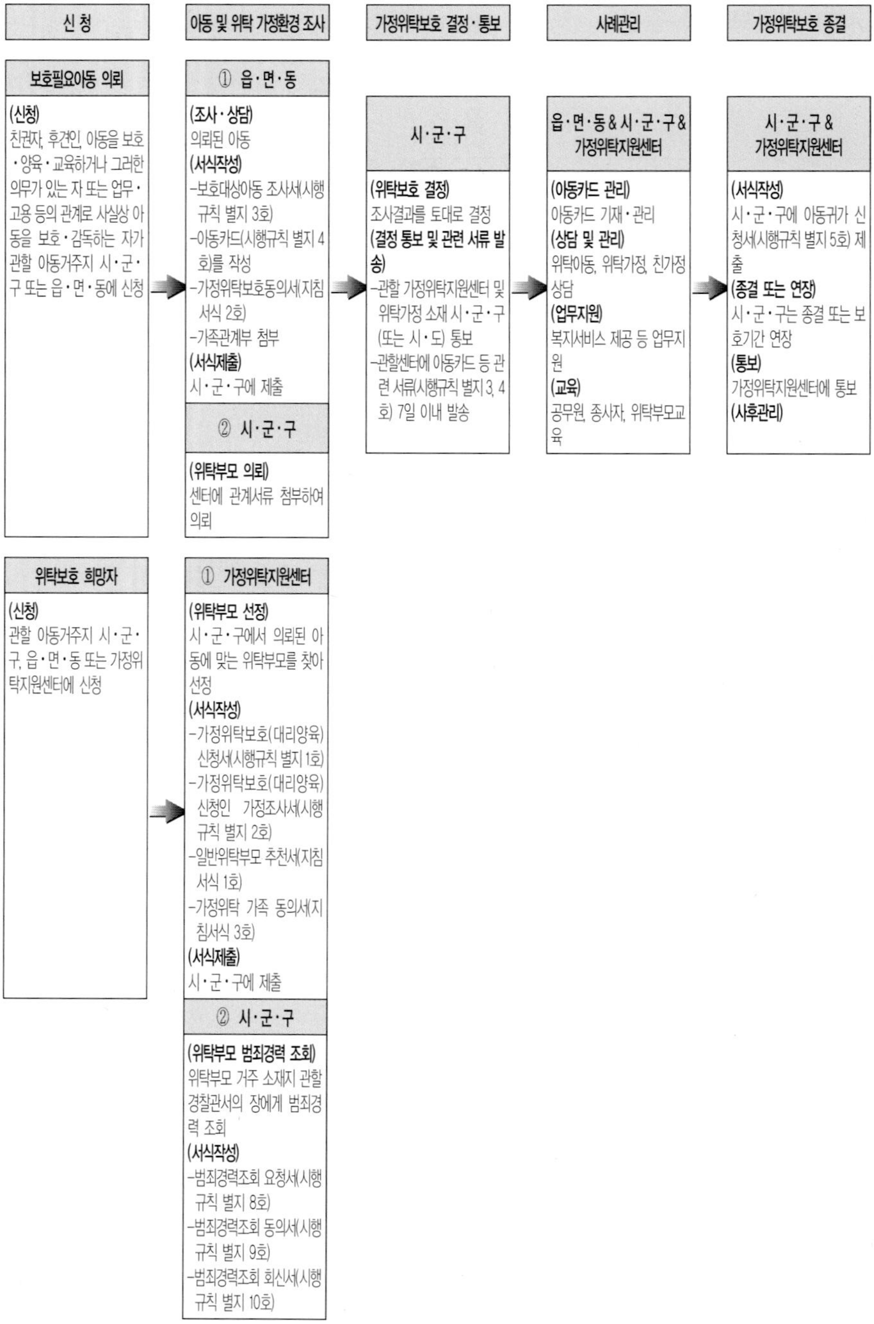

|그림 9–3| 일반 가정위탁 절차

출처 : 보건복지부(2017). 2017년 아동복지사업안내.

제3절 가정위탁 현황

1. 가정위탁 현황

보건복지부에서는 2000년 1월 아동복지법 개정으로 가정위탁보호제도를 도입하고, 2003년부터 전국 17개의 가정위탁지원센터를 설립·운영하고 있다. 이에 2016년 위탁가정 현황은 〈표 9-4〉, 〈표 9-5〉에서 보는 바와 같이 전국적으로 12,896명이 위탁가정에서 양육되고 있는데, 대리양육가정에 위탁된 아동은 6,642세대(65.1%)에서 8,578명(66.5%)으로 가장 높게 나타났으며, 그다음으로 친인척에 의해 양육되고 있는 아동이 2,773세대(27.2%), 3,348명(26%)을 차지하였다. 그에 반해 일반가정에 위탁된 아동은 782세대(7.7%), 970명(7.5%)에 불과한 것으로 조사되었다.

〈표 9-4〉 연도별 위탁유형별 아동 수

(단위 : 명)

연 도	계	대리양육아동	친인척위탁아동	일반위탁아동
2012	14,502	9,732	3,831	939
2013	14,596	9,776	3,843	977
2014	14,385	9,550	3,816	1,019
2015	13,728	9,127	3,556	1,045
2016	12,896	8,578	3,348	970

출처 : 보건복지부(2017). 가정위탁국내입양소년소녀가정현황.

〈표 9-5〉 연도별 위탁유형별 세대 수

(단위 : 세대)

연 도	계	대리양육가정	친인척위탁가정	일반위탁가정
2012	11,030	7,230	3,037	763
2013	11,169	7,294	3,086	789
2014	11,077	7,162	3,089	826
2015	10,706	6,944	2,927	835
2016	10,197	6,642	2,773	782

출처 : 보건복지부(2017). 가정위탁국내입양소년소녀가정현황.

〈표 9-6〉 한국의 가정위탁 보호사업 현황

기관명	시작년도	보호기간	대상의 특수성	비 용	비 고
국내외 입양기관	1956. 3	35개월	1세 미만 (입양대상)	실비 (1일 11,000원 지급)	위탁모 초졸 이상
수양부모 협회	1998. 4	단기/ 장기	영아 18세	무보수	위탁아동을 동거인으로
한국복지 재단	1999. 2	단기/ 장기	영아 18세	생활보호 생계비 수준	위탁모 고졸 이상
정 부	2000년	만 18세 미만까지	15세 미만의 소년소녀가장	생활보호 생계비 지원	15세 이상 독립세대

2. 가정위탁 아동 및 가정에 대한 지원

1) 국민기초생활보장법에 따른 지원

위탁보호아동이 국민기초생활보호법에 의하여 수급자로 책정되면 생계비로 아동 1인당 약 25만 원과 교육비 및 의료 급여 등을 받을 수 있다. 위탁가정 소재지 시・군・구는 위탁보호 결정 아동에게 부양능력 있는 부양의무자가 존재하는 경우에도 실질적인 가족관계의 단절로 볼 수 있는 경우(2017 국민기초생활 보장사업안내-보장시설 생활자에 대한 수급권자 범위 특례 참조) 급여를 실시하도록 되어 있다. 또한 보호대상아동의 경우 아동복지법 제15조에 의해 보호조치된 경우(시설보호, 가정위탁보호 등) 실질적 가족관계의 단절로 볼 수 있으므로 생계・의료・교육 등의 해당 급여를 별도가구로 보장하는 개인단위로 실시하며, 가정위탁보호 아동의 국민기초생활수급자 선정기준으로서 부양의무자기준은 「2017 국민기초생활 보장사업안내」 보장시설 생활자에 대한 수급권자 범위 특례 적용을 하여, 특히 부모로부터 학대받은 아동의 경우 시장・군수・구청장은 부양능력 있는 부양의무자가 있어도 부양을 거부하거나 기피하는 것으로 인정하여 기초생활수급자로 보호하고, 위탁가정 소재지 시・군・구는 가정위탁보호 및 국민기초생활수급을 동시에 책정하도록 하고 있다.

2) 양육보조금

아동 1인당 월 150천 원을 지원하고 있으나 법원의 통상 양육비 산출액인 약 30만 원에도 현저하게 모자라 실질적으로 지원이라고 할 수 없는 실정이다.

3) 대리양육, 친인척 위탁 가정의 전세자금 지원

- 전세자금 지원 : 대리양육, 친인척위탁가정
- 대출대상주택 : 임차전용면적 85㎡ 이하인 주택
- 일반주택(5~8천만 원) 및 공공임대주택 임대보증금 지원

3. 가정위탁 서비스의 개선방향

1) 문제점

보호를 필요로 하는 아동을 위탁희망가정에서 보호할 수 있도록 하는 가정위탁의 법적 근거가 되어 있으나 대부분 시설보호 또는 소년소녀가정으로 지원하고 있어, 현재 가정위탁보호를 받는 아동 수는 적다고 나타나 있으며 시설보호는 가정보호보다 아동의 정서 및 욕구 충족에 있어 바람직하지 못하고 또한 소년소녀가정은 외부의 위해에 무방비하며 아동학대라는 지적도 있다. 또한 보호기간이 통산 1년 내이므로 조건이 맞지 않아 옮겨 다니며 불신, 고립, 배신감, 고독감 등의 가정위탁 후유증을 겪게 되기도 한다.

① 사회보장제도의 미비, 위탁보호를 위한 전문자원 부족
② 위탁가정의 경제적・상호적 여유가 없다면 서비스를 수행하기 어려움
③ 일시보호이며 위탁모의 학력이 낮고, 전문사회복지사의 지도가 필요
④ 일시보호임에도 불구하고 영구적인 보호가 되고 있음

2) 가정위탁 서비스에 대한 지원책

① 위탁아동의 생활보호대상자 선정 - 생계보호, 교육보호, 의료보호 실시

② 결연자 발굴 지원

③ 가정위탁보호사업에 대한 국민의 인식 제고

④ 위탁가정에 대한 지원 확대

⑤ 위탁가정에 대한 전문적 지원 강화

4. 가정위탁보호센터

보건복지부가 가정위탁사업 활성화를 위해 2003년도에 가정위탁보호 사업자로 지정한 비영리 사회복지기관으로, 부모의 이혼, 사망, 실직, 수감 등 여러 가지 이유로 아동이 친가정에서 자랄 수 없는 환경일 때 일정 기간(몇 개월~몇 년) 동안 일반가정에 위탁하여, 아동이 건전하고 바르게 자랄 수 있도록 도움을 주며, 의뢰자가 안정을 되찾으면 친 가정에 복귀시키는 것을 원칙으로 하며, 궁극적으로 가정해체를 막는 것을 목적으로 하고 있다. 이 기관에서는 사회복지전문요원이 주축이 되어 위탁가정의 발굴, 선정, 그리고 가정위탁사업의 홍보, 위탁가정 교육 등을 전문으로 추진하고 있다.

〈표 9-7〉 수양부모회와 한국복지재단의 위탁가정 요건

수양부모회	한국복지재단	검토의견
① 24시간 봉사할 자세와 건전한 인격 및 아동에 대한 애정을 가진 마음이 푸근한 사람 ② 결혼하였고 아이를 키워본 경험이 있는 사람 ③ 친자녀가 위탁아동보다 나이가 많아서 위계질서가 파괴되지 않고, 또래의 아동이 있는 가정이 우선(가급적 친자녀와 동성의 아동, 남아가 클	① 가계수입 확보 차원이 아닌 불우이웃 봉사 차원에서 건전한 인격과 아동에 대한 애정을 가지고 위탁을 희망하는 가정 ② 결혼 후 3년 이상 된 부부로 출산 및 자녀양육 경험이 있는 가정(부모 연령이 30~60세일 것) ③ 자신의 자녀를 포함하여 12세	① 봉사 차원에서 위탁을 희망하는 건전한 가정 ② 결혼하였고 아이를 키워본 경험이 있는 가정 우선 ③ 자신의 자녀를 포함하여 아동이 4명을 초과하지 않는 가정 ④ 아동보호·양육에 적절한 주거환경 및 주택(유해환경이 아니어야 하며, 아동의 성별에 따라 별도의 방을 확보할

경우 위탁여아는 7살 이상 차이를 둠) ④ 양육에 적절한 주거공간 (방 3개 이상) ⑤ 양부모 중 한 사람이 풀타임 직장을 가져, 재정적으로 안정된 가정 ⑥ 가족회의에서 전원 찬성을 얻어내고 수양부모 교육과정을 수료한 사람	미만의 아동이 4명을 초과하지 않는 가정 ④ 아동건전성장을 위해 유해한 환경에 노출되지 않은 주거환경 및 주택(친자녀와 위탁아동의 연령, 성별에 따라 별도의 방을 확보할 수 있을 것) ⑤ 위탁가정 가족의 건강이 양호하여야 하며 전염성질환, 정신질환 등 만성질환을 앓은 이가 없을 것 ⑥ 고교 이상의 교육수준	수 있을 것) ⑤ 위탁가정 가족에게 전염성질환이나 정신질환이 없을 것

〈표 9-8〉 수양부모회와 한국복지재단의 위탁대상아동의 요건

수양부모회	한국복지재단	검토의견
• 결손가정(실직, 이혼, 사망, 별거 등)의 아동 • 복지재단, 이웃사랑회, 시립아동상담소 등에서 의뢰한 학대아동	• 결손가정(이혼, 사망, 별거, 실직 등)의 아동 • 부모의 장기입원, 요양, 복역, 정신질환 등으로 보호가 필요한 가정의 아동 • 아동학대, 기타 사유로 인한 15세 미만의 아동(가감 가능)	• 정부의 가정위탁지원대상은 요보호아동임 • 민간단체에서 요보호아동이 될 가능성이 있는 아동까지 가정위탁보호 대상으로 하는 것은 예방 차원에서 바람직한 면이 있으나 거택브호 등 지원은 곤란함

〈표 9-9〉 전국 가정위탁지원센터 현황

기관명		주 소	연락처	홈페이지	운영법인
중앙	가정위탁 지원센터	서울특별시 마포구 백범로 119 원빌딩 2층	전화 : 02)796-1406 팩스: 02)790-7266	www.fostercare.or.kr	세이브더 칠드런코리아
서울	가정위탁 지원센터	서울특별시 양천구 화곡로 47 어린이재단 양천별관 4층	전화 : 02)325-9080 팩스 : 02)325-2664	www.seoul-foster.or.kr	초록우산 어린이재단
부산	가정위탁 지원센터	부산광역시 수영구 수영로 685 영동빌딩 9층	전화 : 051)758-8801 팩스 : 051)752-8810	www.busan.sc.or.kr	세이브더 칠드런코리아
대구	가정위탁 지원센터	대구광역시 서구 달구벌대로 375길 9-1, 2층	전화 : 053)656-2510 팩스 : 053)626-2510	www.dgfoster.or.kr	(사)한국수양 부모협회
인천	가정위탁 지원센터	인천광역시 부평구 부흥로 294번길 4 추인타워 8층	전화 : 032)866-1226 팩스 : 032)504-1226	www.idfoster.or.kr	초록우산 어린이재단
광주	가정위탁 지원센터	광주광역시 서구 대남대로 452 (농성동) 한림빌딩 5층	전화 : 062)351-1206 팩스 : 062)351-2206	www.gjw.or.kr/foster	초록우산 어린이재단

대전	가정위탁 지원센터	대전광역시 중구 보문로 246 대림빌딩 804호	전화 : 042)242-5240 팩스 : 042)242-5280	www.djfoster.or.kr	(사)한국수양 부모협회
울산	가정위탁 지원센터	울산광역시 남구 중앙로 216 안강빌딩 4층	전화 : 052)286-1548 팩스 : 052)286-4675	ulsan.goodneighbors.kr	굿네이버스
경기	가정위탁 지원센터	경기도 수원시 영통구 영통로 214번길 9 서린프라자 7층	전화 : 031)234-3980 팩스 : 031)234-2353	www.ggfoster.or.kr	초록우산 어린이재단
경기 북부	가정위탁 지원센터	경기도 의정부시 평화로 635 미림프라자 304호	전화 : 031)821-9117 팩스 : 031)840-2828	www.kgfoster.or.kr	(사)한국수양 부모협회
강원	가정위탁 지원센터	강원도 춘천시 후석로 379번길 27, 2층	전화 : 033)255-1406 팩스 : 033)757-1407	www.foster-gangwon.or.kr	YMCA
충북	가정위탁 지원센터	충청북도 청주시 흥덕구 서현중로 66, 404호	전화 : 043)250-1226 팩스 : 043)238-7757	www.cbfoster.or.kr	세이브더 칠드런코리아
충남	가정위탁 지원센터	충청남도 천안시 서북구 두정중10길 8 희망빌딩 4층	전화 : 041)577-1226 팩스 : 070)5005-4699	www.fosterservice.or.kr	초록우산 어린이재단
전북	가정위탁 지원센터	전라북도 전주시 완산구 팔달로 232 청목빌딩 6층	전화 : 063)288-7770 팩스 : 063)288-7780	www.jbfc.or.kr	세이브더 칠드런코리아
전남	가정위탁 지원센터	전라남도 목포시 해양대학로 28	전화 : 061)279-1225 팩스 : 061)245-1524	www.jnfoster.org	공생복지재단
경북	가정위탁 지원센터	경상북도 경산시 경산로 139, 2층	전화 : 053)813-3953 팩스 : 053)812-3953	www.gbfoster.or.kr	(사)한국수양 부모협회
경남	가정위탁 지원센터	경상남도 창원시 의창구 원이대로 271(봉곡동) 한마음타워 5층	전화 : 055)237-1226 팩스 : 055)716-0080	www.knfoster.or.kr	초록우산 어린이재단
제주	가정위탁 지원센터	제주특별자치도 제주시 연삼로 22, 3층	전화 : 064)747-3273 팩스 : 064)747-3272	www.jeju-foster.or.kr	(사)제주 상담센터

출처 : 보건복지부(2017). 아동복지사업안내.

요 약

1. 가정위탁 보호사업

위탁보호란 친가정에서 양육될 수 없거나, 입양될 수도 없는 경우에, 일정한 시간 동안 주어지는 대리보호서비스이며, 아동이 자기 가정에서 양육될 수 없을 때 입양이 바람직하지도 않고 불가능할 경우 일정 기간 동안 친부모가 아닌 다른 부모의 가정에 의해서 대리보호를 받는 것을 말한다. 가정위탁이란 보호대상아동의 보호를 위하여 성범죄, 가정폭력, 아동학대, 정신질환 등의 전력이 없으며 아동복지법이 정하는 기준에 적합한 가정에 보호대상아동을 일정 기간 위탁하는 것을 말한다(아동복지법 제3조).

2. 가정위탁보호의 궁극적인 목적

부모(부양의무자)로부터 일탈된 아동이 부모에게 다시 돌아갈 때까지 가정적인 분위기에서 건강하게 성장하도록 보호하며 빠른 시일 내에 보호자에게로 돌아가거나 다른 좋은 가정에 입양되도록 돕는 데 있다. 보호대상아동(요보호아동)을 보호・양육하기를 희망하는 가정에 위탁 양육함으로써 가정적인 분위기에서 건전한 사회인으로 자랄 수 있도록 하며, 보호대상아동 발생 시 가정보호를 우선하도록 하고, 특히 2세 미만 영아의 경우 가정보호를 우선 실시하도록 하고 있다.

연습문제

01 다음 설명에 맞으면 ○표 틀리면 ×표 하시오.

① 위탁가정은 아동을 단시일에 보호하기에 까다롭게 검사하지 않아도 된다. (　)

② 가정위탁보호사업은 위탁가정의 요구에 따라 위탁보호를 제공해야 한다. (　)

③ 1852년 뉴욕의 아동구호협회(New York Childrens Aid Society)가 최초로 위탁가정 서비스를 실시하였다. (　)

02 가정위탁보호사업의 종류에 해당되지 않는 것은?

① 유료위탁
② 단기위탁
③ 고용위탁
④ 무료위탁
⑤ 전문적 위탁

정답	1. ×/×/○　2. ②

제 10 장

아동양육 시설보호와 보호연장아동

제10장 아동양육 시설보호와 보호연장아동

제1절 시설보호

1. 시설보호의 개념 및 입소자격

1) 시설보호의 개념

시설보호사업은 가정위탁사업, 입양사업과 함께 아동복지서비스의 한 분류인 부모대리서비스에 포함된다. 시설보호서비스는 이용자에게 시설생활을 제공하며 생활의 장으로서의 성격을 가지면서 시설의 전문적 서비스를 재가복지서비스 추진의 중요한 자원으로 제공하고 있어 지역사회에서 이용의 장으로 그 기능을 하고 있으며, 아동의 부모가 자녀를 양육할 의사나 양육 능력이 없는 경우 타인이 부모 역할을 대리하여 일정한 시설에서 아동을 일시적 또는 장기적으로 집단 보호하는 서비스로서 장기간 동안 통원이나 이용시설이 아닌 수용보호의 형식으로 이루어진다.

즉, 가정에서 충분하게 욕구충족을 할 수 없는 아동들에게 집단보호 프로그램과 각기 아동들의 욕구에 따르는 특수 서비스를 제공해 주며 시설보호를 통해 아동의 건전한 성장과 인격발달 및 아동의 기능장애를 일으키는 사회적·정서적 문제의 개선을 이루려 한다.

아동복지시설이란 복지욕구를 가진 아동들을 시설에서 보호, 양육하는 곳으로서 모든 아동에게 각 시설의 목적과 기능에 따라 일상생활의 원조, 기본적 생활관습의 습득, 건강의 유지, 보건 등 의료적인 원조, 재활, 놀이, 교육, 노동, 교양 등 자기실현활동, 심리적·정서적 지지에 대한 원조, 인간관계의 조정 등의 원조가 이루어진다.

2) 입소자격

우리나라 요보호아동의 발생 현황은 〈표 10-1〉에서 보는 바와 같이 IMF 외환위기, 세계경제 위기 등으로 요보호아동이 매년 약 9천 명 정도 발생했으나, 이후 경기가 안정 국면에 접어들면서 요보호아동 발생은 감소추세임을 알 수 있다(2000 : 9,085명 → 2005 : 9,420명 → 2011 : 7,483명 → 2012 : 6,926명 → 2013 : 6,020명 → 2014 : 4,994명→ 2015 : 4,503명). 요보호아동 발생은 경기의 영향을 많이 받으며, 아동보호는 비밀입양 위주의 입양 문화, 혈연중심의 가족문화 등으로 인해 입양·가정위탁보다는 아동시설보호 위주로 이루어져 왔음을 알 수 있다.

한편 요보호아동 발생원인(2012~2016년)을 살펴보면 부모의 빈곤·실직 등의 이유가 16,591명으로 가장 많았으며, 미혼모 아동 6,535명, 비행·가출·부랑아 등이 2,402명을 차지하는 것으로 조사되었다(표 10-2). 이 아동들의 보호형태는 시설보호 19,233명, 가정위탁 11,623명, 입양 3,378명, 소년소녀가정이 284명으로 나타났다(표 10-3).

〈표 10-1〉 요보호아동 발생 추이

(단위 : 명)

구분	2007	2008	2009	2010	2011	2012	2013	2014	2015	2016
요보호 아동	8,861	10,534	10,153	8,590	7,483	6,926	6,020	4,994	4,503	4,592
증감율	0%	19%	-4%	-15%	-13%	-7%	-13%	-17%	-10%	2%

출처 : 보건복지부(2016). 시도별보고자료.

〈표 10-2〉 보호를 필요로 하는 아동의 발생유형(2012~2016)

(단위 : 명)

연 도	계	요보호아동의 발생 유형				
		기 아	미혼모 아동	미 아	비행, 가출, 부랑아	빈곤, 실직, 학대 등 기타
2012	6,926	235	1,989	50	708	3,944
2013	6,020	285	1,534	21	512	3,668
2014	4,994	282	1,226	13	508	2,965
2015	4,503	321	930	26	360	2,866
2016	4,592	264	856	10	314	3,148

출처 : 보건복지부(2017). 요보호아동현황보고.

〈표 10-3〉 요보호아동 보호현황(2011~2016)

(단위 : 명, %)

구 분	2011	2012	2013	2014	2015	2016
계	7,483	6,926	6,020	4,994	4,503	4,592
시설보호	3,752 (50.1)	3,748 (54.1)	3,257 (54.1)	2,900 (58.1)	2,682 (59.6)	2,894 (63.0)
가정위탁	2,350 (31.4)	2,289 (33.0)	2,265 (37.6)	1,688 (33.8)	1,582 (35.1)	1,449 (31.6)
입 양	1,253 (16.7)	772 (11.1)	478 (7.9)	393 (7.9)	239 (5.3)	243 (5.3)
소년소녀 가정	128 (1.7)	117 (1.7)	20 (0.3)	13 (0.3)	0 (0)	6 (0.1)

출처 : 보건복지부(2017). 국가승인통계 제117034호 요보호아동현황보고.

(1) 아동양육시설과 일시보호시설의 입소자격

보호자가 없거나 보호자로부터 이탈된 아동, 학대아동, 장애아동, 부모나 아동의 문제로 가정 내에서 보호하기 어려운 18세 미만 아동이다.

(2) 자립지원시설의 입소자격

시설연장아동으로 시설퇴소 아동 중 취업 중인 아동(우선입소)이거나 18세 이상 24세 이하인 자, 국민기초생활보장 수급자로서 24세 이하인 자이다.

3) 시설보호의 입소 절차

부모, 후견인, 보호자의 상담 신청 → 개별상담을 통한 입소적합성 판정 → 입소 적합판정 아동의 관련 서류 제출 → 미아 또는 유기된 아동 여부를 확인 → 유기된 아동일 경우 긴급보호조치 의뢰 → 그렇지 않을 경우 입소시설에서 필요한 상담과 배치 업무

4) 시설보호의 종류

아동복지 시설에는 아동상담소, 영・유아시설, 신체허약아시설, 아동일시보호시설, 아동직업보도시설, 아동전용시설, 교호시설, 정서장애아시설, 아동위탁시설, 자립지원시설, 탁아시설 등이 있다. 그 외의 아동보호시설로는 심신장애아시설, 부랑아시설, 정신질환시설, 모자보호시설 등이 있다.

카두신(Kadushin, 1988)은 시설보호의 종류를 다음과 같이 분류하고 있다.

① 정상아동이지만 보호가 필요하거나 버려진 아동을 위한 시설
② 맹아, 농아, 신체장애아 등 신체장애 아동을 위한 시설
③ 정신장애아나 정신적 결함이 있는 아동을 보호하는 시설
④ 비행아동 및 청소년의 감금과 재활을 위한 훈련원이나 소년원
⑤ 정서적으로 상처받은 아동을 가정과 격리시켜 거주시키며 치료하는 거주치료원

2. 아동양육시설의 기능과 분류

1) 아동양육시설의 목적

아동양육시설은 아동과 무관한 성인들의 보호하에 아동집단의 공동생활을 위한 하루 24시간의 서비스를 제공하는 주거시설이다(Kadushin, 1988). 또한 부모 및 기타의 보호자로부터 보호를 받을 수 없는 가정의 붕괴나 여러 가지 이유로

인하여 가정에서 떨어져 살아야 하는 아동, 고아, 기아, 장애아, 결손, 빈곤가정의 아동과 같은 요보호아동을 위한 대체의 장소로서 보호, 치료 및 재활 등의 서비스를 제공하는 생활의 장이다.

정상적인 아동의 성숙을 도와주며, 이전의 부정적 경험의 영향을 교정 혹은 변화시키고, 아동의 인격발달이나 기능에 장애를 가져온 사회적·정서적 문제를 개선한다.

2) 아동양육시설의 기능

시설의 기능		
	기초적 기능	① 보호적 기능 : 일상적 보호, 생활환경 정비 ② 교육적 기능 : 예절지도, 학습지도, 진로지도 ③ 전문 처우적 기능 : 치료, 교육, 훈련, 자립지원
	고유 기능	① 문화적 기능 : 문화활동, 사회참가, 지역교류 ② 변호적 기능 : 의사전달, 변호, 친권대행, 후견
	파생적 기능	① 조정 개발적 기능 : 개발활동, 연락조정, 네트워크화 ② 긴급·단기지원 기능 : 일시보호, 단기입소

|그림 10-1| 아동양육시설의 기능

(1) 시설보호의 기능

① 생활서비스를 위한 기능으로, 이는 거주기능, 급식기능, 기타 생활서비스의 기능, 보건기능을 한다.

② 치료훈련서비스를 위한 기능으로, 이는 의학적인 치료나 처우의 기능과 교육이나 훈련기능을 한다.

③ 원조서비스를 위한 기능으로, 이는 사람이나 사회에 대한 관계를 조정한다.

(2) 시설보호의 특성

① 생활거점으로서의 시설

② 인격형성 및 재형성의 장으로서의 시설

③ 사회생활의 준비의 장으로서 시설

3) 시설양육의 기본 원리

① 인권의 존중과 보장의 원리

아동의 주체적 선택의 권리나 의사표명의 권리, 교육받을 권리 등을 존중하고 아동의 최선의 이익을 보장하여 원조한다.

② 생활의 주체성과 사생활 존중의 원리

③ 정서의 안정과 자기의식의 원리

④ 개별화와 개성 존중의 원리

모성의 결핍으로 일어난 부정적 증상에 대하여 전문적 개입을 통해 아동을 따뜻하게 수용하고 그들의 가치를 발견할 수 있도록 하여야 한다.

⑤ 적극적 사회참여의 원리

사회생활 능력을 향상시켜 사회의 일원으로 성장할 수 있도록 한다.

⑥ 아동복지시설의 생활의 질 향상(상담, 교육, 의사표명의 권리 인정 등)

4) 아동양육시설의 분류

(1) 보호아동의 연령에 따른 분류

① 영아(嬰兒)시설 : 보호자가 없거나 이에 준하는 3세 미만의 유아를 입소시켜 보호·양육하는 것을 목적으로 하는 시설

② 육아(育兒)시설 : 보호자가 없거나 이에 준하는 3세 이상 18세 미만의 유아를 입소시켜 보호·양육하는 것을 목적으로 하는 시설

③ 영육아시설 : 18세 미만의 전 아동을 입소시켜 보호·양육하는 것을 목적으로 하는 시설

(2) 주거형태에 따른 분류

① 집단기숙사형(dormitory system)

일정한 수의 아동이 기거하면서 세면, 식사, 여가활동 등 기타 생활은 공동의 장소를 이용함. 동년배의 아동을 배치시켜 생활의 관리에서 편의성을 도모

② 소숙사형(cottage system)

거실, 침실, 식당, 화장실 등으로 구성된 일반가정집과 유사한 공간에서 가정의 규모와 유사한 인원으로 가족을 구성하여 생활

③ 유사소숙사형

소숙사형과 비슷하지만 취사와 여가는 공동식당, 공동장소를 이용

(3) 규모에 따른 구분

① 대규모 시설 : 30인 이상 200인 미만

② 소규모 시설 : 30인 미만, 8인 미만(그룹홈)

(4) 신고 여부에 따른 분류

① 신고시설 : 재정지원을 받음

② 미신고 시설 : 재정지원을 받지 않는 대신 자율성이 있음

3. 양육시설 아동의 특성

루터와 같이 시설보호의 부정적인 영향에 대한 일부 다른 의견이 있지만 대부분은 시설보호가 아동에게 심리사회적인 악영향을 미치고 있으며 따라서 요보호아동에 대한 시설보호를 바람직하지 않은 대안으로 바라보고 있다. 이러한 견해는 오래전부터 다양한 연구자에 의하여 지적되어 왔다. 볼비(Bowlby)는 시설아동의 심리적 문제가 모성적 양육의 상실에서 기인한다고 해석하고, 모성적 양육의 사실을 경험한 아동들의 자아와 초자아가 제대로 발달하지 않는다는 점과 그들의 행동이 충동적이고 통제가 안 되며 즉흥적이어서 장기적 목표를 향하여 처신하는 것이 어렵다고 주장한 바 있다(Bowlby, 1951 : 1-14, 노혜련·장정순, 1998 재인용).

1) 심리·사회적인 문제 발생

(1) 시설병

스피츠(Spitz, 1945, 홍금자 외, 2000 재인용)는 건강한 아동을 시설에서 오랜 기간 동안 수용함으로써 초래되는 심각한 영향을 '시설병'이라고 명하고 육아시설에서 자란 아동이 신장과 체중 그리고 지능에서 탁아시설의 아동에 비하여 좋지 않은 상태가 됨을 밝혔다.

시설병의 증상을 살펴보면 다음과 같다.

① 신체, 지능, 자아의 발달장애
② 손가락 빨기, 야뇨증 등의 신경질적 경향
③ 마음이 여리고 공격적 또는 도피적 경향
④ 시설 생활의 부적응과 대인관계 장애 등의 증후가 나타난다.

(2) 시설아동의 습관

위태커(Whittaker, 1985, 홍금자 외, 2000 재인용)는 시설의 아동들이 여러 가지 문제가 되는 습관들을 보인다는 점을 정리하였다. 문제가 되는 습관들은 대인, 가족, 정서, 교육적인 것들로 다음과 같다.

① **빈약한 충동 통제** : 욕구불만을 참지 못하고 만족을 유예하는 능력이 제한되어 있다. 이러한 특성으로 미국에서는 아동이 시설에 입소하게 되기도 한다. 이러한 특성을 갖는 아동은 주변의 자극을 분별할 능력이 부족하고, 쉽게 집단적인 흥분을 하게 되며, 다른 아동의 나쁜 행동에 쉽게 전염된다.
② **낮은 자아상** : '나쁜', '바보 같은', '문제를 유발하는'과 같은 표현들은 시설아동이 스스로를 보는 방식을 대변하는 것들이다. 가정, 학교, 그리고 친구들과의 성공적이지 못한 경험들이 변화 잠재력에 대한 포기와 같은 숙명적인 입장을 갖게 한다.
③ **감정조절의 미숙** : 시설에 들어온 아동들은 화, 공포, 사기, 슬픔과 같은 감정들을 효과적이고 적절하게 다루는 기술이 부족하다.

④ **관계형성의 결함** : 대인관계에서 타인기피와 타인에 함몰 등 극단적인 범주가 나타난다. 동료집단에 참여하거나 또는 떠나는 데 어려움을 겪게 되며 타인을 스테레오 타입화하는 경향이 강하고, 선생님 등과의 관계로 확산하는 데 순조롭지 못하다.

⑤ **특정의 학습장애** : 대부분의 시설아동은 원인을 정확하게 밝히기 어려운 학습의 장애를 경험한다. 이는 대인관계와도 관련이 있는데, 관계의 장애로 적절한 능력을 얻을 가능성을 박탈당하고 학교에서 승인을 얻는 데 실패하게 된다.

⑥ **놀이기술의 제한** : 놀이가 아동의 발달에 중요함에도 불구하고 시설아동들은 놀이의 종류가 제한되어 있고 한두 가지의 활동에 집중하는 경향이 있다. 또한 함께 놀이를 하거나 또는 혼자 노는 데 어려움을 겪는다.

2) 시설아동이 심리·사회적 문제를 겪게 되는 요인

시설아동에 대한 자료와 연구결과를 종합하여 시설아등이 심리·사회적 문제를 겪게 되는 요인을 몇 가지로 정리하였다(노혜련·장정순, 1998). 첫째, 시설아동은 부모와의 분리로 인해 심리·사회적 문제를 안고 있다. 둘째, 시설아동은 일반가정과 형태나 규모가 다른 시설에 수용됨으로써 사회적 낙인에 대한 두려움을 가질 수 있다. 시설아동은 이러한 차이로 자신들을 무언가 부족한 사람들로 인식하게 되어 자아개념이 저하될 수 있다. 셋째, 시설의 여건상 시설아동의 개별적인 욕구가 수용될 수 없다. 보육사 1인이 담당하는 아동 수는 일반가정에 비하여 훨씬 많아서 아동 개개인의 욕구를 충족하는 것이 쉽지 않다. 넷째, 시설아동에 대한 지속적인 보호와 양육이 어렵다. 열악한 근무조건으로 보육사의 이직이 많고 이는 아동에게 잦은 단절감이나 분리감을 경험하게 한다. 또한 다른 양육방법이나 생활태도를 갖는 보육사들로 인하여 아동들은 가치혼란에 빠질 수 있으며 대인관계에서 신뢰를 갖기 어렵게 된다. 마지막으로 시설아동은 집단생활을 하게 되므로 집단 특유의 사회적 역할을 수행하게 되고 특유의 행동규범을 갖게 된다. 이러한 집단화는 유연성과 개성의 상실을 초래할 가능성이 있다.

위에서 설명한 시설아동의 심리·사회적 문제들의 배경은 시설아동의 부정적인 특성의 근원이 아동 자신에게 있다기보다는 시설입소의 원인과 시설의 환경특성에 있다는 점을 이해하게 한다는 점에서 주의해 볼 필요가 있다. 한편 시설아동의 시설보호로 인한 특성 또는 문제는 시설의 향후 개선방안을 모색하는 데 있어 중요한 정보가 되고 있으며 궁극적으로 시설보호 외의 다른 보호방식을 찾게 하는 근거가 되고 있다.

4. 아동양육시설의 변천

1) 외국의 아동양육시설의 변천

아동의 시설보호 역사가 우리 사회보다 오래된 외국의 경험은 우리에게 아동보호의 방향을 모색하는 데 유용한 시사점을 제공한다. 외국의 시설보호는 아동에게 보다 바람직한 양육환경을 제공한다는 목적을 지향하여 일정한 변화를 겪어왔다.

최근 선진 복지국가에서는 입소자의 인격적 삶을 보장하는 최적의 생활보장으로 시설보호의 기능이 변화되고 있다. 영국, 미국 등 선진국의 시설보호에 관한 최근의 발전과정을 검토해 보면 시설의 감소와 위탁보호의 증가 등 탈시설화 현상이 나타나고 있으며, 수용시설은 일반아동의 보호보다는 문제아에 대한 치료서비스 제공 등 전문화되어 간다는 사실을 발견할 수 있다. 아울러 시설의 규모가 소규모화되어 가고 있으며, 시설서비스가 다양하게 분화되어 가고 있다(김응석 외, 1995).

(1) 변천과정

초기
억압과 격리의 원칙

→

사회보장적 단계
최저생활을 보장
하는 단순수용 중심

→

최적생활의 보장
입소자의 인격적 삶을
보장하는 최적생활 보장

(2) 탈시설화 현상 : 시설의 감소, 위탁보호의 증가

(3) 시설의 소형화

(4) 다양한 보호 서비스의 분화

① **수용시설 :** 가정위탁(단기위탁, 장기위탁, 치료 목적 또는 전문적인 특수가정위탁), 다목적 시설, 소규모 호스텔, 가정 형태의 그룹홈

② 전환시설화[1] 현상

(5) 일반아동의 보호보다 문제행동아동에 대한 치료서비스에 치중한다.

(6) 수용대상 아동 인구 감소, 유아기 아동인구보다 청소년 인구가 더 많다.

(7) 전문가주의의 발달 : 아동의 개별적 욕구에 기초한 전문적 접근방법이 대두됨으로써 전문가의 자격기준이 향상되고 있다.

(8) 집단보호대상 아동 : 정서장애아동, 신체적 장애아동(지체부자유아동), 정신적 장애아동(지적장애), 재활이 필요한 비행청소년 집단 등이 거주하면서 계획된 치료와 보호를 받는다.

2) 우리나라의 아동 양육시설의 변천

- 시작 : 1888년 프랑스 신부(J. Blanc) 고아원 설립(명동천주교회)
- 1911년 : 제생원(濟生院) 설치
- 1930년대 : 각 지방에 보육원, 사회복지시설 설립
- 1950년대 : 아동복지 생활시설 증가

---

1) 전환시설화란 일반 수용시설은 감소하는 대신 특수한 욕구를 지닌 아동의 치료에 초점을 두어 정서장애아 시설, 청소년 교호시설 등의 시설이 늘어난 현상을 일컫는다.

- 1970년 이후 : 아동인구의 감소로 아동양육시설 감소, 국가의 책임 인식, 관심 증대
- 1990년대 이후 : 위탁보호의 도입과 그룹홈의 도입, 보육사 2교대제 실시

3) 우리나라 아동양육시설의 현황

(1) 현원 : 30~59명이 전체 시설의 약 50%로, 대규모 시설 중심

(2) 주거형태 : 집단기숙사 형태가 가장 많음

(3) 입소과정

각 시・도의 아동상담소 → 상담 → 판정 → 입소 여부 결정 → 시장・군수의 명의로 해당관청 경유 → 시설에 위탁

(4) 입소원인

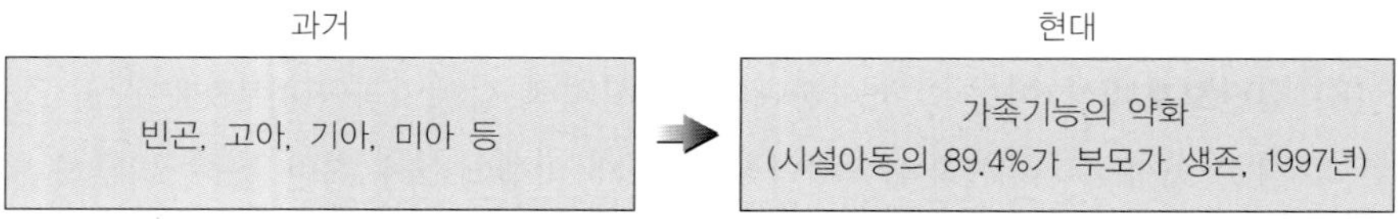

(5) 퇴소

시설 아동이 18세에 달하거나 보호의 목적을 달성하였다고 인정되었을 때 이루어진다. 영아시설의 경우는 연고자 인계와 연령상한 기준으로 타 시설로 전원, 입양, 위탁으로 이어진다.

(6) 퇴소 보류아동

① 대학 이하의 학교 재학 중인 자

② 아동양육시설 또는 직업훈련시설, 직업능력개발 훈련시설에서 교육・훈련 중인 자

③ 학원에서 교육 중인 20세 미만인 자

④ 질병, 장애 등으로 시·도지사, 시장·구청장·군수가 보호기간의 연장을 요청하는 자

⑤ 25세 미만이고 지능지수가 71 이상 84 이하인 사람으로서 자립능력이 부족한 경우

⑥ 취업이나 취업 준비 등 그 밖의 사유를 이유로 보호대상아동이 보호기간 연장을 요청하여 1년 이내의 범위에서 보호기간을 연장하는 경우

5. 아동복지시설의 양육내용 및 방법

1) 아동복지시설의 양육내용

(1) 일상생활의 안정 : 각종 심리적 장애나 문제를 해결

(2) 환경 : 생활환경이 지역사회나 일반가정과 괴리되지 않도록 배려하고 자립을 추구

① 직원의 존재도 중요한 환경이다.

② 양육의 태도, 생각하는 방법, 가치관, 사회성 등도 아동에게 영향을 미친다.

(3) 생활 : 가정과 같은 분위기를 조성하여 일반생활 습관이나 상식을 익힌다.

(4) 교육 : 아동의 지적 발달은 장래의 자립이나 자존심의 회복에 중요하다.

(5) 자립 : 퇴소후의 자립 생활을 위해 자립을 위한 생활의 지식, 기술, 자기관리, 사회상식 등을 습득하는 데 초점을 둔다.

2) 아동복지시설의 양육방법

(1) 개별사회사업

① 인테이크(intake)

시설에서는 입소한 아동이 안정될 때까지 관찰하는 기간을 말한다. 입소 당시의 신체발달, 운동능력, 언어발달, 학습능력, 성격 등을 기록하여 나중에 친부모를 찾을 때 이용하고 입소 전과 후에 어떻게 달라졌는가를 알아본다. 시설에 입소하는 초기에 아동을 어떻게 맞이하느냐에 따라 아동의 시설생활에 영향을 미친다.

② 문제아동의 발견과 지도

도벽, 폭행, 방랑, 침묵 등의 다양한 문제에 대하여 객관적인 분석과 과학적인 접근이 필요하다.

(2) 집단사회사업

① **필요성** : 아동이 시설에서 즐겁고 자발적으로 참가할 수 있는 집단활동이 필요하며 집단활동을 통하여 타인을 이해하고 상호의 권리를 인정하는 것을 배움

② 집단사회사업

학습이나 작업을 같이 할 수 있고 친한 동료이자 선의의 경쟁자가 될 수 있는 집단이 바람직하다. 아동의 집단활동에 지나친 간섭은 피하고 아동 스스로 리더를 정해서 활동하도록 한다.

(3) 지역사회조직사업

탈시설화와 정상화의 영향으로 이제 시설이 지역사회와 관계를 맺지 않으면 안 된다. 즉, 지역사회의 도움을 받기 위해서는 지역사회와 상부상조해야 한다. 이제 시설을 개방하여 지역사회에 자원을 끌어들이고 지역사회를 위해 시설을 개방해야 한다. 우리나라의 시설은 지나치게 폐쇄적이고 지역사회로부터 얻으려고

만 하며, 이를 당연히 생각하고 지역사회에 도움을 주려고 생각하지 않는다는 지적을 많이 받고 있다.

① 시설의 현대화를 위해 지역주민의 관심과 이해를 얻어 시설의 유지·운영에 도움을 얻어야 한다.

② 시설이 지역사회 주민에게 해야 할 일

- 지역주민의 아동에게 어떠한 문제가 있는지 조사한다.
- 아동의 안전한 놀이시설이 있는지 조사하고, 없다면 시설의 운동장을 제공한다.
- 지역에 방치된 아동은 없는지 조사하고, 있을 경우 보호자가 돌아올 때까지 일시보호하는 프로그램을 개발한다.
- 일반가정에 육아에 대한 불안은 없는지에 대한 기초 조사를 하고 상담창구 개설, 시설아동이 지역사회에 자원봉사할 수 있어야 한다.

6. 아동양육시설의 대안

1) 시설보호의 장단점

〈표 10-4〉 시설보호의 장단점

시설보호의 장점	시설보호의 단점
• 타인의 권리와 능력 인정 • 규칙적인 생활 • 체계적이고 계속적인 교육과 훈련 • 사회에 대한 이해심과 적응력 향상	• 지나치게 고정된 생활 • 개인의 자유와 창의성 제한 • 교육관계나 사회생활의 제약 • 경제적·사회적 경험의 제한 • 정서적 욕구 발산의 불충분

2) 우리나라 시설보호의 문제점

① 사회적 환경 변화에 따라 새롭게 발생된 요보호아동의 종류와 특성에 맞는 시설수급이 이루어지지 않고 있다.

② 시설보호의 전문성이 떨어진다.

③ 시설주거환경이 너무 집단적이며 폐쇄적이다.

④ 시설운영을 위한 정부지원금의 지급체계가 불합리하다.

3) 아동양육시설의 대안

① **시설보호의 유의점** : 아동을 시설 보호할 때 가장 유의해야 할 점은 아동에 대한 종합적인 평가 속에서 시설 선택이 이루어져야 한다는 것이다. 또한 가족과의 관계 회복, 지역사회에의 적응 등에 대한 문제도 고려하여 아동을 시설보호 해야 한다.

② **가정보호사업 강화** : 입양과 위탁가정 활성화

③ **시설보호의 형태 개선** : 가정형태의 시설 운영(SOS어린이마을)

④ **시설보호의 전문성 제고** : 교육 및 프로그램 활동

4) 시설보호의 개선방안

① 아동의 특성과 욕구에 맞는 다양한 성격의 시설이 필요

② 시설의 수준과 인력의 전문성을 제고

③ 시설아동과의 지속적인 가족연계 프로그램이 필요함

④ 개방적이고 합리적인 운영시설로 변화해야 함

⑤ 시설입소아동의 발생을 예방할 수 있는 지원정책과 서비스

제2절 보호연장아동 문제

1. 보호연장아동의 자립과 사회복지와의 관계

1) 보호연장아동의 개념

보호연장아동은 법적인 수용 한계 연령인 18세 이상의 아동으로서 가까운 장래에 퇴소하여 독립적인 사회생활을 하여야 할 시설보호와 독립생활의 과도기에 있는 청소년기의 아동을 말한다.

2) 보호연장아동의 자립과 사회복지와의 관계

보호연장아동은 일반가정에 비하여 사회지원체계가 현저하게 결핍되어 있다. 즉, 가족이나 이웃, 지역사회로부터의 비공식적 지원체계가 없을 뿐 아니라 지금까지 그들을 보호해 온 시설의 지원체계로부터 탈락될 위기에 놓여 있다. 따라서 지역사회의 지원이나 국가의 제도적인 보완이 필요하다. 보호연장아동의 자립과 복지 향상은 인간의 존엄성과 자기결정, 사회적 통합, 개발적 기능, 사회적 기능 향상 등 네 가지 측면의 지원이 필요하다.

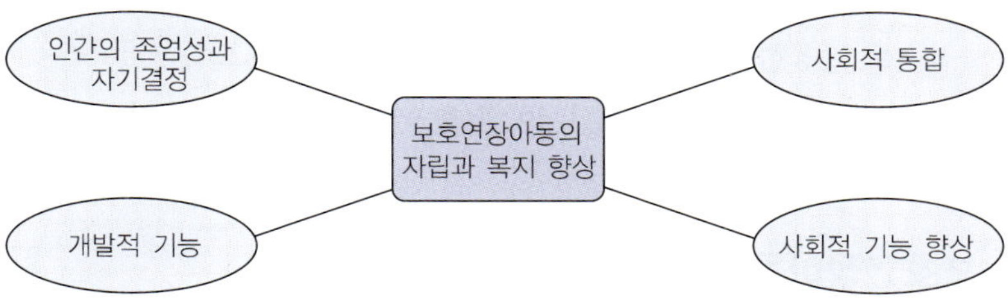

|그림 10-2| 보호연장아동의 자립과 복지 향상

(1) 인간의 존엄성과 자기결정

퇴소하여 한 사람의 성인으로서 독립하여 자기 스스로 보람 있는 인생을 설계하여 살아가도록 한다.

(2) 사회적 통합

지역사회의 통합은 지역사회 구성원으로서의 연대감에 기초한 사회통합의 가치를 구현하는 것이다.

(3) 개발적 기능

보다 적극적이고 예방적이며 개발적인 기능이 수행되어야 하며 보호연장아동의 능력과 자원을 개발하여 자립을 도모할 뿐 아니라 국가와 사회발전에 기여하도록 한다.

(4) 사회적 기능 향상

① 개인의 적응능력을 향상시키기 위하여 시설연장아동의 잠재능력을 최대한 발휘하게 하고 개인의 성장을 위한 기회를 제공하고 미래지향적인 가치와 동기를 부여하여야 한다.

② 사회조직 및 체계에 영향을 주어서 시설연장아동의 다양한 욕구에 보다 반응적으로 대응하기 위한 정책적 조치와 프로그램 필요하다.

2. 보호연장아동 자립지원사업

1) 보호연장아동 직업 주기 사업

보호연장아동의 직업 주기 사업은 기업체 등의 협조와 참여로 1976년 이후 계속되고 있으나 취업과 관련하여 거주지마련과 자립기반의 미흡, 사후 지도 관리의 미비, 기업체의 시설아동에 대한 편견 등이 문제점으로 지적되고 있다(장인협·오정수, 2000).

2) 직업훈련사업

보호연장아동의 퇴소 후 취업을 위한 시책으로 아동직업훈련시설에서 직업훈련교육을 실시하고 있으며 공공훈련기관에서도 위탁훈련을 실시하여 1인 1기의 기술습득을 지도하고 있다.

3) 자립지원사업

① **자립지원시설** : 숙소 및 취사 제공

② **자립지원센터** : 취업지도, 직업교육, 사회생활 상담

③ 시설퇴소아동 전세금 지원

〈표 10-5〉 자립지원센터 주요 사업

사업명	세부내용
조사, 진단	직업훈련 및 자립지원 서비스 대상자의 욕구 조사와 문제의 진단을 통해 필요한 서비스와 종류의 선정
지역사회자원 동원 및 활용	서비스 내용의 내실화와 대상자의 문제해결을 위해 대상자의 후원, 결연자나 지역 내의 관련시설을 동원, 활용
정보제공 및 교육	시설아동들에게 진로결정에 필요한 정보 제공, 직업교육, 진로지도 및 지역사회 내 아동시설, 관련단체를 대상으로 사회복지사업에 관한 교육 실시
서비스 제공	대상자별로 측정된 욕구와 문제의 내용에 따라 필요한 서비스 제공 및 사후관리 ① 정서적 서비스 : 학업지도, 취미활동 제공, 상활상 애로사항 및 직장생활 적응을 위한 상담지도 등 ② 교육서비스 : 진로지도 및 취업준비 교육, 취업훈련, 의뢰, 적성검사 실시 ③ 자립지원 서비스 : 직업보도, 취업알선 등 자립능력을 향상시킬 수 있는 서비스 지원 및 의부모, 형제 맺어주기, 후원자 개발 및 관계 유지 ④ 주거알선 서비스 : 자립생활관 소개 및 이용알선, 연고자를 통한 주거문제의 해결 원조 ⑤ 기타 취업대상자 수용파악 및 노동시장 스요조사
취업알선	유관기관 등과 연계하여 취업알선

4) 결연후원사업

일반적으로 후원자의 결연후원금과 개인용돈이 아동의 개인통장에 평균 100~200만 원 적립되어 퇴소 시 자립지원금으로 사용될 수 있도록 유도한다. 시설에서의 지원금은 고등학교 재학생 및 고등학교 졸업 이후 퇴소가 연장된 아동들을 위해 자격증을 취득할 수 있도록 학원수강비를 지원하며, 대학에 진학한 아동들은 용돈과 생활비를 지원해 주고 있다. 또한 아동과 개별적으로 결연된 후원자가 개인 후원금을 지원하기도 하며, 취업을 알선해 주기도 한다. 그러나 가족이나 친인척에게 퇴소를 위한 실질적인 도움을 받는 경우는 거의 찾아볼 수 없는 실정이다.

3. 시설보호서비스의 과제

1) 가정 외 보호 대상 아동의 발생 예방

아동복지의 증진을 위해 보호자로부터 적절한 보호와 지도를 받지 못하여 가정 외 보호가 필요한 아동의 발생 수를 감소시켜야 한다. 가족해체를 경험하는 아동들은 심리·사회적 문제를 이미 지닌 채 가정 외 보호 대상이 되므로 우선 가족해체를 사전에 예방하는 가족유지(family preservation) 정책이 요구된다.

2) 가정중심의 아동보호서비스 강화

지금까지 요보호아동이 발생하면 주로 시설로 배치되었는데, 앞으로 국내입양의 확대와 가정위탁사업의 활성화가 요구된다. 입양사업에 대한 홍보 활동을 전문화하고, 입양아동 및 입양가정에 대한 정부의 지원을 확대하여 입양에 대한 가치관을 변화시키고 부담감을 감소시켜야 할 것이다. 따라서 입양과 가정위탁사업을 통해 시설보호 대상 아동의 수를 줄여 나가야 할 것이다. 또 궁극적으로는 시설아동이 원가정으로 복귀하도록 하기 위해서는 시설아동과 원가정의 애착관계가 안정적이고 지속적으로 유지될 수 있는 원가정 복귀 프로그램을 개발하고, 활성화해야 한다.

3) 소규모 및 가정형태 시설보호 강화

시설에 거주 인원이 적을수록 아동의 적응에 긍정적인 영향을 미치므로 대규모 시설의 소규모화가 요구된다. 현재의 30인 이상의 대규모 시설을 소숙사 규모로 개선하고, 보육사를 배치하되, 독립된 공간에서 독립적으로 생활하도록 해야 할 것이다. 이렇게 소숙사로 전환하는 경우 정부는 이 시설에 건축 비용과 보호비용 등을 추가 지원해 주며 또한 시설을 가정형태의 운영 방식으로 아동들에게 편안하고 안정된 분위기에서 생활하도록 지원하여야 할 것이다. 좋은 예로 SOS 어린이마을은 유럽의 새로운 대안양육모델로서 인정받으며 가정이라는 공간에서 어머니, 형제자매, 집, 마을이라는 실천원리로 운영된다.

4) 시설 인력의 처우 개선 및 전문성 강화

아동복지시설에 유능한 전문 인력을 확보하기 위해서는 시설 인력의 처우를 개선하고 교육 및 훈련의 정도를 강화해야 할 것이다. 시설아동들은 대부분 이미 심리·사회적 문제를 심각하게 가진 채 입소하므로 아동복지시설에 상담치료를 제공할 전문 인력이 요구된다. 또한 시설 인력의 자격을 강화하고 기존 직원들을 위한 교육체계를 갖추어 전문 지식과 기술을 습득할 수 있도록 해야 할 것이다. 시설종사자의 이직을 방지하고 전문성을 제고하기 위해서는 시설종사자에 대한 처우를 개선하여 우수한 인력을 확보하여야 하며, 지속적 교육과 슈퍼비전을 통해 전문성을 강화하여야 한다.

요 약

1. 시설보호의 개념

아동의 부모가 자녀를 양육할 의사나 양육능력이 없는 경우 타인이 부모 역할을 대리하여 일정한 시설에서 아동을 일시적 또는 장기적으로 집단 보호하는 서비스이다.

2. 아동양육시설

보호자가 없거나 보호자로부터 이탈된 아동, 학대아동, 장애아동, 부모나 아동의 문제로 가정 내에서 보호하기 어려운 아동(18세 미만)을 입소시켜 보호·양육하는 시설이다.

3. 아동양육시설 아동의 특성

시설병, 빈약한 충동 통제, 낮은 자아상, 감정조절의 미숙, 관계형성의 결함, 특정의 학습장애, 놀이기술의 제한 등이 있다.

4. 아동양육시설의 변화

탈시설화 현상, 시설의 소형화, 억압과 격리의 원칙 → 입소자의 인격적인 삶 추구 전환시설화, 수용시설 → 가정위탁

5. 아동양육시설의 양육내용

일상생활안정, 가정과 같은 분위기 조성(정상화 원리), 고육, 자립 추구

6. 시설연장아동과 사회복지와의 관계

시설연장아동의 자립과 복지 향상은 인간의 존엄성과 자기결정이라는 사회사업의 가치, 사회적 통합, 인력개발 기능, 사회적 기능 향상 등 네 가지 측면의 지원이 필요하다.

연습문제

01 **다음은 시설보호에 대하여 설명한 것이다. 옳은 것에 ○표, 틀린 것에 ×표하시오.**

① 이상증세나 장애아동에 한해 집단적으로 보호하는 것이다. ( )
② 아동에 대한 보호의 주체가 일반 개인이 아닌 사회 전체이다. ( )
③ 일정 시설에서 아동을 일시적 또는 장기적으로 집단을 보호하는 것이다. ( )
④ 시설과 사회복지종사자가 아동의 부모의 역할을 대리하는 것이다. ( )
⑤ 아동복지시설에서 퇴소한 자는 자립지원시설에서 계속 보호를 받는다. ( )

02 **다음에서 시설병(hospitalism)이 나타날 수 있는 아동보호의 방법은?**

① 시설보호
② 치료보호
③ 탁아보호
④ 입양보호

03 **아동시설보호의 단점으로 지적될 수 있는 것은?**

① 집단생활의 기회
② 교우관계나 사회생활의 제한
③ 개인 습관의 규칙화
④ 규칙적이고 균형된 생활

04 아동복지법상의 아동복지시설이 아닌 것은?

① 영아시설
② 아동상담소
③ 아동일시보호시설
④ 아동보호치료시설

05 아동복지시설에 대한 설명으로 틀린 것은?

① 아동일시보호시설의 보호기간은 최대 6개월 이내로 한다.
② 자립지원시설은 25세 이상인 자도 입소가 가능하다.
③ 학대아동의 발견·보호·치료 및 아동학대예방을 전담하는 곳은 아동보호전문기관이다.
④ 아동전용시설에는 어린이공원, 어린이놀이터, 아동회관, 야영장 등이 있다.

정답	1. ×/○/○/○/×　2. ①　3. ②　4. ①　5. ②

제 11 장

영유아보육서비스와 학교사회복지사업

제11장 영유아보육서비스와 학교사회복지사업

제1절 영유아보육서비스

1. 보육사업의 개념과 관점

1) 보육의 개념

보육(保育)이란 영유아기 아동의 보다 나은 성장과 발달, 그리고 인간성 함양을 위해 보호하고 육성하는 것이다. 1991년 영유아보육법이 제정되기 전까지 단순히 맡아준다는 의미의 '탁아'라는 용어가 보편적으로 쓰였으나 보육은 단순한 보호가 아닌 영유아와 그 가족이 안고 있는 생활문제에까지 적극적으로 개입한다는 점에서 전문적 사회복지서비스이다.

가정의 자녀양육의 기능을 일부분 대신해 주는 대표적인 보완사업의 하나로 보호(care)와 교육(education)을 동시에 제공하는 보육사업은 아동의 성장 욕구와 자녀양육의 도움을 필요로 하는 부모의 욕구, 여성인력의 활용을 위한 국가적인 측면의 욕구 모두를 충족시켜 주는 아동 및 여성복지, 그리고 가족복지의 실현을 위한 전문적 아동복지사업이라 할 수 있다.

역사적으로 볼 때 보육은 여성의 노동력을 확보하는 과정에서 강화되었다는 점에서 아동복지에 국한된 서비스가 아니다. 최근에는 저출산 문제를 해결하는 방책으로 여성복지적 측면이 더욱 강화되는 추세이다. 보육은 아동과 여성의 복지를 동시에 보장하는 한편 가족정책, 노동정책과도 관련된 복합적 영역이다. 또한 저하된 가족의 아동양육기능을 지지·보완한다는 면에서 가족복지적 기능을 가지고 있는 것이다.

(1) 협의의 개념

요보호영유아(6세 미만의 취학 전 아동)를 중심으로 하여 주로 개인이나 민간단체를 중심으로 이루어지는 활동으로서, 그 중심활동은 예방적 대책보다 치료적 대책에 두고 있다.

(2) 광의의 개념

요보호 상태에 있는 영·유아는 물론 모든 영유아들이 가족 및 사회의 일원으로 건강하고 건전하게 성장할 수 있도록 개인, 민간 및 국가가 서로 협력하여 벌이는 활동을 말한다.

2) 관 점

보육서비스의 이념은 보편적 보육 관점, 보충적 보육 관점, 기본적 보육 관점으로 나뉜다(임동호, 2009).

(1) 보편적 보육 관점

보육은 아동이 신체적·정서적으로 건강하게 성장할 수 있는 환경을 보장해주는 필수적인 서비스이다. 이러한 측면에서 볼 때 학령기 이전의 일정한 연령의 아동은 보육의 기회를 공평하게 가져야 할 뿐만 아니라, 각자의 개성에 따라 다양한 유형의 보육을 받아야 한다. 이러한 아동중심의 관점은 사회 양육이 가정 양육보다 바람직하다는 주장을 담고 있다.

(2) 보충적 보육 관점

보충적 보육 관점에서는 보육 수요를 여성의 사회 참여로 인해 가정보육이 어려울 때 제공되는 대리육아로서의 관점이다. 따라서 이러한 시각에서 보면 취업주부들이나 취업을 원하는 기혼여성들의 욕구가 충족되어야 하며, 이를 위해서는 보육서비스의 제공이 선결조건이 된다.

(3) 기본적 보육 관점

이 관점은 보육서비스를 저소득층 아동의 방치 상태를 예방하기 위해서 제공되어야 하는 것으로 본다. 이 기준에 따르면 보육은 가정보육이 어려울 때 제공되는 보충적 보육으로서 저소득층이 방치된 아동이나 저소득층 취업모의 아동 등에게 우선적으로 지원이 이루어지며 재정 부담은 국가가 닫는 서비스이다.

3) 보육서비스의 의의

영유아보육법에서는 영유아의 심신을 보호하고 건전하게 교육하여 건강한 사회 구성원으로 육성함과 보호자의 경제적·사회적 활동이 원활하게 이루어지도록 하여 영유아 및 가정의 복지 증진에 이바지함을 목적으로 한다고 밝히고 있다. 보육사업의 이러한 목적은 취업이나 기타 이유로 인한 여성의 자녀양육 문제를 해결해 주고 아동의 입장에서는 가정이 아닌 새로운 사회화기관에서 다양한 발달영역의 성장과 변화를 경험하게 되고 또래관계 및 교사와의 관계를 통해 사회적응능력을 기른다는 면에서 의의가 있다. 가족구조의 변화 및 자녀양육 기능의 약화를 사회적으로 지원하고, 아동의 사회화와 발달에 걸맞은 전문적이고 체계적인 보호가 가능하도록 하며, 다양한 생활방식과 욕구에 맞는 서비스를 받을 수 있다.

특히 아동복지사업 중 보육사업은 오랜 기간 동안 국가 및 사회의 관심과 지원의 대상이 된 대표적인 사업의 하나이다. 가족의 기능 중 대부분이 사회화되면서 자녀양육기능 역시 가정이 아닌 국가 및 사회가 보완, 대리해 주어야 하는 양육의 사회화가 급격하게 이루어졌다. 보육사업은 아동 및 여성과 가족의 욕구는 물론 국가와 사회의 유지, 발전 및 통합과 정상적인 기능 수행에 기여한다는 데 의의가 있다.

2. 보육사업의 필요성과 목적

1) 보육사업의 필요성 및 목적

우리나라의 보육사업은 핵가족화와 여성 취업인구의 증가에 따른 보육수요에 부응하기 위한 필요성에 의해서 1991년 제정 공포된 영유아보육법과 영유아보육법 시행령 및 시행규칙에 의하여 복지사업의 일환으로 시행되고 있다.

가정복지 증진의 도모

- 영유아의 건전한 육성 도모
- 보호자의 경제적 사회적 활동 지원

↑

보육시설 확충 및 보육내용 내실화

- 저소득층 밀집지역 등 취약지역에 정부지원 보육시설 증설
- 보육인력의 전문성 제고
- 보육서비스의 질적 향상 도모

↑

보육수요의 급증

- 여성의 사회참여 증가
- 가족구조 및 기능의 변화
- 출산력의 저하와 소자녀화
- 가치관의 변화(자녀중심적 경향 〉 자기중심적 경향)
- 아동양육과 교육의 전문화에 대한 요구 증가

|그림 11-1| 보육사업의 기본개념도

출처 : 여성가족부(2005). 2005년 보육사업 안내.

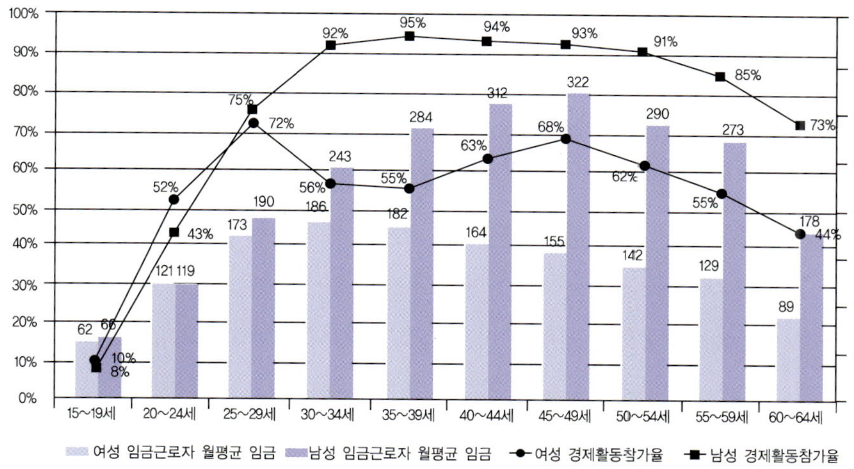

|그림 11-2| 성별 연령계층별 경제활동 참가율 및 평균임금

출처 : 통계청(2015). 2015년 경제활동인구조사보고서.

2) 보육대상 아동

보육사업 초기의 대상 아동은 주로 저소득층 맞벌이부부의 자녀였다. 그러나 보육에 대한 사회 전체의 수요가 급증함에 따라 그 대상은 일반가정의 아동으로 확대되었으며, 단 저소득층 가정의 자녀에 대해서는 국가나 지방자치단체의 지원을 통해 우선 보호가 이루어지도록 하고 있다. 2012년 3월부터는 0~2세 영아들의 경우 무상보육이 시행되고 있다.

우리나라 보육서비스의 대상과 규모는 보육서비스의 이념에 따라 변화되었으며, 현재 우리나라는 영유아보육법에 따라 보편적 보육 관점을 지향하고 있다. 영유아보육법에 따른 보육의 이용 대상이 되는 아동은 6세 미만의 취학 전 모든 아동을 원칙으로 하며, 필요한 경우 어린이집의 원장은 만 12세까지 연장하여 보육할 수 있다(제27조). 또한 어린이집에 입소할 수 있는 아동의 우선 제공 대상자는 다음과 같다(제28조).

① 국민기초생활 보장법에 따른 수급자

② 한부모가족지원법 제5조에 따른 보호대상자의 자녀

③ 국민기초생활 보장법 제24조에 따른 차상위계층의 자녀

④ 장애인복지법 제2조에 따른 장애인 중 보건복지부령으로 정하는 장애등급 이상에 해당하는 자의 자녀

⑤ 다문화가족지원법 제2조 제1호에 따른 다문화가족의 자녀

⑥ 「국가유공자 등 예우 및 지원에 관한 법률」 제4조 제1항에 따른 국가유공자 중 제3호의 전몰군경, 제4호・제6호・제12호・제15호・제17호의 상이자로서 보건복지부령으로 정하는 자, 제5호・제14호・제16호의 순직자의 자녀

⑦ 제1형 당뇨를 가진 경우로서 의학적 조치가 용이하고 일상생활이 가능하여 보육에 지장이 없는 영유아

⑧ 그 밖에 소득수준 및 보육수요 등을 고려하여 보건복지부령으로 정하는 자의 자녀

3) 보육 기준시간

1일 12시간 종일제 운영을 원칙으로 한다. 공휴일을 제외하고 연중 계속 운영한다. 시설장과 보호자 간의 협의에 의해 조정 가능하다.

3. 아동보육의 유형

1) 장소별 보육유형

(1) 가정에서의 보육

① 가정 내 보육서비스

- 서비스 제공자나 서비스 수혜자인 아동의 가정에서 보호 제공
- 가정 내에서 아동을 보살핀다는 장점을 가지나, 제공되는 서비스에 한계가 있음

② 가정보육서비스

- 서비스 제공자의 가정에서 5명 내외의 다수 아동을 보호
- 특히 장애아동에게 효과적

③ 가정 집단 보육서비스

- 보육서비스를 하는 사람의 집에서 그 사람의 아동들을 포함해서 7명에서 12명의 아동을 보호
- 가정 내 보육과 센터 내 보육서비스의 중간 형태

(2) 시설보육(센터 내 보육서비스)

가정이 아닌 시설에서 11~16명의 아동을 보육하는 것으로, 대학교 부설, 직장 부설, 복지단체 부설, 종교단체 부설 보육시설이 있다. 직원, 워커 등으로 구성된 전문가들로 구성되어 있으며, 시설보육의 장단점을 살펴보면 다음과 같다.

① 장점

- 정식으로 관계관청으로부터 허가를 받으며 관련부처의 허가와 감독을 받는다.
- 운영시간이 일정하므로 안정성이 있다.
- 전문적인 보육교사, 아동이 안정된 장소에서 일상적인 경험을 한다.
- 아동들에게 형식적인 학습경험을 다양하게 준비한다.
- 풍부한 교구와 자료를 갖춘 안정된 환경에서 다른 아동과 같이 놀 수 있는 기회를 가진다.

② 단점

- 아동의 개인적 특성을 살릴 수 있는 융통성이 적다.
- 여러 사람의 교사가 돌보므로 성인과의 안정된 관계를 가지기 어렵다.
- 아동 수가 많으므로 공간이 부족하며, 질병과 전염병에 노출되기 쉽다.

2) 운영주체별 보육유형

(1) 국공립보육시설

일반적으로 국가나 지방자치단체에 의해 운영된다. 이용자는 저소득층이 주가 되며 무료 혹은 저렴한 비용을 지불한다. 지역주민의 자녀를 50% 이상 보육하는 시설이다. 상시 영유아 11인 이상을 보육하여야 하며 국가 및 지방자치단체의 장이 인가절차 없이 직접 설치하되 보육시설 수급계획 등을 포함한 보육계획을 사전에 수립하여야 한다.

(2) 민간보육시설

사회복지법인이 아닌 비영리법인, 단체 또는 개인이 설치·운영하는 시설로, 직장보육시설 또는 가정보육시설이나 부모협동보육시설이 아닌 시설이다. 상시 영유아 21인 이상을 보육하여야 하며 유치원과 학원 등 유사기관으로 오인할 수 있는 명칭은 사용할 수 없다. 설치 시에는 시장·군수 또는 구청장에게 사전에 인가를 신청하여야 한다.

(3) 직장보육시설

사업주가 사업장의 근로자를 위하여 단독 또는 공동으로 사업장 내 또는 그에 준하는 인근지역과 사원주택 등 사업장 근로자 밀집 거주지역에서 설치·운영하는 시설(국가 또는 지방자치단체의 장이 소속 공무원을 위하여 설치·운영하는 시설을 포함한다)로 보육아동 정원의 1/3 이상이 동 사업장 근로자의 자녀이어야 한다. 상시 영유아 5인 이상을 보육하여야 하며 직장보육시설 설치의무 대상 사업장은 상시 여성 근로자 300인 이상 또는 상시 근로자 500인 이상을 고용하고 있는 사업장(영유아보육법 시행령 제20조 제1항)이다.

〈표 11-1〉 어린이집 수 및 아동 수 현황

(단위 : 개소, 명)

구 분		2013	2014	2015	2016
어린이집 수	계	43,770	43,742	42,517	41,084
	(전년대비, %)	2.92	-0.06	-2.80	-3.40
	국공립	2,332	2,489	2,629	2,859
	사회복지법인	1,439	1,420	1,414	1,402
	법인·단체 등	868	852	834	804
	민 간	14,751	14,822	14,626	14,316
	가 정	23,632	23,318	22,074	20,598
	협 동	129	149	155	157
	직 장	619	692	785	948
보육아동 수	계	1,486,980	1,496,671	1,452,813	1,451,215
	(전년대비,%)	-0.03	0.65	-2.93	-0.10
	국공립	154,465	159,241	165,743	175,929
	사회복지법인	108,834	104,552	99,715	99,113
	법인·단체 등	51,684	49,175	46,858	45,374
	민 간	770,179	775,414	747,598	745,663
	가 정	364,113	365,250	344,007	328,594
	협 동	3,226	3,774	4,127	4,240
	직 장	34,479	39,265	44,765	52,302

출처 : 보건복지부(2017). 보육통계(국가승인통계 제15407호, 어린이집 및 이용자 통계).

〈표 11-1〉에서 어린이집 수 현황을 살펴보면 2016년 국공립 보육시설은 2,859개소, 사회복지법인 보육시설 1,402개소, 법인·단체 등 보육시설 804개소, 민간보육시설 14,316개소, 가정보육시설 20,598개소, 협동보육시설 157개소, 직장보육시설 948개소, 총 41,084개소로 2015년 42,517개소 대비 1,433개소(-3.40%)가 축소되었다. 보육이용 현원 현황도 2016년 1,451,215명으로 2015년 1,452,813명 대비 1,598명(-0.10%)이 축소되었다.

〈표 11-2〉 연령별 시설이용 현황

연령별	2014	2015	2016
전체(계)	1,496,671	1,452,813	1,451,215
만 0세	138,563	137,117	141,013
만 1세	342,056	308,227	318,245
만 2세	409,954	419,252	386,726
만 3세	265,338	253,294	263,652
만 4세	177,014	180,249	180,255
만 5세	155,510	147,278	153,893
만 6세 이상	8,236	7,396	7,431

출처 : 보건복지부(2017). 보육통계(국가승인통계 제15407호, 어린이집 및 이용자 통계).

〈표 11-2〉에서 2016년도 보육시설 이용아동을 연령별로 구분할 경우, 0세는 141,013명, 1세는 318,245명, 2세는 386,726명, 3세는 263,652명, 4세는 180,255명, 5세는 153,893명이며, 6세 이상 아동도 7,431명으로 나타났다.

3) 운영 시간별 보육유형

(1) 종일제 보육

어린이집은 주 6일 이상, 하루 12시간 이상 운영하여야 한다. 다만, 보호자의 근로시간 등을 고려하여 보호자 및 그 영유아에게 불편을 주지 않는 범위에서 어린이집의 운영일 및 운영시간을 조정하여 운영하는 경우로서 어린이집의 원장이 미리 영유아의 보호자에게 동의를 받은 경우에는 그러하지 아니하다.

아이돌봄서비스에서의 종일제는 만 3개월 이상부터 만 24개월 이하의 영아를 종일 돌보는 서비스이다. 종일제 아이돌봄서비스로는 영아종일제 돌봄서비스와 보육교사형 돌봄서비스가 있다. 영아종일제 돌봄서비스의 정부지원 시간은 월 200시간으로 하루 최소 6시간 이상, 월 120시간을 사용하는 것이 원칙이다. 보육교사형 돌봄서비스는 보육교사 자격증을 소지한 아이돌보미가 영아종일제 아동의 특성에 맞춘 전문 돌봄 프로그램을 제공한다. 월간 활동 계획안과 일일 활동일지를 제공하며 영아종일제와 같은 기준으로 정부지원 시간과 지원금을 차등 지원한다.

(2) 반일제 보육

반일제 보육은 하루 여섯 시간 이하로 운영되며 보통 개별화된 학습과 다양한 활동을 강조하는 발달적 프로그램을 제공한다. 보통 오전 8시 30분이나 9시에 시작하여 오후 1시나 2시에 끝난다. 우리나라 보육시설의 오전반 또는 오후반이 여기에 포함된다.

(3) 시간제 보육

시간제 보육은 하루의 일부분 또는 필요한 때는 언제나 아동을 돌보아 주는 시설이다. 이러한 보육시설은 쇼핑센터 지역에 주로 위치하고 있으며, 가끔 시간제로 아동을 보호하여 주는 것은 고객의 편의를 위한 것이다.

어머니에게 오전 일손을 자유롭게 해주기 위해서 미국에서 교회의 지원으로 운영하는 Mom's Moring Out은 시간제 보육(drop-in)의 한 형태이다. 요금을 요구할 때에는 시간당으로 계산하여 지불한다(성영혜 · 김연진, 2001 : 253).

(4) 방과 후 보육

연장보육, 방과 후 보육, 열쇠(latchkey) 프로그램은 학령기 아동의 방과 후의 생활을 지도하기 위해서 사용된 보육이다. 프로그램은 지역단위로 운영되거나 개인단위로 운영된다(서영숙 · 김경혜, 1996 : 67). 방과 후 보육은 아동이 보호를 받아야 한다는 복지적 입장과 청소년 범죄를 예방하는 차원에서 강조된다.

(5) 24시간 보육(숙박보육)

숙박보육은 24시간 동안 운영되며 직원은 교대로 근무한다. 잠자리와 식사가 포함되며 일반적으로 보호적 보육이 제공된다. 숙박보육은 특별한 도움이 필요한 아동 또는 야근이나 밤늦게 일하는 부모나 밤에 직장을 가진 부모를 위해서 기관이나 가정에서 24시간 개방하는 보육이다.

4) 대상 · 아동별 보육유형

(1) 일반아동 보육

장애를 가지고 있지 않은 건강한 아동을 대상으로 한 시설로 연령에 따라 다시 세분된다. 만 2세 미만의 영영아전담보육, 만 2세의 영아전담보육, 만 3~5세까지의 유아보육 및 초등학교에 재학 중인 아동이 수업이 끝난 후에 보호를 받는 보육이 있다(방과 후 반).

(2) 특수아동 보육

신체적 · 정신적 · 정서적 · 사회적으로 장애를 가진 아동이 그 대상이 되며, 중증장애아를 대상으로 하는 장애아전담보육 및 일반영유아와 장애아를 통합하는 통합보육이 있다.

5) 재원별 보육유형

재원별 보육유형은 유상보육과 무상보육이 있다. 유상보육은 보육시설의 운영비를 수익자가 부담하는 시설을 말한다. 무상보육은 국가와 지방자치단체가 운영비를 부담하는 시설을 말한다.

우리나라는 무상보육의 범위 및 대상으로서 첫째, 매년 1월 1일 현재 만 3세 이상인 영유아, 둘째, 1월 2일부터 3월 1일까지의 기간 중에 만 3세가 된 영유아는 대상이 된다. 다만, 어린이집에서 영유아보육법 제29조에 따른 보육과정 중 보건복지부장관과 교육부장관이 협의하여 정하는 공통의 보육 · 교육과정('공통과정'이라 한다)을 제공받는 경우이다.

4. 보육내용

1) 보육의 기본 원칙(영유아보육법 시행규칙 제23조 관련)

(1) 보호

영아 및 유아에 대하여 심신의 세심한 보호를 통하여 가정과 같은 분위기를 조성하여 정서적 안정감을 도모한다.

(2) 교육

영유아의 신체적・사회적・정서적・지적 및 언어적 발달에 기여할 수 있는 경험을 제공하고, 유능하고 존중받는 사람으로서의 자기 존중감을 발달시킬 수 있도록 도와주어야 한다.

(3) 영양

규칙적인 식사와 간식의 제공으로 충분하고 균형 있는 영양을 공급해 주며 바른 식습관을 가질 수 있도록 도와주어야 한다.

(4) 건강[1]

영유아의 신체적・정서적 건강을 위하여 예방적 서비스를 제공하고 현재 가지고 있는 건강문제를 발견하여 치료하게 해줌으로써 영유아와 그 가족 및 지역사회의 건강을 증진시키도록 하여야 한다.

(5) 안전

보육시설의 종사자는 안전관리의 중요성을 인식하고 이를 실천하기 위하여 노력하여야 하며, 영유아 스스로가 자신의 안전을 보호할 수 있는 능력과 기술을 가지도록 도와주어야 한다.

---

1) 보육시설의 장은 영유아의 건강진단을 연 1회 이상 실시하여야 한다(시행규칙 제33조).

(6) 부모에 대한 서비스

보호자 혹은 의사결정자로서의 부모참여, 부모교육, 보육과정의 관찰 등을 통하여 부모에게 보육시설의 조직과 목표, 철학 등을 이해시켜 보육의 효과를 높이도록 하여야 한다.

보호자(부모)교육에 있어서는 영유아의 성장·양육 방법, 보호자의 역할, 영유아의 인권보호 및 아동학대 예방, 가족윤리 및 예절, 가족의 건강·안전·영양 등이 포함되어야 한다.

(7) 지역사회와의 교류

지역사회 인사의 보육활동에의 참여, 지역사회 보육시설 활용, 보육시설의 지역사회시설 활용, 대중매체를 통한 지역사회와의 의사소통 등을 통하여 효율적인 보육 프로그램의 운영과 보육시설·가정·지역사회와의 공조체제와 책임분담을 도모함으로써 영유아·가정·지역사회 모두의 복지에 공헌하도록 하여야 한다.

2) 실천과정

(1) 보육계획의 수립

프로그램의 대상 아동과 부모의 요구, 담당교직원, 교육철학, 시설 및 설비 등의 환경, 수업일수 및 시간, 주변 환경과 지역사회의 요구와 조건, 행정적 지원 및 규제 등을 고려

(2) 보육계획

① 영유아의 발달수준과 개별적 상황에 맞도록 단기계획과 장기계획으로 수립

② 장기계획은 보육 프로그램이 지향하는 목적과 철학에 바탕을 두고 연간계획, 월간계획, 주간계획, 일일계획을 수립

③ 내용 : 건강생활, 사회생활, 표현생활, 언어생활, 탐구생활 등

3) 보육교직원

① **원장** : 1명, 다만 영유아 20명 이하를 보육하는 어린이집은 어린이집의 원장이 보육교사를 겸임할 수 있음

② **보육교사**

- 만 1세 미만의 영유아 3명당 1명 원칙
- 만 1세 이상 만 2세 미만의 영유아 5명당 1명 원칙
- 만 2세 이상 만 3세 미만의 영유아 7명당 1명 원칙
- 만 3세 이상 만 4세 미만의 영유아 15명당 1명 원칙
- 만 4세 이상 미취학아동 20명당 1명 원칙으로 하며, 영유아 40명당 1명은 보육교사 1급 자격을 가진 사람이어야 함

③ **간호사** : 영유아 100명 이상 보육하는 어린이집의 경우 1명(간호조무사 포함)

④ **영양사** : 영유아 100명 이상을 보육하는 어린이집의 경우에 1명. 다만, 어린이집 단독으로 영양사를 두는 것이 곤란한 경우에는 같은 시·군·구의 5개 이내 어린이집이 공동으로 영양사를 둘 수 있다.

⑤ **조리원** : 영유아 40명 이상 80명 이하를 보육하는 어린이집의 경우 조리원 1명을 두며, 영유아가 80명을 초과할 때마다 1명씩 증원한다.

⑥ **그 밖의 보육교직원** : 어린이집의 규모와 특성에 따라 의사(또는 촉탁의사), 사회복지사, 사무원, 관리인, 위생원, 운전기사, 치료사 등의 보육교직원을 둘 수 있다.

⑦ 어린이집의 원장이 간호사 또는 영양사 자격이 있는 경우에는 간호사 또는 영양사를 겸직하게 할 수 있다.

5. 보육교직원의 역할

보육교직원이란 보육시설에서 영유아의 보육, 건강관리 및 보호자와의 상담, 기타 업무를 담당하는 자를 말한다.

1) 보육교사의 역할

(1) 아동에 대한 역할

아동의 기본적인 물리적・정서적・생리적 기본 욕구 충족, 아동의 건강 및 전관리

(2) 프로그램에 대한 역할

교수자로서의 역할 수행. 아동의 행동 특성을 관찰하기 위한 관찰자 및 기록자, 아동과 프로그램에 대한 평가자, 프로그램 계획 조직자, 일과를 융통성 있게 운영하는 운영자, 아동의 학습을 격려하는 촉진자

(3) 부모 및 지역사회에 대한 역할

부모 및 지역사회의 교류자로서의 역할, 부모와 원할한 의사소통 촉진, 부모와 보육시설과의 신뢰감 형성에 기여, 지역사회에 보육시설을 소개, 지역사회로부터 지원을 얻어내는 역할

2) 사회복지사의 역할

(1) 보육대상 아동에 대한 역할

욕구사정, 상담, 지역사회자원 개발 및 연결

(2) 가족에 대한 역할

가족의 문제와 욕구 파악, 부모교육 및 상담(가정의 심리적・정서적 문제 해결), 경제적 어려움에 대한 정보 제공 및 지역사회자원 연결, 부모와 교사와의 관계 촉진(부모가 보육 프로그램에 적극적으로 참여하도록 유도)

(3) 보육교사 및 지역사회에 대한 역할

보육교사와 팀 접근을 통해 보육의 목적 달성, 시설의 개방화, 지역주민의 보육시설 활용 및 행사 참여 유도, 지역의 자원 활용 및 행사에 적극적 참여 유도

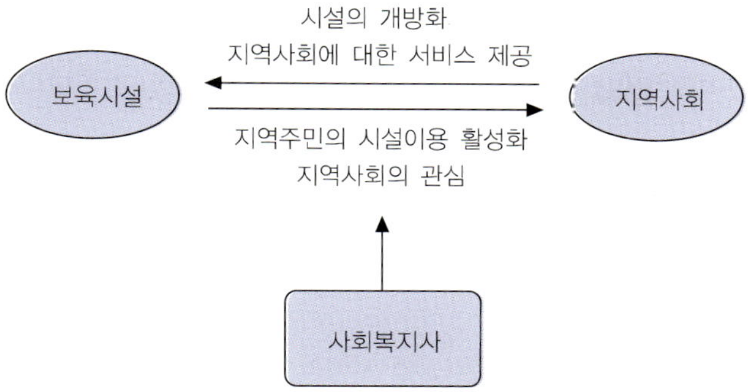

|그림 11-3| 보육사업에 있어서 사회복지사의 역할

6. 보육정책조정위원회, 보육정책위원회, 육아종합지원센터, 보육개발원

1) 보육정책에 관한 관계 부처 간의 의견을 조정하기 위하여 국무총리 소속으로 보육정책조정위원회를 둔다(영유아보육법 제5조 제1항).

2) 보육에 관한 각종 정책·사업·보육지도 및 어린이집 평가인증사항 등을 심의하기 위하여 보건복지부에 중앙보육정책위원회를, 특별시·광역시·도·특별자치도 및 시·군·구에 지방보육정책위원회를 둔다(영유아보육법 제6조 제1항).

3) 영유아에게 일시보육서비스를 제공하거나 보육에 관한 정보의 수집·제공 및 상담을 위하여 보건복지부장관은 중앙육아종합지원센터를, 특별시장·광역시장·특별자치시장·도지사·특별자치도지사 및 시장·군수·구청장은 지방육아종합지원센터를 설치·운영하여야 한다. 이 경우 필요하다고 인정하는 경우에는 영아·장애아 보육 등에 관한 육아종합지원센터를 별도로 설치·운영할 수 있다(영유아보육법 제7조 제1항).

4) 보건복지부장관은 보육에 관한 연구와 정보 제공, 프로그램 및 교재 개발, 평가척도 개발 및 보육교직원 연수 등의 업무를 위하여 보육개발원을 설치하거나 그 업무를 관련 연구기관 등에 위탁할 수 있다(영유아보육법 제8조 제1항).

5) 보육정책위원회의 기능(동법 시행령 제7조)

(1) 중앙보육정책위원회

① 보육계획 및 연도별 시행계획의 수립에 관한 사항

② 보육과정의 개발에 관한 사항

③ 어린이집의 평가인증 제도에 관한 사항

④ 그 밖에 보육 관련 업무의 위탁 등 보육에 관하여 위원장이 회의에 부치는 사항

(2) 지방보육정책위원회

① 보육계획 및 연도별 시행계획의 수립에 관한 사항

② 공립어린이집의 설치 및 운영 위탁에 관한 사항

③ 교육훈련시설의 지정에 관한 사항

④ 보수교육의 실시 위탁에 관한 사항

⑤ 어린이집 이용자가 납부할 보육료 등에 관한 사항

⑥ 도서・벽지・농어촌지역 등의 어린이집 설치기준 및 보육교직원의 배치기준에 관한 사항

⑦ 그 밖에 보육에 관하여 위원장이 회의에 부치는 사항

6) 육아종합지원센터의 기능(동법 시행령 제13조)

① 일시보육서비스의 제공

② 보육에 관한 정보의 수집 및 제공

③ 보육 프로그램 및 교재 · 교구(敎具)의 제공 또는 대여

④ 보육교직원에 대한 상담 및 구인 · 구직 정보의 제공

⑤ 어린이집 설치 · 운영 등에 관한 상담 및 컨설팅

⑥ 장애아 보육 등 취약보육(脆弱保育)에 대한 정보의 제공

⑦ 부모에 대한 상담 · 교육

⑧ 영유아의 체험 및 놀이공간 제공

⑨ 영유아 부모 및 보육교직원에 대한 영유아 학대 예방 교육

⑩ 그 밖에 어린이집 운영 및 가정양육 지원 등에 관하여 필요한 사항

제2절 학교사회복지사업

1. 학교사회복지의 개념 및 목적

1) 학교사회복지의 개념

학교사회복지는 학교의 교육활동계획의 일부로서 학생이 학교에 적응하는 데에 있어 곤란의 원인이 되는 사회적 · 정서적 문제를 해결할 수 있도록 학생을 원조하는 활동이다. 학교사회복지는 학교라는 사회적 제도와 지역사회라는 환경 안에 개입하여 학생의 심리 · 사회적 기능과 학업성취 능력을 향상시킴은 물론, 학교 교육과 관련된 서비스 욕구를 가진 사회의 구성원들에게 교육의 기회를 공평하게 제공하여 개인이 욕구를 충족하고 보장받을 수 있도록 도와주고 지지해 주는 사회사업실천의 전문 분야이다.

학교사회복지의 초기에 학교사회복지사는 방문교사라고 불렸으며, 그들의 역할에 대하여 학생의 복지를 위해 가정과 학교 사이의 협조를 최대화하는 것으로 정의되었다. 중기에는 개별사회사업 발달의 영향으로 전문성이 크게 강조되어 학교사회복지사의 역할은 개별사회사업을 통하여 학생이 학교생활에 적응하도록 학교와 교사의 협조를 받아 활동하는 것으로 정의되었다. 이와 같이 초기의 학교

사회복지는 학생 개인에 대한 개별사회사업적 접근에 한정되었지만, 오랜 발달과정을 거치면서 학생 개인뿐 아니라 가족-학교-지역사회 등의 환경적 요소와 예방적 접근까지도 포함하는 확장된 정의를 가지게 되었다.

학교사회복지란 학교사회복지사가 사회복지의 원리와 방법의 적용을 통한 학교, 가정 및 지역사회의 자원체계를 조정·활용하여 학생의 정상적인 생활에 장애가 되는 심리적·사회적 부적응을 조기에 발견, 예방, 치료하여 교육체계의 중요한 임무를 원활하게 수행하는 데 필요한 서비스를 제공하는 것이다(전재일 외, 2004). 시대가 변화하고 사회가 변화함에 따라 학생들이 당면하는 문제의 원인과 행태가 다양하기 때문에 학교사회복지사의 역할은 그 시대와 상황에 맞게 역동적으로 변화하고 발전되어야 한다.

2) 학교사회복지의 목적

학교사회복지는 학교가 교육의 본질적인 목적을 달성하도록 도와주는 사회복지실천의 전문 분야이므로, 사회복지실천의 목적과 교육의 목적을 상호 접목시킨 것이 학교사회복지의 목적이라고 할 수 있다. 학교사회복지는 인간의 존엄성과 잠재력을 최대한 실현시키기 위해 사회복지실천방법론과 교육방법론을 병행하여 최적의 교육환경과 서비스를 제공하는 것이라고 할 수 있다.

학교사회복지의 기능을 살펴보면 다음과 같다(전재일 외, 2004).

① 사회적, 정서적 부적응의 징후를 나타내는 학생문제를 조기발견, 예방하는 기능
② 학생이 학교에서 만족스러운 자아실현의 기회를 갖도록 그의 잠재력을 최대한으로 개발시키는 기능
③ 개별사회사업 및 집단사회사업을 통한 직접적인 치료활동을 비롯하여 지역사회의 이용 가능한 자원을 조직하고 동원하는 기능
④ 교사와 학생간의 관계 개선의 노력과 학교 내의 문제를 해결하기 위한 전문가팀을 구성하여 효과적인 원조관계를 형성하는 기능

⑤ 학교-학부모-지역사회 인사와의 상호 협력체계를 구성하는 기능
⑥ 정신건강의 입장에서 학생들에게 장애를 주는 환경적 요소를 개선하고 교육적 분위기를 구성하는 기능
⑦ 학생문제에 대한 새로운 중재 방법을 제공하고 활용하는 기능

2. 학교사회복지의 역사

1) 미 국

초기에는 뉴욕의 인보관에서 학교와 가정과의 연락을 위한 방문가(방문교사)를 채용하였으며 그 후 국가 책임하에 공식화되었다. 먼저 공립학교에서 소년비행을 방지하기 위해 방문교사제가 채택되었다. 이 제도는 전문적으로 학생들을 돕는 사회사업의 한 분야이며 학교와 가족, 지역사회의 노력에 영향을 주고, 이러한 노력들의 목적을 달성하도록 돕는 것이다.

2) 독 일

독일은 학생 개개인의 특성을 인정하는 것에서 시작하였으며, 학교 부적응에 관한 문제를 학습능력 측면과 사회화능력 측면으로 분류하여 적합한 학교사회사업 프로그램을 제공하고 있다. 특히 게잠트슐레 제도는 학교 사회사업의 내용과 프로그램을 학교 내로 적극 도입하여 활용하는 것이다.

3) 스웨덴

학생을 고립된 존재로 보지 않고 사회와 제도적 환경 내에서 유기적으로 접근하며, 가족, 학교, 지역사회의 다양한 자원을 학생들에게 연계해 법적·의료적·정서적 지원을 하고 있다.

4) 우리나라

우리나라는 1970년대 학교 사회사업의 필요성에 대한 문제제기가 있었으며 1990년대 중반 이후 지역사회복지관과 전문상담실을 중심으로 학교와 연계된 학교사회사업 서비스가 제공되었다. 1997년 학교사회사업가의 시범사업을 통해 공식적인 학교 사회사업가의 활동이 시작되었으며 현재 학교 상주형과 지역사회 중심의 학교사회사업으로 나눌 수 있다.

〈표 11-3〉 1995년 이후 학교사회복지 도입을 위한 현황

일 자	현 황
1995. 12.	국민복지기획단 공청회, 학교사회사업제도 도입 권고-요보호아동의 발생 및 청소년비행의 예방에 효과적인 학교사회사업제도를 도입하기 위하여 1998년까지 6개교(중·고등학교 각 3개교)를 선정하여 1차 시범사업을 실시하고 1999년의 평가를 거쳐 2000년부터 2002년까지 2차 시범사업을 실시함
1996. 3.	교육부, 학교사회사업제도 검토 시작
1996. 6.	교육부 전국생활지도담당 장학관회의 소집, 학교사회사업제도 소개와 상담기능 확충방안 협의
1996. 6.	학교사회사업제도 시범운영계획 언론보도(중앙일보)
1996. 7.~ 1997. 6.	서울특별시교육청, 학교사회사업 제도화방안 연구 프로젝트 추진, 서울대학교 사회복지 연구소에 연구의뢰, 학교사회사업가 투입을 통한 시범학교 운영(영등포여상, 연북중, 광신고등학교)
1996. 9.	교육부, 학교사회사업 제도도입을 위한 학교상담기능 확충, 연구학교 운영계획 수립, 대도시 교육청에 통보, 연구학교 희망 신청 접수
1997. 3.~ 1999. 2.	1차 연구시범학교 운영(서울 무학여고, 대구 제일여상, 광주 북성중, 대전 충남중)
1997. 3.	대학사회복지연구소협의회, 학교사회사업 대 토론회 개최
1997. 5.	학교사회사업학회 결성
1997. 7.	초·중등교육법 제정
2000. 9.	한국학교사회복지협회 결성
2000~2001	서울특별시 교육청 2차 생활지도 시범사업
2002~2007	서울특별시 교육청 3, 4, 5차 학교사회사업 시범사업
2002~2004	사회복지공동모금회 기획사업(3년)으로 학교사회복지 실시
2003~현재	지방자치단체 학교사회복지 사업 시행 교육부 : 교육복지투자우선지역지원사업(2012년 1,490학교에 교육전문가 배치)

2004~현재	위스타트사업과 드림스타트사업 : 지방자치단체와 민간단체가 공동으로 추진하는 교육지원사업. 12세 이하 아동에 대한 맞춤서비스 지향
2005~현재	학교사회복지사 자격시험
2009	위프로젝트사업 실시 : 교육청에 다양한 인력이 상주하면서 학생들의 어려움을 지원하는 위센터를 구축하고, 이후 학교에 위클래스를 운영하는 형태를 취하면서 학생들을 지원해 주는 사업
2009. 6.	우리나라 최초로 경기도 성남시에서 학교사회복지 관련 조례가 제정됨
2010~현재	학교사회복지에 관한 법제화 준비

3. 학교사회복지사업의 특성

1) 특 성

학교사회복지의 특성은 학교가 주된 활동영역이므로 학교 내의 인적·물적 자원 활용은 물론 지역사회의 자원 활용을 위한 치료적·예방적·재활적인 것을 포함하는 유대강화가 필요하다.

바틀렛(Bartlett)은 미국의 학교 장면에서 사회복지 실천의 특징을 다섯 가지 제시하였다.

① **중심문제** : 공립학교의 일차적 기능은 교육이다.

② **조직된 서비스 체계** : 학교는 대단히 관료주의적인 체제이다.

③ **지식의 실체** : 교육 분야는 다양한 교재와 방법뿐만 아니라, 학생을 위한 최선의 학습조건과 방법에 관한 이념까지도 포함하고 있다.

④ **사회문화적 태도** : 우리 사회는 공립학교의 기능에 대단히 가치를 두고 있다. 학생의 기능적 기술, 개발과 직업인과 사회인으로서 준비시킬 책임성을 가지고 있다.

⑤ 서비스를 받는 사람의 특징적인 반응과 행동–학교장면의 다수의 학생들의 일반적 반응은 적응에 관한 것이다. 제도의 구조 속에서 적응하지 못하는 학생과 그에 따른 환경적·사회적·심리적 요구에 적응하지 못하는 학생들

은 거부당하거나 특별반에 맡겨지거나 치료적 프로그램에 보내어진다(전재일 외, 2004).

4. 학교사회복지사업의 대상

스말리(R. Smalley)는 학교사회복지사업의 대상을 학교생활의 실패, 공격적이고 반사회적인 행동, 무단결석, 퇴행적인 행동, 사회적으로 바람직하지 못한 행동, 병이나 신체적인 결함이 있는 학생으로 보았다.

1) 학교생활의 실패

학교생활의 실패는 출석문제, 학업부진, 성적불량, 학교생활의 흥미 결여, 좋지 못한 학업태도 등을 들 수 있는데, 그 원인으로서는 교사와 학생과의 만족스럽지 못한 관계, 소속감의 결여, 교사의 이해 부족, 학생의 무능력, 부모의 무관심, 교사의 업무과잉 등의 학생 자신, 교사, 가족책임의 복합적인 요인이라 볼 수 있다. 학업부진은 학교생활의 실패에 가장 뚜렷한 증상이다. 학업부진아의 경우는 학교자체로나 교육제도 내에서 나아가 지역사회의 여러 사회자원이 요청되는데, 특수한 진단방법과 치료방법을 동원한 교과활동이 있어야 할 것이다.

2) 공격적이고 반사회적 행동

공격적이고 반사회적인 행동은 학교생활 실패의 원인이 되며 자신의 인격적·사회적 문제는 공격적·반사회적 행동의 문제이다. 이러한 행동은 부모의 억압으로 인한 열등감, 과잉보호로 인한 의존성과 불안정 상태, 부모의 사랑이나 지지를 받지 못한 불평등한 취급을 받는 학생들의 퇴행적인 관심을 끌기 위한 것이라고 할 수 있다. 이 반사회적 행동은 사회부적응으로 좌절감에서 생기는 행동이므로 장기적인 대책이 요구되며, 특히 징계적 태도보다 발생요인과 성격요인을 파악해서 치료계획을 세워 접근해야 할 것이다.

3) 무단결석

무단결석은 이상의 문제와는 다르게 학교제도 내에서 일어나는 학교사회사업가의 중요한 당면 문제이다. 이런 문제는 첫째, 가정이 기본적으로 교육에 대하여 무관심하거나 절대적이라서 학교를 가치 없는 체계로 인정하고, 둘째, 부모가 무의식적으로 결석을 조장하는 공생적인 관계, 자녀를 무의식으로 거부하거나 증오하는 결과이며, 셋째, 학교나 교사에 대하여 너무 엄격하고 불쾌한 경험을 하거나 무관심에 대한 실망, 넷째, 공포증을 비롯한 학생의 정서적인 문제 등에서 기인된다. 이런 문제가 심하면 정신의학적인 치료가 요구될 때도 있다.

4) 퇴행적인 행동

퇴행적인 행동은 심한 관심을 끌기 위한 행동으로 어린애 같은 행동이나 유치한 장난을 해서 주위의 관심을 끌거나 공부시간에 정신집중이 안 되고 산만한 분위기를 만들고, 정서적으로 불안정을 보이는데, 이는 부모의 무관심이나 냉담 속에 자랐거나 가족관계상 원만하지 못한 가정, 가정의 파탄, 부모로부터의 거부, 주위로부터 인정을 받지 못한 불만이나 갈등을 내포하고 있다.

5) 병이나 천대로 인한 신체적 결핍

맹아, 농아, 지체부자유아, 정신부자유아, 정신박약아, 성격장애아, 언어장애자 등을 들 수 있는데, 이런 문제는 특수교육에 의해서 보호되고 있으나 이들을 위하여 이용할 수 있는 모든 시설의 설치와 그 이용을 돕는 제도적 개선과 협력을 갖는 일이 필요하다.

6) 사회적으로 바람직하지 못한 행동

괴상하고 사회적으로 바람직하지 못한 행동은 부적응 문제에서 오는 것으로, 백일몽, 정서불안, 공포, 퇴행적 행동과 도벽, 가출, 성적 이상 행동, 낭비까지 포함한다. 신경증이나 신경적인 성격도 포함되는 것으로 정신의학적인 치료가 요구되기도 한다.

5. 학교사회사업의 역할 및 실천 개입방법

1) 학교사회사업의 실천방향

(1) 학교중심 접근방법

학교중심 접근방법의 학교사회사업은 각 학교단위로 전담 학교사회사업가를 배치하여 장기적으로는 학교에 전담 학교사회사업가를 배치하여 독립적으로 운영하는 것이다. 그러나 현재 우리나라 학교조직의 특수성을 고려한다면 학교중심 접근방법의 학교사회사업의 도입은 위에서 살펴본 것처럼 전적으로 학교의 통제하에 운영될 수밖에 없는 한계를 가지고 출발해야 하는 실정이다.

학교사회사업의 도입단계인 현실을 감안한다면 학교사회사업가는 각 학교의 실정에 따라 계획을 수립하여 실천하는 것을 원칙으로 하면서, 이미 존재하여 나름대로 학생에 대한 상담활동을 하고 있는 진로상담실과의 협조적 관계를 형성하여 업무에 따른 역할분담을 하여 전문적 기능을 수행해 나가야 한다. 이 방법에서 학교사회사업가는 학교체계의 여러 하위체계와의 진정한 협력관계와 아울러 업무 수행에 관련된 학교 외부체계의 여러 지역 사회자원과의 협력관계를 발달시킬 수 있는 사회복지사 자신의 기술들을 개발하고 활용해야 한다. 또한 기존에 학생의 생활지도를 주로 담당하는 교도과와 학생과의 공동영역에 위치하는 것이 바람직하다. 그리고 생활지도위원회가 학생들의 생활지도를 위해 조직되어 있지만 그 활동은 미미하므로 학교사회사업가는 이를 활성화함으로써 학교사회사업을 효과적으로 실천해 나갈 수 있을 것이다.

이 접근방법은 학교사회사업이 제도화되어 현장실천을 통해 점차 독자성과 정체성을 확보하는 방향으로 계속 발전시켜 나가도록 노력하는 것이 과제이다.

(2) 기관중심 접근방법

기관중심 접근방법은 지역사회의 사회복지기관에서 학교와의 적절한 연계적 관계를 통해 사회사업을 실천해 나가므로 현 시점에서 오히려 더욱 바람직할 수도 있다. 기관중심 접근방법에 있어서 중요한 과제는 학교와의 관계 수립과 학교사회사업의 실천에 필요한 재정을 확보하는 것이다. 기관중심 접근방법이란 지역의 사회복지기관이 주체가 되어 학교와 협력체계를 구축하여 학교현장 또는 학교와 가까운 장소에 다양한 사회서비스를 제공하는 것이다.

이와 유사한 예로는 미국의 경우는 증가하는 아동 빈곤율, 아동학대, 무주택, 10대 임신과 같은 문제에 대한 관심의 증가로 학교연계서비스가 출현하였다. 특히 이들 서비스는 서비스의 분열과 조화결핍의 문제를 해결하기 위해 학교 내의 보건과 사회적 서비스의 통합을 주장한 교육개혁운동에서 유래되었다.

이러한 접근방법은 의뢰에 따른 협조관계의 질에 따라 성패가 좌우될 수 있다. 그러므로 협력위원회를 통해 사례회의와 기타회의를 활성화하여 기관이나 학교에 관련된 모든 직원의 참여의식을 고취시키는 것이 선행과제라 볼 수 있다.

2) 학교제도 내의 사회복지서비스 내용

〈표 11-4〉 각국의 학교제도 내에서 사회복지서비스의 내용

국가	내용
영 국	학교급식서비스, 학교보건서비스, 심신장애아 특별서비스, 직업지도, 교육복지서비스
미 국	정신의학서비스, 심리학적 서비스, 출석 장려 서비스, 직업상담, 학교사회사업
우리나라	보건서비스, 급식, 빈곤아동에 대한 물적·금전적 원조, 학생들의 사회적 조건에 대한 개별적 서비스

3) 학교사회사업가의 역할과 업무내용

사회복지사(학교사회사업가)는 학생과 부모에 대한 개별사회복지 서비스를 제공하고, 학교 사회사업을 홍보하며, 학교·지역사회·교사와 학생을 연결한다.

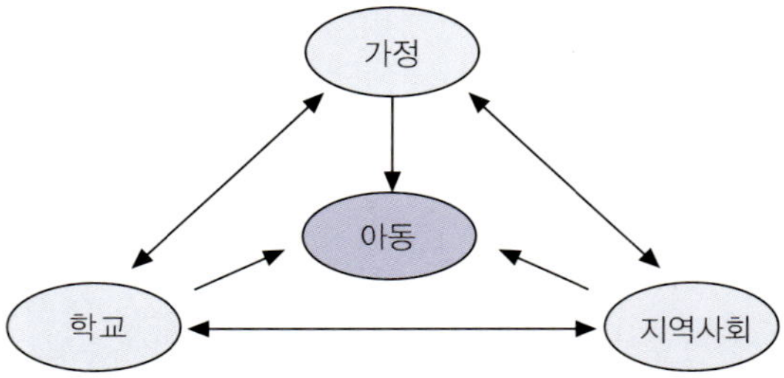

|그림 11-4| 아동과 가정, 학교 및 사회 환경과의 관계

(1) 지도력과 정책결정

- 학교 경영자인 교장과 교감 및 교사를 위한 보수교육을 돕는다.
- 학생들의 복지에 직접적인 영향을 주는 행정지침을 세우는 데 교장 또는 교감에게 자문한다.
- 학교체계에서 나타나는 문제의 증상을 확인하고 문제의 원인을 파악하기 위해 교장 또는 교감과 개별적으로 또는 집단으로 함께 일한다.
- 개인들 또는 지역사회 집단들과 함께 일함으로써 새로운 학교 외부 프로그램의 개발을 돕는다.
- 지역사회 기관들과의 협력관계를 개발하도록 교장 또는 교감을 권고한다.
- 학교체계의 문제점에 관한 부모들의 관심을 조직화하고 통로화하기 위해 부모 집단과 함께 일한다.

(2) 아동과 부모에 대한 개별사회사업 서비스

- 진단에 문제가 있을 때 정신과적, 심리학적, 개별사회사업적 자문을 구한다.
- 아동의 가정에서의 행동과 과거발달과 경험에 대한 정보를 부모로부터 얻는다.
- 학교 교직원들로부터 학교에서의 학생의 문제와 행동(교실 안팎에서)에 대한 정보를 얻는다.
- 부모에게 아동 문제의 본질을 명확화한다.
- 부모가 아동의 문제에 어떤 영향을 주고 있는지 알도록 돕는다.

- 부모가 아동의 학문적 가능성과 성과, 아동의 약점 및 미래에 대한 현실적인 인식을 갖도록 돕는다.

(3) 아동과 부모에 대한 교육상담

- 아동에게 학교와 부모의 권위의 본질에 대해 설명한다.
- 아동이 자신의 교육적 목표와 가치를 개발하도록 돕는다.
- 아동이 자신의 능력과 관심을 이해하도록 돕는다.
- 어떻게 부모가 교사와 학교와의 관계를 개선할 수 있는지 제안한다.
- 아동이 장기적으로 또는 무단으로 결석하는 경우 가정방문을 통해 출석을 점검한다.

(4) 교사에 대한 개인적 서비스

- 교사의 개인적 문제가 교사 업무의 효과적 수행을 방해할 때 교사의 개인적 문제를 도울 수 있는 지역사회 기관에 교사를 의뢰한다.
- 교사의 문제가 교사 업무를 방해하지 않는 경우에도 교사의 문제를 도울 수 있는 지역사회 기관에 교사를 의뢰한다.
- 지역사회서비스, 특히 아동과 가족이 직접 사용할 수 있는 서비스에 대해 교사가 알고 활용하도록 권장한다.
- 아동에 대해 교사가 내리는 해석의 본질을 교사와 함께 토의한다.

(5) 사례건수 관리

- 부모에게 복지기관이나 공공보건시설에 관한 정보(예 장소, 신청절차 등)를 제공한다.
- 교사가 아동의 자원을 발견할 수 있도록 돕는다.
- 아동의 정서적·사회적 문제가 아동의 학문적 성과에 영향을 미치는 과정에 대해 설명한다.

(6) 학교사회사업에 대한 설명

- 교사에게 학교사회사업의 본질, 목적, 과정을 설명한다.
- 아동에게 아동과 사회사업가가 어떻게 함께 일할 것인지 설명한다.

(7) 가정과 지역사회 기관과의 연계

- 아동과 가정이 지역사회 자원을 최대한 활용할 수 있도록 적극적으로 권장한다.
- 의뢰된 후 서비스가 제대로 주어지는지 확인하기 위해 가정과 사회적 기관 사이의 연계자로서의 역할을 한다.
- 아동 또는 가족을 다룬 적이 있는 다른 기관으로부터 정보를 얻는다.

(8) 아동을 교사에게 설명

- 아동과 가족에게서 기대될 수 있는 개선점을 사정한다.
- 문제를 가진 아동의 부모와 함께 일하는 방법에 대한 제안을 한다.
- 교사가 아동과 교사의 가치가 다를 수 있음을 인식하도록 돕는다.

(9) 아동의 정서적 문제에 대한 임상적 치료

- 아동이 자신의 정서적 문제에 대한 통찰력을 갖도록 돕는다.
- 아동이 자신의 개인적 목표나 가치를 개발하도록 돕는다.
- 아동이 자신의 가정, 학교 문제에 관한 감정과 반응을 결정할 수 있도록 면담한다.

4) 미국 학교사회사업가의 역할 변천

학교사회사업가의 역할과 기능은 정적인 것이 아니고, 사회, 지역사회, 학교, 그리고 학생들의 변화하는 다양한 욕구에 따라 달라지게 된다.

미국에서 이민이 증가하고 있음에도 이민자들 사이에서 교육의 중요성에 대한 인식이 결여되어 있던 1900년대 초, 학교사회사업가의 전신이라고 할 수 있는 방문교사의 역할은 가정, 학교, 지역사회의 연계를 통해 학교 부적응 학생들의 학업성취를 향상시키는 것이었다. 이들은 가정을 방문하여 학교생활을 가정에 전달하고, 부모들이 학교의 입장과 학생의 욕구를 이해하도록 돕고, 학생을 지역사회 기관에 의뢰하는 가정, 학교, 지역사회의 연계자의 역할을 담당했다.

1920년대 후반부터 일기 시작한 정신위생운동과 학생의 심리·정서적 문제에 관한 사회적 관심으로부터 학교사회사업가의 역할은 가정과 학교를 연계하던 연계자의 역할에서부터 전문심리치료자로서의 역할로 변화되었고, 이는 학교사회사업가의 역할이 사회의 변화를 반영하여 변화함을 시사해 준다.

미국 학교사회사업가의 업무의 중요도 변화를 살펴보면 다음과 같다.

- 1960년대 : 아동과 부모를 위한 개별사회사업 서비스 제공
  정서적 문제를 가진 아동에 대한 임상적 치료 등의 심리치료사의 역할
- 1970년대 : 다른 사람에게 아동의 문제를 명확화하는 역할
  학교·지역사회·학생들 간의 더 나은 관계 촉진, 아동과 부모에 대한 교육적 상담 등 매개적 역할
- 1980년대 : 행정적(서비스 기록이 유지와 비밀 보장과 같은 업무), 전문적(전문적 성장을 위한 지속교육에의 참여, 가족의 지역사회 자원 활용에 대한 원활화와 옹호)인 과업들

5) 학교사회사업가의 역할 준비(홍순혜, 1997)

(1) 교육제도에 대한 이해

학교는 교육체계의 일부로서 교육부, 시·도교육청 같은 상위체계의 영향을 받는다. 교육체계의 구성이나 그 체계가 움직여 가야 하는 방향들은 교육법, 교육법 시행령 등과 같은 교육관계법들에 명시되어 있으며 학교사회사업가의 역할도 이들 법에 의해 영향을 받을 수밖에 없다.

현재 우리나라 교육법과 그 관계법들은 학생에 대한 상담, 진로지도, 그 밖의 생활지도가 학교에서 교과목 지도 이외에 주어져야 함을 명시하고 있다. 또한 단

지 교육법만이 학교사회사업가의 역할에 영향을 주게 되는 것이 아니고, 특수교육진흥법, 학교급식법, 유아교육진흥법 등과 같은 법규들, 그리고 학생 복지에 영향을 줄 수 있는 다양한 법규들의 내용뿐만 아니라 개정되거나 새로 신설되는 내용도 알아야 한다.

(2) 학교에 대한 이해

학교는 다른 조직과 유사한 특성을 많이 가지고 있지만, 학교라는 조직이 추구하는 목적의 특수성 때문에 다른 일반 조직과는 다른 특성들도 가지게 된다. 학교는 교육이 목적이기 때문에 교육을 받는 학생 집단과 교수를 하는 교사집단으로 구성되는 이원적인 조직구조를 갖는다. 또한 학교조직의 최하층을 차지하는 교사가 전문가라는 점은 다른 일반조직들과 다른 점이다. 이들 전문가인 교사들은 교실 내에서 상당한 재량권을 가지게 되며 교과과목에 대한 수업의 전개는 교사의 주관적 판단에 의존하게 되며 따라서 다른 하부조직의 사람들과는 달리 교사들에 대한 감독이나 직무수행에 대한 통일된 기준을 얻기 어렵다. 결국 학교에 대한 이해는 학교사회사업가가 학교에서 활동할 때 어떤 형태의 어느 정도의 통제를 받을 것이며, 학교 체제를 어느 정도까지 활용하고 있는지, 또한 학교체계가 학생의 학교 부적응의 원인이 될 때 어떻게 개입하여야 하는지를 제시해 줄 수 있을 것이다.

(3) 학교와 환경체계에 대한 이해

학교의 환경은 학교라는 체계의 경계선 밖에 존재하면서 학교, 교사, 학생의 행동에 관한 의사결정에 관여하는 물리적·사회적 요소들의 총체라고 할 수 있다. 학교의 환경은 환경체계의 하위체계로 간주될 수 있는 학교 외의 타 조직들을 포함할 수 있다. 학교 학생들이 참여하고 걸스카우트, 보이스카우트 단체들, 학생들에게 다양한 서비스를 제공하며 자원봉사 프로그램을 코디네이트 해주고 있는 지역사회 복지관들, 학교에 직접 NIE(Newspaper In Education) 학습을 지원하고 있는 단체들, 교사들이 참여하고 있는 교원공제회 등이 학교체계와 관련성이 깊은 학교 관련 환경의 일부라고 할 수 있다. 또한 학교환경은 의사협회, 학교카운셀러협회, 사회복지사협회, 가족치료사협회와 같은 전문가 집단, 납세자 집단, 특수 이웃집단, 이웃, 지역사회 등을 포함한다.

학교체계에서 활동하고자 하는 학교사회사업가는 이와 같은 학교의 환경구성요소들이 학교와 어떤 관계를 맺고 있으며, 서로 어떤 영향을 주고받고 있는지를 이해하여야 한다. 환경에 대한 이해를 통해서만이 학교가 교육의 목적을 달성하는 데 부정적 영향을 미치는 환경에 개입할 수 있으며, 학교의 목적 달성에 더 필요한 환경요소들을 개발하여 환경의 질과 양을 확대하는 것이 가능하다고 할 수 있다.

(4) 학생과 부모에 대한 이해

과거에 비해 현재의 학생들은 가치관, 도덕관, 인생관에 차이가 있을 뿐만 아니라 학생문제의 원인과 양상에도 많은 변화가 있었다. 과거에는 경제사정으로 중퇴를 하였으나 오늘날에는 학교가 싫어서 중퇴를 하고, 과거에는 흡연, 음주에만 그치던 학생 부적응행동의 유형이 이제는 가스, 약물 그리고 폭력으로 바뀌어 가고 있다.

아동의 특성이나 문제만이 바뀌어 가는 것이 아니고 부모의 권위와 아동과 부모의 관계성도 많은 변화를 겪고 있다. 따라서 부모들은 급속하게 변화해 가는 사회 속에서 자녀들을 어떻게 다루어 나가야 할지 혼란을 겪고 있다.

이러한 변화 속에서 학교사회사업가는 학생과 부모의 모습과 본질을 정확하게 이해할 수 있어야 하며, 이들에 대한 이해는 이들이 가지고 있는 문제만이 아니고 그들의 욕구, 기대, 그들의 욕구와 기대가 현실과 부딪힐 때 발생되는 갈등 등을 포함해야 할 것이다.

6) 학교사회사업의 실천모델

(1) 전통적 모델

① 기본 가정

학생이나 가족이 역기능적이며 어려움을 겪고 있다는 것, 학생의 정서적·정신적 문제들의 원인은 다른 사회 환경적 요소보다 가족에게 있다고 보며 부모-자녀 사이의 갈등에 있다고 본다.

② 접근 방법

학생의 행동을 수정하거나 학생이나 부모의 특성을 변화시킴으로써 학생이 학교에 적응하고 학습기회를 효과적으로 활용할 수 있도록 돕는다.

③ 학교사회사업가의 역할

지지자, 자문가, 가능하게 하는 자(enabler)

(2) 학교변화모델(제도적 변화모델)

① 기본 가정

학교제도 자체가 학생들의 학교부적응과 학업 미성취의 원인이 된다고 보는 관점(학생, 교사, 교장, 교감, 직원 등이 모두 대상이 됨)

② 접근방법

역기능적인 학교의 규범과 조건들을 변화시키는 데 그 개입의 목적을 두며, 역기능적인 학교규범과 조건들을 확인하여 학생의 학업 미성취의 원인으로 보이는 제도를 변화시킴

③ 학교사회사업가의 역할

대변자, 협상자, 자문가, 중재자

(3) 지역사회모델

지역사회가 학교의 역할을 이해하고 지지하며 학교가 취약지역의 학생들을 위한 프로그램을 개발할 수 있도록 하고, 혜택받지 못하는 학생들을 돕는 학교 프로그램을 개발한다.

〈표 11-5〉 학교사회사업의 운영모델

제도로서의 학교사회사업 운영모델	• 학교사회사업가를 정식 채용하여 학교사회사업을 실천 • 가장 효과적이나 예산 등의 현실적 제약 있음
학교중심의 학교사회사업 운영모델	• 지역사회복지관과 학교와 연대, 사회사업가가 학교로 파견 • 학교사회사업의 독자성과 정체성을 확보할 수 있도록 이해 필요
지역사회복지관 중심의 학교사회사업 운영모델	• 기관에서 학생들을 의뢰받아 운영하는 모델 • 가장 현실적이고 효과적인 방법으로 주목 • 학교와의 관계수립과 실천에 필요한 재정을 확보하는 문제가 따름

7) 실천개입 방법

(1) 직접개입

〈표 11-6〉 학교사회사업의 개입유형

	개별사회사업	집단사회사업	사례관리
대상	가출, 집단 따돌림, 학교폭력, 도벽 등 비행, 개인고민에 관한 문제를 가진 학생들	집단, 크게는 한 반을 대상으로 작게는 7~8명의 학생을 대상	개인
개입 목적	개인의 문제해결능력을 높여 학교생활에 적응	개인의 사회성을 키워 학교생활에 적응하기 위함	개인의 문제를 관리, 조정
개입 방법	문제해결이론, 과제중심 모델	집단 따돌림 예방을 위한 친구 사귀기 프로그램, 의사표현능력 키우기 프로그램, 부모를 대상으로 한 자녀교육을 위한 부모역할 훈련 프로그램, 사회성 개발 프로그램	개인이 원하는 문제 해결을 위해 개인의 가정, 학교, 친구, 지역사회의 자원과 협력

(2) 간접개입

교사 지원, 학교 홍보, 자원봉사활동 조직

(3) 학교사회사업의 생태체계적 관점에서 실천 개입

① 학생에 대한 접근 : 개별상담, 집단상담

② 학교체계에 대한 접근 : 교사, 선후배 교우

- 교사자문 : 부적응 학생들에 대한 상담과 필요한 서비스에 대한 정보 제공
- 교사교육 : 청소년의 특성과 학교부적응의 개념, 학교사회사업의 필요성과 홍보에 대한 교육

③ 가족체계에 대한 접근 : 부모교육(자녀의 양육방법, 의사소통기술, 가족생활주기, 가계도에 대한 교육), 가족치료와의 연계(가족체계에 대한 필요성과 전문적 상담)

④ 지역사회에 대한 접근 : 자원봉사활동 참여(자원봉사 연결망 필요), 지역사회 자원과의 연계(후원금 또는 장학제도 개발)

(4) 학교사회사업의 실천의 과정

① 준비과정

학교사회사업에 대한 승인 및 인정 → 자료수집(학교와 관련된 법률, 철학, 정책에 대한 자료, 지역 사회에 대한 자료, 학교 자체의 욕구에 대한 자료, 학교와 지역사회의 관계에 대한 자료, 학교 내 학교 복지실천에 대한 기본자료) → 계약(활동 및 예산집행, 기간 등을 계약)

② 조사단계

- 클라이언트에 대한 자료 수집 : 클라이언트가 속해 있는 학교/ 교실의 분위기/ 가족 – 가족의 역동성/ 가족 내의 하위체계(sub-system), 가족의 경계수준 등
- 가족에 대한 자료수집 : 양육환경/ 유지환경
- 조사방법 : 양식형, 실마리형

③ 사정단계

실제적인 분석과정 : 문제 확인, 문제 진술, 문제해결을 위한 자원 사정, 문제해결을 위한 목적 및 목표설정, 문제해결 계획 수립

④ 수행과정

- 계획수행의 전제조건 : 가치, 지식체계, 중재기술
  - 가치 : 어디에 가치를 두고 실천할 것인가?
  - 지식체계 : 실천을 위한 전문적 지식, 학교에 대한 지식, 특수욕구를 가진 학생에 대한 프로그램의 지식, 교과과정 개발 및 교수방법에 대한 지식, 학생 스트레스 관리에 대한 지식 등
  - 중재기술 : 행동수정, 정신분석기법, 심리치료접근 등
- 접근범위
  - 집단수준의 학교복지실천(집단상담, 또래상담 등)
  - 가족수준의 학교복지실천(부모체계에 대한 개입, 가족치료 등)
  - 학교와의 학교복지실천(학교행정에 대한 개입 등)
  - 지역사회 수준의 학교복지 실천(지역사회 조직 등)

⑤ **평가 및 종결 단계** : 학교사회복지사에게 요구되는 평가방법과 평가결과의 활용방법

- 개인 또는 가족에게 문제해결을 도모하기 위해 제공한 직접적인 서비스의 효과성을 평가하는 사례평가 방법
- 문제해결 또는 자신의 잠재력을 성취하지 못하는 위험에 처한 클라이언트에게 제공하는 집단중심의 프로그램 및 서비스에 대한 효과성을 평가하는 방법
- 학교사회복지가 이루어지고 있는 환경에 대한 운영평가 방법
- 종결과 관련된 평가결과를 어떻게 활용할 것인가 하는 방법(전재일 외, 2004)

6. 학교사회사업의 문제점 및 과제

1) 학교사회사업의 문제점

① 기존의 교도교사제도나 상담교사제도와의 차별성이 없어 주변적 존재로 그침

② 학생개인에 대한 개입 위주의 상황은 학생들의 문제를 효과적으로 다루는 데 한계가 있음

③ 관련 집단의 이해부족과 정책과정의 혼선으로 활성화하지 못하고 있음

2) 학교사회사업의 과제

① 예방과 치료를 병행하는 모델의 도입 필요

② 교육제도와 더불어 서비스의 제도화 필요

③ 개별학생에 대한 접근에서 벗어나 적극적인 개입 필요

요 약

1. 영유아 보육서비스

어머니가 취업이나 기타 다른 이유로 인해 어린 자녀를 자기 집에서 직접 돌볼 수 없는 경우, 이들 영아와 유아를 국가나 사회에서 대신 보호하고 교육해 주는 서비스를 말한다.

2. 보육사업의 의의와 종류

1) 보육서비스의 의의

① 가족구조의 변화 및 자녀양육 기능의 약화를 사회적으로 지원

② 아동의 사회화와 발달에 걸맞은 전문적이고 체계적인 보호가 가능

③ 다양한 생활방식과 욕구에 맞는 서비스를 받을 수 있음

2) 보육서비스의 종류

① 가정 내 보육서비스

② 가정보육서비스

③ 가정 집단 보육서비스

④ 센터 내 보육서비스

3. 학교사회사업 서비스

1) 학교사회사업의 개념

학교의 교육활동계획의 일부로서 학생이 학교에 적응하는 데 있어 곤란의 원인이 되는 사회적·정서적 문제를 해결할 수 있도록 학생을 원조하는 활동

2) 아동, 학교, 지역사회, 가정이 연계된 생태체계적인 방법으로 접근

연습문제

01 영유아보육법상 영유아의 연령은?

① 5세 미만의 취학 전 아동
② 6세 미만의 취학 전 아동
③ 7세 미만의 취학 전 아동
④ 8세 미만의 아동

02 학교사회사업의 서비스 운영모델을 연결하시오.

〈보기〉
학교중심 모델, 지역사회복지관 중심 모델, 제도적 모델

① 사회복지기관에서 학생들을 의뢰받아 운영하는 것이다. (　　　)
② 지역사회복지관의 사회사업가가 학교로 파견되어 운영하는 것이다. (　　　)
③ 학교사회사업가를 정식 채용하여 학교사회사업을 실천한다. (　　　)

03 다음 학교사회사업 모델에서 직접모델은 '직', 간접모델은 '간'을 쓰시오.

① 학교사회사업가는 교사를 지원하고, 학교를 홍보하는 역할을 수행한다. (　　　)
② 개별사회사업, 집단사회사업, 사례관리로 구분할 수 있다. (　　　)
③ 개인의 사회성을 향상시켜 학교생활에 적응하는 것을 목적으로 한다. (　　　)

04 우리나라의 보육시설의 과제와 전망을 제시하시오.

정답	1. ② 2. ① 지역사회복지관 중심 모델 ② 학교중심 모델 ③ 제도적 모델 3. 간/직/직

제 12 장

비행청소년 복지사업

제12장 비행청소년 복지사업

제1절 비행청소년의 개념

1. 비행과 비행청소년의 개념

1) 비행(Delinquency)

그 사회의 규범, 가치에 위배되는 행위로서 법률의 저촉 여부를 불문하고 공공의 가치체계를 저해하거나 침해할 위험성이 예측되는 것으로 해당 연령의 청소년에게 금지하고 있는 일련의 행위로서 사회 규범에 따라 상대적으로 정의될 수 있다.

일탈행동이란 정도를 벗어난 행동이기 때문에 바람직하지 못한 행동을 적절한 대책을 통해 해결하고자 하는 의도가 암묵적으로 전제되는 경우가 많다.

2) 비행청소년

소년법에서 10세 이상 19세 미만의 소년에 의한 범죄행위, 촉법행위, 우범행위 및 불량행위를 하는 자를 말하며 비행청소년은 범죄소년을 포함한 광의의 개념이라 볼 수 있다.

(1) 범죄소년(범죄행위)

14세 이상 19세 미만의 소년으로서 형벌법령에 위배되는 행위를 한 자로 형사책임이 있다.

(2) 촉법소년(촉법행위)

만 10세 이상 14세 미만의 소년으로서 형법에 위배되는 행위를 한 자를 말한다. 그러나 형사상의 책임을 묻지 않는다.

(3) 우범소년(우범행위)

10세 이상 19세 미만의 소년으로 보호자의 정당한 감독에 복종하지 않는 성벽이 있거나, 정당한 이유 없이 가정을 이탈하거나, 범죄성이 있는 부도덕한 자와 교제하거나 금전낭비, 부녀자 유혹, 불건전한 오락 등을 하는 자로서 본인의 성격, 환경에 비추어서 장래에 형벌 법령을 범할 우려가 있는 자를 말한다.

2. 청소년의 증상

1) 임상적 증상

DSM(Diagnostic and Statistical Manual of Mental Disorder, 정신장애의 진단 및 통계) 방식으로 분류해 보면 주로 행동장애(conduct disorder)[1)]로 분류될 수 있다. 따라서 행동장애(conduct disorder)를 청소년 문제의 주요 부분으로 이해하고 행동장애의 원인을 살펴보면 폭력, 사회적으로 용납되지 않는 행동을 지속하며 거짓말, 속임수, 절도 및 기물 파손, 약물남용, 심각한 수준의 규칙위반(무단결석, 가출), 방화, 동물학대 행위, 마약, 학교부적응, 성폭력, 약물중독, 왕따, 자살, 권위에 반항, 공격행동(강간 및 성폭력, 패싸움, 강도, 상해 및 살인), 등교거부, 술, 담배, 미혼모, 성적부진, 절도, 우울증, 거식증 등이 있다.

---

1) 행동장애란 정신이 멀쩡하면서 감정조절을 못하는 것으로, 정신장애는 전문가의 약물치료가 필요하나 그 외에는 상담으로 치료할 수 있다(만 18세 이전의 행동장애에 대한 진단-품성장애, 18세 이상 반사회적 인격장애), 행동장애의 주된 핵심증상은 '사회적으로 용납되지 않는 행동을 하는 것'이다.

(1) 내재화—신경증, 우울, 정신분열, 정신질환/ 외재화 – 비행, 반사회적 행동

(2) 집단형과 단독공격형

(3) 경과 및 예후

약 1/3이 성인기에 반사회적 인격장애로 이행되며 지능이 낮거나 또래관계가 적어 사회적응기술이 부족하고 발병연령이 낮거나 형제, 부모, 배우자의 지지가 없을 때 예후가 나쁜 것으로 조사되고 있다.

2) 학생비행의 심리적 특성

① 부모나 권위에 대한 보복, 적개심, 반항심, 구속에서의 해방감

② 학교에서의 학업부진, 자아개념의 저하, 착실한 학생이 어리석게 보임, 사회적으로 독립적 생활 갈망, 쾌락 추구

③ 비행청소년의 특징

- 자주성과 책임감이 결여되어 있다.
- 인내성 부족과 열등감이 많다.
- 건전한 생활습관이 형성되지 않았다.
- 배타적이며 불신감이 크다.
- 가정생활이 불안정하고 교우관계에 문제가 있다.
- 사회적 규범을 무시하고 초자아 발달이 약하다.
- 정서함양이 부족하고 망상적, 충동적, 반항적 태도를 보인다.
- 자기중심적이다.

3. 비행청소년의 현황

1) 비행청소년의 현황

소년범죄란 소년법 제4조 제1항 제1호에 정한 14세 이상 19세 미만의 소년에 의한 범죄행위와 제2호에 정한 10세 이상 14세 미만인 소년에 의한 촉법행위[2)]를 말한다. 성년이 20세에서 19세로 낮춰짐으로써 소년법 적용대상 상한이 20세에서 19세로 낮아졌고, 촉법소년의 적용대상이 12세에서 10세로 낮아졌다. 이에 따라 이 장에서는 2008년까지는 12세 이상 20세 미만 소년을, 2009년부터는 10세 이상 19세 미만 소년을 분석대상으로 하였다.

〈표 12-1〉은 최근 10년 동안 소년범죄 인원, 소년범죄율 및 전체 범죄자 중 소년범죄자[3)]가 차지하는 비율을 분석한 것이다. 2015년 기준 소년범죄자는 71,035명으로 전체 범죄자 중에서 3.6%를 차지하고 있다.

〈표 12-1〉 소년범죄 인원, 소년범죄율 및 소년비 현황(2006~2015)

(단위 : 명, %)

연 도	소년범죄	소년범죄율	성인범죄율	소년비
2006	63,159	1,034.2(100)	4,586.2(100)	3.5
2007	81,800	1,326.9(128.3)	4,814.1(105.0)	4.2
2008	126,213	2,038.2(197.1)	5,144.1(112.2)	5.9
2009	123,347	1,994.1(192.8)	5,069.0(110.5)	5.8
2010	101,596	1,654.3(156.0)	4,462.4(97.3)	5.4
2011	100,032	1,660.2(160.5)	4,374.3(95.4)	5.3
2012	104,808	17,96.8(173.2)	4,387.3(95.7)	5.5
2013	88,762	1,581.1(152.9)	4,520.3(98.6)	4.5
2014	77,594	1,440.4(139.3)	4,338.3(94.6)	4.0
2015	71,035	1,411.8(136.5)	4,482.4(97.7)	3.6

2) 촉법행위란 형벌법령에 저촉되는 행위를 하였으나 형사책임연령에 달하지 않았기 때문에 형사책임을 묻지 않는 행위를 말한다.

3) 범죄자 수는 처분인원 기준이다.

주 : (   )안은 2006년을 기준으로 한 지수
범죄율은 해당 인구 10만 명당 범죄자 수

$$소년비=\left(\frac{소년범}{소년범 + 성인범}\times 100\right)$$

출처 : 대검찰청. 범죄분석. 각년도.

소년범죄 유형별 현황을 살펴보면, 재산범죄, 강력범죄(흉악), 강력범죄(폭력) 및 교통범죄의 네 가지 범죄군 중에서 소년범죄 발생비가 가장 높은 범죄군은 재산범죄이며, 그 다음은 강력범죄(폭력), 교통범죄, 강력범죄(흉악)의 순이었다. 강력범죄(흉악)은 소년범죄 발생비가 가장 낮았으나 지난 10년간 증가율은 108.9%로 매우 높았다. 이 외에도 소년재산범죄의 발생비 증가율이 28.3%로 높았다(표 12-2 참조).

〈표 12-2〉 소년범죄 유형별 현황

(단위 : 발생비, %)

연 도	재산범죄		강력범죄(흉악)		강력범죄(폭력)		교통범죄	
	발생비	증가율	발생비	증가율	발생비	증가율	발생비	증가율
2006	233.8	–	16.4	–	142.7	–	119.9	–
2007	275.1	17.7	17.1	3.8	188.1	31.8	174.5	45.5
2008	332.4	42.1	29.4	78.6	282.3	97.9	226.9	89.2
2009	434.8	85.9	34.7	110.9	292.2	104.8	182.3	52.0
2010	400.7	71.3	33.7	104.9	250.5	75.6	150.6	25.6
2011	403.0	72.4	38.1	131.6	265.2	85.9	136.1	13.5
2012	485.3	107.5	39.8	142.2	360.1	152.4	135.2	12.7
2013	463.5	98.2	38.5	134.3	247.4	73.4	110.2	−8.1
2014	367.4	57.1	32.0	94.6	196.0	37.4	93.7	−21.8
2015	332.9	42.4	28.2	71.3	181.4	27.1	89.4	−25.5
2016	352.9	28.3	35.7	108.9	207.7	10.5	99.4	−43.1

주 : 발생비는 인구 10만 명당 건수
출처 : 대검찰청. 범죄분석. 각 년도.

소년범죄 연령별 현황을 살펴보면, 2016년 전체 범죄 건수 중에서 16~17세 소년의 범죄가 46.31%(35,196명)으로 가장 높은 비율을 차지하였고, 이어 14~15세 28.05%(21,319명), 18세 25.52%(19,401명), 12~13세 0.11%(84명)의 순으로 나타났다(표 12-3 참조).

〈표 12-3〉 소년범죄 연령별 현황

(단위 : 명, %)

연령 / 연도	계	12~13세		14~15세		16~17세		18세	
		인원	범죄율	인원	범죄율	인원	범죄율	인원	범죄율
2009	81,378 (100)	244 (0.3)	9.3	31,784 (39.1)	2,235.1	35,013 (43.0)	2,441.7	14,337 (17.6)	2,046.6
2010	70,045 (100)	147 (0.2)	5.7	24,210 (34.6)	1,733.3	31,208 (44.6)	2,187.3	14,480 (20.7)	1,995.6
2011	66,240 (100)	98 (0.1)	4.0	19,417 (29.3)	1,428.2	32,627 (49.3)	2,291.3	14,098 (21.3)	1,983.4
2012	87,779 (100)	582 (0.7)	25.1	29,700 (33.8)	2,262.0	40,169 (45.8)	2,879.9	17,328 (19.7)	2,427.0
2013	74,509 (100)	241 (0.3)	11.0	24,735 (33.2)	1,961.8	33,014 (44.3)	2,430.9	16,519 (22.2)	2,332.4
2014	63,145 (100)	27 (0.0)	1.3	21,156 (33.5)	1,681.9	27,173 (43.1)	2040.5	14,789 (23.4)	2,128.0
2015	56,962 (100)	45 (0.1)	2.4	12,632 (22.2)	1,052.8	28,660 (50.3)	2,273.8	15,625 (27.4)	2,326.9
2016	76,000 (100)	84 (0.11)		21,319 (28.05)		35,196 (46.31)		19,401 (25.52)	

주 : 범죄율은 소년인구 10만 명당 범죄자 수
2013년 이전 현황은 2013년 이전 범죄분석 통계

출처 : 대검찰청. 범죄분석. 각 년도.

소년범죄 남녀별 현황을 살펴보면, 2016년 남자 83.9%(63,777명), 여자 16.1%(12,223명)로 남자의 비율이 5배 정도 많은 것으로 나타났다(표 12-4 참조).

〈표 12-4〉 소년범죄 남녀별 현황(2006~2016)

(단위 : 명, %)

연도 \ 구분	계	남 자	여 자
2008	125,972(100)	101,532(80.4)	24,440(19.4)
2009	123,104(100)	102,026(82.7)	21,078(17.1)
2010	101,342(100)	85,323(84.0)	16,019(15.8)
2011	99,800(100)	82,971(82.9)	16,829(16.8)
2012	104,780(100)	87,291(83.3)	17,489(16.7)
2013	88,731(100)	74,524(84.0)	14,207(16.0)
2014	77,567(100)	66,087(85.2)	11,480(14.8)
2015	71,035(100)	60,535(85.2)	10,500(14.8)
2016	76,000(100)	63,777(83.9)	12,223(16.1)

출처 : 대검찰청. 범죄분석. 각 년도.

2) 학생비행의 유형

① **교우형** : 불량교우관계, 흡연, 음주, 유흥장 출입, 불량이성교제

② **억울형** : 내향성, 스트레스, 갈등, 성인사회의 현저한 부적응으로 자기비하, 열등감, 적대감

③ **공격형** : 절도, 폭력, 강탈 등의 모험적 활동

④ **낙인형** : 성인에게 알려지고 낙인 찍힘, 고질적인 비행, 가장 비행이 강함, 약물오남용, 폭주

3) 청소년 비행의 유형별 현황

(1) 음주와 흡연

음주와 흡연은 우리 사회의 대표적인 청소년 지위비행이며 우리나라의 청소년 중 음주경험자는 대략 12~20%, 흡연 경험자는 10% 미만인 것으로 조사되고 있다.

여자보다는 남자, 중학생보다는 고등학생, 농촌보다는 도시 지역 청소년들의 비율이 높다. 원인은 성인세계에 대한 모방심리, 우리 사회 성인남성들 사이에서 보편화된 흡연, 음주문화, 그 외에 가정 및 학교생활 등에서 누적된 불만 등이다. 2016년 남녀 고등학생 음주율을 살펴보면, 남학생은 25.3%, 여학생은 18.3%로 나타났다(표 12-5 참조).

〈표 12-5〉 남녀 고등학생 음주율

(단위 : %)

	'05	'06	'07	'08	'09	'10	'11	'12	'13	'14	'15	'16
남학생	43.4	44.4	41.9	37.5	33.5	32.9	34.2	33.4	28.8	30.5	30	25.3
여학생	40.7	36.8	34	31	24.2	24.3	23.2	22.3	18.4	18.2	19.4	18.3

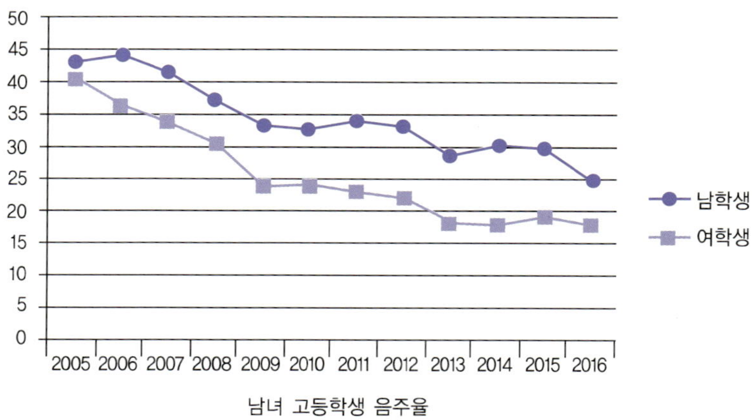

주 : 최근 30일 동안 1잔 이상 술을 마신 적이 있는 사람의 분율

출처 : 청소년건강행태온라인조사 2005~2016년.

|그림 12-1| 남녀 고등학생 음주율

2016년 남자 고등학생의 흡연율은 14.7%, 여자 고등학생은 3.8%로 조사되었다. 남자 고등학생의 흡연율은 2011년까지 조금 상승하였다가, 이후 점점 감소한 것으로 나타났다. 여자 고등학생의 흡연율은 2005년 13.5%에서 2016년 3.8%로 계속해서 감소하였다(표 12-6 참조).

〈표 12-6〉 남녀 고등학생 흡연율

(단위 : %)

	'05	'06	'07	'08	'09	'10	'11	'12	'13	'14	'15	'16
남학생	22.4	23.8	24.3	23.8	23.9	22.5	23.1	22.4	20.7	20.8	18.3	14.7
여학생	13.5	13	11.3	11.1	10.2	9	8.3	7.5	6.3	5.6	4.5	3.8

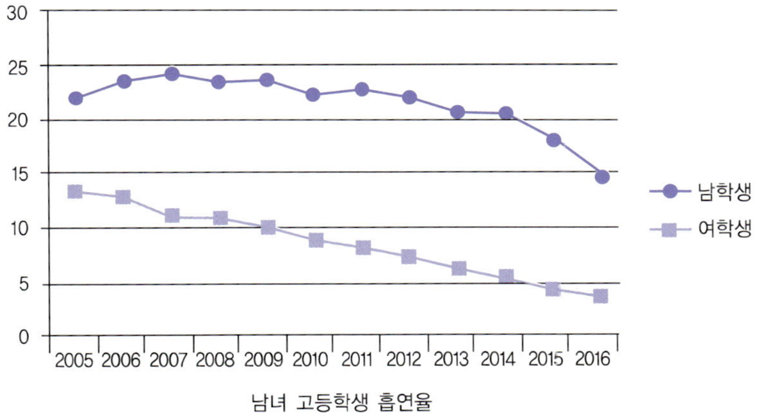

주 : 최근 30일 동안 1일 이상 흡연한 사람의 분율

출처 : 청소년건강행태온라인조사 2005~2016년.

|그림 12-2| 남녀 고등학생 흡연율

(2) 가출

가출청소년은 가출경험청소년, 경찰에 신고된 가출청소년, 아동상담소에서 처리된 가출청소년으로 구분하고, 부모나 보호자의 동의 없이 집을 떠나서 24시간 이상 집에 들어가지 않은 18세 미만의 청소년이라고 정의한다.

가출의 원인은 가정환경, 친구관계, 학교 교육환경, 유해 사회환경 등이 있다.

(3) 학교중퇴

학교중퇴의 원인은 공부가 싫거나 성적불량, 학교나 교사에 대한 불만, 학교 규칙위반, 집안의 가난, 나쁜 친구의 꾐 등이 있다.

(4) 폭력

학교 폭력의 원인은 청소년 개인의 발달 심리적 특성으로 인한 내재적 요인과 가정의 교육적 기능의 문제, 학교교육의 제도적인 한계, 비교육적인 사회환경 등의 외재적 요인이 복합적으로 작용한다.

(5) 성문제

왜곡된 성지식, 쾌락 위주의 서구식 성의식, 남녀 성에 대한 이중적 성윤리, 퇴폐·향락업소가 남성의 공적인 사회생활의 일부라는 인식, 여성의 산업 근로직의 임금이 낮아 성을 파는 직업의 수입이 상대적으로 높은 임금구조로 인한 매춘으로의 유입 초래, 아이들이 애정결핍에 대한 대상적 만족 수단, 현행 교육제도의 입시문제 등이 원인이 되고 있다.

(6) 약물남용

- 일반적으로 '향정신성 약물의 비의학적 사용'을 의미한다.
- 청소년들이 주로 남용하는 약물로는 본드, 부탄가스, 시너, 대마초, 카페인, 기침약, 진통제 등이 있으며, 청소년들의 약물사용 경험율을 보면 학교청소년들은 각성제를 가장 많이 사용하며, 그 다음으로는 신경안정제/ 수면제, 흡입제, 진해거담제, 대마초, 마약류 등의 순이다.
- 청소년들의 유해약물 사용경험을 살펴보면 다음과 같다(표 12-7 참조).

〈표 12-7〉 청소년 유해약물 사용경험 현황

(단위 : %)

구 분		2005	2006	2007	2008	2009	2011	2012	2016
술	계	27.0	28.5	27.7	24.4	21.0	20.4	19.3	35.0
	남자	27.0	30.5	29.6	26.1	23.7	23.7	22.7	38.5
	여자	26.9	26.5	25.7	22.6	18.2	17.1	15.8	31.2
담배	계	11.6	12.6	13.1	12.5	12.5	11.9	11.1	11.2
	남자	14.3	16.0	17.4	16.8	17.4	17.2	16.3	17.5
	여자	8.9	9.2	8.8	8.2	7.6	6.5	5.9	4.8
환각물질	계	2.2	2.1	2.7	2.4	1.6	1.0	0.6	0.4
	남자	3.6	2.2	3.2	2.8	2.1	1.5	0.7	0.5
	여자	0.6	1.9	2.2	2.0	1.1	0.4	0.5	0.3

출처 : 통계청. 청소년유해환경접촉종합실태조사.

2016년 청소년 범죄자의 범행동기는 '우발적' 25.0%로 가장 높은 비율을 차지하고 있으며, 그 다음으로는 '이욕(생활비 · 유흥비 · 도박비 마련, 허영 및 사치심, 치부 등)' 16.8%, '호기심' 11.0% 순으로 나타났다(표 12-8 참조).

〈표 12-8〉 청소년 범죄의 동기

(단위 : 명, %)

연도＼구분	계	이욕	보복	호기심	유혹	우발적	현실불만	부주의	기타
2006	56,087 (100.0)	3,743 (6.7)	301 (0.5)	11,304 (20.2)	4,362 (7.8)	18,231 (32.5)	2,395 (4.3)	–	15,751 (28.1)
2009	110,307 (100.0)	10,018 (9.0)	59 (0.1)	12,784 (11.5)	2,756 (2.5)	34,993 (31.4)	951 (0.9)	8,051 (7.2)	41,695 (37.5)
2010	88,334 (100.0)	18,054 (20.4)	28 (0.0)	10,863 (12.3)	1,744 (2.0)	25,702 (29.1)	609 (0.7)	5,765 (6.5)	25,569 (28.9)
2011	81,600 (100.0)	14,563 (17.8)	17 (0.0)	9,473 (11.6)	1,678 (2.1)	21,849 (26.8)	580 (0.7)	5,268 (6.5)	28,172 (34.5)
2012	104,780 (100.0)	19,353 (18.5)	28 (0.0)	9,539 (9.1)	2,254 (2.2)	27,082 (25.8)	706 (0.7)	5,812 (5.5)	39,996 (38.2)
2013	88,731 (100.0)	16,751 (18.9)	53 (0.1)	9,260 (10.4)	2,225 (2.5)	24,326 (27.4)	602 (0.7)	5,076 (5.7)	30,438 (34.3)

2014	77,594 (100.0)	13,474 (17.4)	34 (0.0)	8,242 (10.6)	1,460 (1.9)	21,092 (27.2)	589 (0.8)	4,777 (6.2)	27,926 (36.0)
2015	71,035 (100.0)	12,555 (17.7)	22 (0.0)	6,430 (9.1)	1,058 (1.5)	18,228 (25.7)	401 (0.6)	4,537 (6.4)	27,804 (39.1)
2016	76,000 (100.0)	12,764 (16.8)	129 (0.2)	8,330 (11.0)	1,168 (1.5)	19,010 (25.0)	523 (0.7)	4,632 (6.1)	19,549 (11.6)

출처 : 대검찰청 범죄분석. 각 년도.

(7) 자살

자살의 원인은 사회 문화적 또는 개인적 성격의 영향을 받아 형성된 우울증이나 가면성 우울증이 상당히 크게 작용한다.

〈표 12-9〉 청소년 비행의 유형

구 분	개 념	비행의 주요 원인 및 과정
사회적 비행	반사회적 행동이 허용되는 비행집단의 구성원이 되어 집단문화에 동조하기 위해 비행을 저지르는 것 예 갱집단, 조직폭력	비행가치체계, 신념체계, 비행하위문화, 사회학습, 청소년기 가정의 지도감독 부재
성격적 비행	비사회, 반사회적 성격으로 인한 비행으로 성격장애의 주요 요인 예 반사회적 성격장애	성격장애, 양심과 수치심의 결여, 이기적, 지나친 자기중심적, 타인에 대한 인간적 신뢰 결핍, 진실성, 성실성 결여, 깊고 지속적인 감정의 빈곤, 낮은 자아존중감
신경증적 비행	자신의 충족되지 않은 욕구를 충족시키는 방법으로 비행을 저지르는 것 예 뜻밖의, 급성의 불안으로, 우연한 계기로, 상황적으로 발생한 비행	심리적 좌절 및 갈등, 좌절, 분노, 거부감, 낙담, 심리적 갈등 문제 해결능력의 결핍, 타인의 인정과 수용의 결핍, 가족의 조건적 거부
정신병적 비행	정신병, 기질적인 결함으로 인한 비행 예 간질환자, 피해망상	정신병, 뇌의 기질적 손상, 염색체 이상

출처 : 주수길 · 김지연(2003). 아동복지강론. p. 215.

제2절 비행청소년의 가족적 특징

1. 비행청소년의 가족적 특징

1) 문제해결과 갈등

① 이혼, 부부갈등, 사고, 질병, 실직, 경제적 파탄 등의 스트레스 대처 및 문제해결 기술의 결핍

② 비행아의 가족, 더 많이 화를 내며 방어적, 비난함, 친밀한 대화 부족, 내 탓이요가 아니라 네 탓이요, 구체적 문제해결에 접근 불가능, 감정적 폭발 선행, 불복종, 싸움, 작은 도벽, 성냄, 거짓말 등의 반사회적 행동의 특징을 나타낸다.

③ 학업의 실패와 교사, 동료 및 학부모의 애정 철회 및 거부의 위협에 처하는 경우가 많다. 거부된 아동은 반사회적 아동친구와 결합(능동적 동료선택)하여 반사회적 행동 학습기회가 증가하고, 전자오락실, 분식점, 영화, 골목, 친구 집 등의 아지트를 선택하는 경향이 있다.

④ 자아실현의 욕구, 보호, 애정, 헌신받고 싶은 욕구(사랑, 소속, 가치인정, 자립)의 충족을 위해 효과적인 문제해결 기술의 관찰, 모방, 적절한 피드백을 통해 스트레스 해결기술을 학습하여 대인관계능력이 발달하도록 해야 한다.

2) 훈육의 결핍

훈육의 결핍으로 인하여 과도하거나 반사회적 행동을 명확히 규정짓고 명명하는 것이나, 시간장면에 따라 일관성 있게 반사회적 행동을 추적하고 바로잡는 것, 금지시키기 위해 거친 방법이 아니라 효과적인 방법을 일관성 있고 적절하게 효과적으로 사용하는 기술에 장애가 있을 수 있다.

3) 부모의 훈육 유형과 비행의 관계

(1) 과통제적 양육

사소한 것에도 문제행동으로 규정하고 너그럽지 못하며, 과도하게 많은 규칙을 적용시키는 경향이 있다.

- 더 많이 명령, 강요, 위협→ 비효과적
- 빈번한 벌의 사용 → 공격적 모델 → 과도한 처벌
- 강요적 행동 → 무리한 복종 요구, 혐오적 행동 → 모방 → 강요행동 모방학습
- 부모-자녀 간의 효과적 통제기능 상실, 경험의 폐쇄 → 불량교우관계 발전

① 지나친 간섭형

부모의 관심이 능력 학업성적에만 집중되어 자녀는 늘 긴장상태에 있게 되며 자녀는 긴장으로부터 벗어나기 위해 학교에 무단결석하거나 친구들과 비행청소년 집단을 형성함

② 지나친 사랑형(익애형) : 헌신 - 복종(어린이 본위)

③ 엄격형 : 권위, 명령, 금지, 강제, 독재, 비난

④ 방임형(부모의 이해 부족이나 경제적인 이유로 인해서 일어남)

부모의 방임은 사회화의 방임을 의미하므로 방임된 자녀는 자신의 욕구를 사회가 규정하는 방법으로 충족하고 억제하는 방법을 배우지 못하기 때문에 욕구의 충동에 따라 행동 → 비행으로 이어짐

(2) 거부 방임적 양육

- 적극적 거부-벌, 학대, 위협, 굴욕
- 소극적 거부(무시, 부정)-자녀의 기를 꺾음
- 반 사회행동에 너그러움
- 드물게 벌주지만 효과 없음
- 절도, 폭력 등에 대해 통제 않음

(3) 모순 불일치형

① 모순형 : 정직해라 해놓고 부정을 저지른다.

② 불일치형 : 공부하라고 해놓고 심부름하라 한다.

4) 감독(Monitoring)

- 자녀의 친구, 학교생활, 자유 시간, 주말시간, 자주 가는 장소 등에 대해 명확히 알고 감독하는 것이 중요하다.
- 청년기에 부모와의 접촉시간의 감소와 도피로 인하여 더욱 감독이 소홀하게 되고, 대화 부족 및 불가능으로 인해 바람직한 규칙적용이 불가능하게 되는 경우가 많다.

5) 적극적인 부모기능 약화

- 결손가정(이혼, 사별, 별거)의 경우 부부관계의 악화로 갈등, 별거가 이어지고 애정적 문제의 적신호로 인해 가족 간에 응집력 결핍이 생긴다.
- 부모의 가치관이 무규범일 경우 자녀의 성적 성숙, 쾌락적 가치관, 부모의 가치관에 대한 동일시가 일어난다.
- 부모의 성격 결함, 실직, 범죄, 주벽, 우울, 자기비하로 인해 부모기능이 약화된다.
- 경제적 빈곤(어머니의 취업), 형제서열, 가족크기, 형제의 비행, 주거영향(marginal, 변두리)도 적극적인 부모기능의 약화에 영향을 미친다.
- 부모기능의 약화는 모자녀 간의 애정적 유대관계 실패, 갈등, 애정 결핍, 부모의 태만, 무시, 거부로 이어진다.

6) 가족규칙

- 가족 내에 분명하고 일관성 있는 행동 규범이나 가족규칙이 없거나 있어도 애매모호한 가족의 경우 청소년 비행률이 높다.

- 교우관계, 여가시간의 활용, 귀가시간 등의 통제 및 한쪽 부모의 통제가 다른 쪽 부모의 지지를 얻지 못하는 경우도 청소년 비행과 관련이 있다.

7) 외부체계와의 관계

가족이 외부체계와 고립되어 사회자원을 잘 이용하지 못하는 것도 청소년의 비행과 관련이 있다. 보호관찰 아동 가정의 50% 이상이 근로자 가족 및 생활보호 대상자 가족이다.

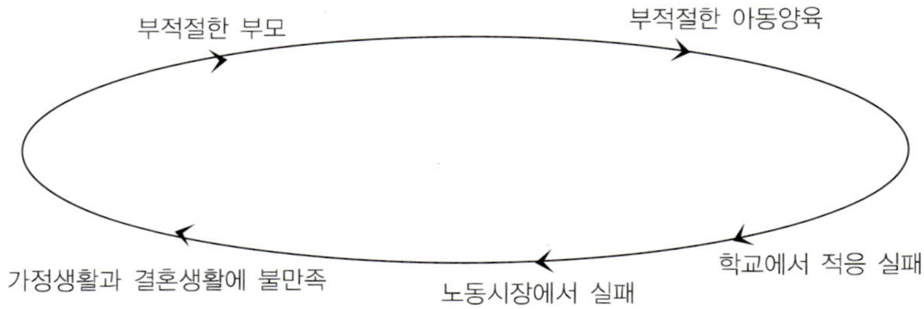

제3절 비행청소년에 대한 서비스 현황

1. 보호관찰 현황

소년법 제1조는 반사회성이 있는 소년에 대하여 그 환경의 조정과 품행의 교정에 관한 보호처분을 행하고 형사처분에 관한 특별 조치를 행함으로써 소년의 건전한 육성을 기함을 목적으로 함을 정하고 있다.

비행청소년은 판단력과 자제력이 부족하고 범행동기도 단순한 충동성과 우발성이 강하며 환경의 영향이 크기 때문에 비행 그 자체보다는 비행을 유발한 상황과 환경을 고려한 교육 복지적 측면에서의 보호 측면이 강조되고 있다. 즉, 교육과 보호를 통한 개선을 지양한다는 의미이다.

보호관찰은 시설 내 처우의 문제점과 교화개선의 한계어 대한 대안으로서 시도되고 있는 대표적 사회 내 처우로 선행을 조건으로 형의 선고나 집행을 유예하거나 형의 집행을 중단하여 부분적으로나마 비행소년에게 자유로운 생활을 허용하고 보호관찰관과 보호위원의 지도감독과 보도원호를 받아서 교화개선, 정상적인 사회인으로 복귀, 재통합시킴으로써 재범을 방지하고 사회를 보호하기 위한 것이다.

1) 우리나라의 보호처분(10가지, 소년법 제32조)

① 제1호 처분 : 보호자나 소년을 보호할 수 있는 자에게 감호 위탁

② 제2호 처분 : 수강명령

③ 제3호 처분 : 사회봉사명령

④ 제4, 5호 처분 : 단기・장기보호관찰 → 보호관찰의 보호를 받게 하는 것(제4호-6개월의 단기, 제5호-2년간의 장기)

⑤ 제6호 처분 : 아동복지법에 따른 아동복지시설이나 그 밖의 소년보호시설에 감호 위탁

⑥ 제7호 처분 : 질병이 있는 소년 범죄자를 병원이나 요양소에 위탁 하는 것(6개월)

⑦ 제8호 처분 : 1개월 이내의 소년원 송치

⑧ 제9, 10호 처분 : 시설 내에 수용하여 교정 교화하지 않으면 안 될 소년 범죄자에 대하여 소년원에 송치하는 처분(제9호-6개월 내의 단기수용, 제10호-23세까지 가능)

2) 소년분류심사원

소년법에 의해 법원에서 위탁한 소년을 수용보호하면서 자질과 비행행동을 진단하여 어떠한 조치가 적합한가를 분류 심사하는 법무부 소속시설로서 비행소년의 개체적 원인규명, 소년비행의 조기발견과 치료, 소년비행의 실증적 요인규명,

청소년비행 예방 및 재비행 방지의 목적을 지니고 있다.

소년분류심사원에 청소년 적성검사실을 부설하고 학생 등 청소년을 대상으로 적성, 지능, 성격 등 종합검사를 실시하여 소질과 특성에 맞는 진로지도 지침을 제공하는 청소년문제 전문기관으로서의 선도적 역할을 수행하고 있다.

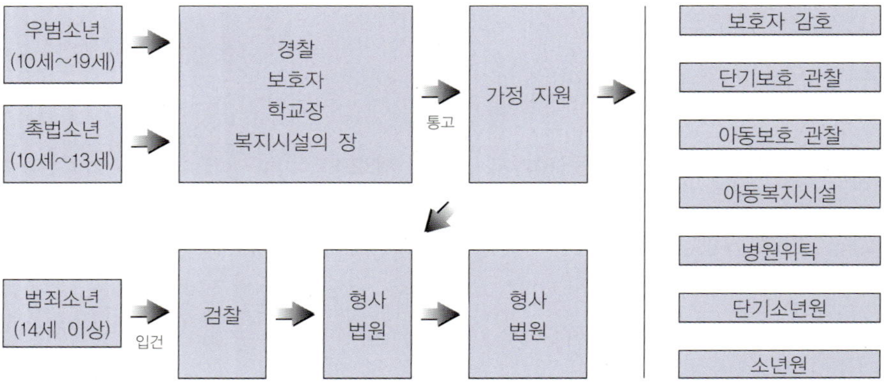

|그림 12-3| 소년형사 절차

출처 : 주수길・김지연(2003). 아동복지강론.

2. 보호관찰 교육 프로그램

1) 프로그램의 유형

① **학과교육 프로그램** : 초・중고등 교육과정, 각급 검정고시반

② **생활지도 프로그램** : 개별지도, 집단지도, 덕목별지도

③ 직업훈련 프로그램

④ **체험교육 프로그램** : 가치관 정립, 인간관계 개선, 자아개념 확립, 진로탐색 프로그램

(1) 청소년 토요교실

매주 토요일 4시간씩 교육, 준법교육, 윤리, 도덕, 가치관 교육, 예절교육, 성교육, 약물교육 심성치료 프로그램(사이코드라마, 감수성훈련, 레크리에이션 및 합창

지도, 시청각 교육 등의 다양한 프로그램 실시)

(2) 청소년 사회봉사 교육

사회봉사명령을 받은 보호관찰대상 청소년에 대하여 사회봉사활동 실시, 장애인 시설, 양로원, 사회복지시설 봉사활동, 공원, 등산로의 폐휴지 수거 등의 자연보호활동, 국립묘지 묘역 정화 봉사활동, 종묘문화재 보호활동 등에 참여

(3) 청소년 주간교육

보호관찰소에서는 수강명령의 집행을 위해 지역사회의 청소년 관련기관과 협력하여 위탁교육 프로그램을 개설하여 주 5회 또는 1, 2회씩 집중적으로 교육실시

(4) 청소년보호자교실(보호관찰소에서 보호자교실 개설)

부모역할, 자녀양육법, 자녀와의 대화양식 및 보호관찰 지도의 협조방법 등의 교육 실시

(5) 상담(청소년상담, 가족상담)

제4절 비행청소년에 대한 서비스정책

1. 청소년 비행 예방대책

1) 가정의 대책

① 가정환경 조성 : 대화, 진정한 애정

② 결손가정의 보호

2) 학교의 예방대책

① 학습지도와 생활지도의 조화 있는 교육

② 특별활동 및 과외활동의 활성화

③ 청소년 지도자의 역할

3) 사회의 대책

① 유해환경의 정화

② 청소년을 위한 건전한 오락시설을 마련

③ 매스컴의 사회 교육적 기능 제고와 역기능의 최소화

④ 기성세대의 의식 순화

4) 교정복지적 측면의 대책

(1) 사회 내 보호의 지향

- 시설 내 처우 : 교정시설 내에 수용하여 교육과 치료를 위주로 한 처우
- 사회 내 처우 : 대상자의 생활의 본거 및 처우를 행하는 기초가 교정시설 이외의 것에 존재하고 대상자가 자율적인 생활을 할 수 있도록 한 처우

(2) 교정사회사업의 개별적 활성화

(3) 청소년 교정기관의 전문화

청소년범죄 처리 과정에서 문제점과 해결방안

① 처리 기관 및 절차의 일원화

② 소년법원의 독립성 확보

③ 보호처분의 활성화 및 다양화

2. 실천적 대안

1) 부모훈련 프로그램

① 부모교육의 필요성(산업사회의 물질지향성, 쾌락지향성의 극복), 현대사회의 아노미(anomie)

② 사회적 공동체적 삶의 중요성 인식(확고한 가치관, 자율적 양심교육), 신앙생활

③ 자녀교육의 지침교육(올바른 양육지침, 조기교육)

④ 부부간의 결혼생활의 조화(안정된 가정)

⑤ 부모의 성격적 성숙 및 민주적 가치관

⑥ 적절하고 합리적인 훈육을 위한 권위의 회복

⑦ 자녀의 건전한 성격형성을 위한 부모의 역할

2) 가족상담 및 치료

(1) 가족상담에 있어서 사회복지사의 역할

① 규칙 준수에 대한 보상과 준수하지 않을 때의 결과를 분명히 하도록 모델링을 보임

② 자녀양육에 관한 지식과 기술 습득 교육

③ **가족의 결속력을 증진** : 부부하위체계, 부모-자녀 하위체계 확립하여 세대간 경계를 분명히 함

④ **부부간의 갈등** : 부부상담을 통해 의사소통 기술의 향상, 역할분담과 기대의 명확화, 인정과 지지를 주고받도록 의사소통 기술향상 교육을 통해 가족성원들 간에 부정적 감정 표현을 줄이도록 하고, 비난, 적대감, 분노 속에 원함이 있음을 상기시킴

부정적인 의사소통을 재명명하여 부모의 명령에는 자녀에 대한 걱정과 보호가 내포되어 있음을 강조하며, 가족성원 간의 명확한 의사소통을 위해 직접 의사소통 하도록 함

3) 가족지원 서비스

① 빈곤문제와 관련된 대책 – 가족에 대한 물질적 지원, 직업 훈련과 알선

② 지역사회의 자원을 활용할 수 있도록 지원

4) 가정, 학교, 사회의 유기적 협조체계 구축(상호 협력할 수 있는 체계 구축)

(1) 학교 교육에서의 선도대책

- 올바른 진로지도 교육(직업가치관 교육, 학업부진과 흥미 상실–입시교육 개선)
- 학교 학업생활의 건전화(수업, 교사의 권위주의적 학생지도 지양, 학업부진 학생의 개성 존중)
- 학교 내의 불량교우, 비행아의 특별지도 프로그램의 활용

(2) 지역사회에서의 선도대책

- 불량거주 환경(밀집지대, 우범지역)의 개선 : 반상회를 통한 교육적 개선
- 지역의 범죄환경(술집, 유흥가) 개선 : 사회적 운동으로 지역사회정비사업 전개
- 청소년 여가활동의 건전화 : 길모퉁이, 골목, 유흥장 출입 등의 문제와 관련하여 건전오락장소의 설치를 권장
- 불량 악덕 상업인의 철저한 통제와 지역사회 청소년 프로그램의 육성 및 제공
- 반상회를 통한 청소년 비행지도에 관한 홍보(양육방법 등), 불량환경의 경찰 고발

3. 제도와 정책적 대안

비행청소년의 원인은 청소년 개인의 문제라기보다 청소년 개인과 가족, 학교, 사회 환경의 복합적인 문제로 인식되지만 청소년을 둘러싼 환경단위의 개입을 지향해야 한다. 따라서 사후대책보다 사전예방이 중요하며 잠재적 비행성을 가진

청소년을 찾아내어 비행을 유발하거나 조장하는 환경에 적극 개입함으로써 비행을 예방하고 처벌보다는 교육보호 차원에서 사회통합에 주력하여야 한다.

1) 가족상담사업의 활성화

종합복지관, 부녀회관이나 상담소, 아동상담소, 아동복지관, 청소년상담소, 청소년회관 등에서 가족상담, 부모훈련사업 실시

2) 보호관찰의 질적 수준의 향상

보호관찰의 수 증가 및 자질 향상(전문상담원의 영입 및 교육)

3) 빈곤청소년에 대한 지원

① 빈곤가족에 대한 공공부조의 보호수준의 현실화 및 주거 대책 마련
② 극빈가정의 자녀에 대한 무료급식, 학용품지급 등의 교육부대비용 지원

제5절 가출청소년과 복지대책

1. 가출청소년의 개념 및 특성

1) 가출청소년의 개념

가출청소년이란 '부모나 보호자의 동의 없이 집을 떠나서 24시간 동안 집에 들어가지 않는 18세 미만'의 청소년을 말한다(이용교, 1993).

① 가출청소년(runaways) : 18세 이하의 아동이나 청소년으로서 집을 나와 최소한 하룻밤을 지낸 청소년
② 노숙청소년(homeless youth) : 부모나 대리 양육자 혹은 제도적 보호에서 제외되어 있는 청소년으로 집을 잃고 거리에 나와 있는 청소년

③ 버려진 청소년(throwaways) : 부모나 양육 책임자에게서 어떠한 이유로든 내쫓겨 집으로 돌아갈 수 없는 처지로 자신의 힘으로 살아가는 청소년

④ 보호체계청소년(system youth) : 아동기나 청소년에 학대, 방임, 기타 여러 형태의 심각한 가정문제가 인정되어 정부의 보호관리하에 있는 청소년

2) 가출청소년을 보호하는 공공기관

가출청소년을 보호하는 공공기관에는 청소년쉼터, 청소년자립지원관, 청소년치료재활센터 등이 있다.

3) 가출청소년의 문제의 발생

과거(1960년 이후)에는 산업화로 인한 이농현상으로 도시로 청소년이 이주하여 적절한 일자리와 거처를 잡지 못하여 가출청소년의 문제가 사회문제가 되었지만 오늘날에는 부모의 이혼, 별거, 가출 등으로 부모의 보호를 받지 못하거나 입시위주의 교육에서 벗어나 향락에 탐닉하기 위하여 가출하는 청소년의 문제가 사회문제로 대두되고 있다.

4) 소녀의 가출과 연계하여 유흥업소 고용, 성폭력, 매매춘, 인신매매 등의 사회문제와 연계되고 있다.

5) 가출청소년 문제의 대책

청소년 가출은 비행과 상관관계가 높기 때문에 가출을 사전에 예방하고 사후에 적극적으로 대처해야 한다. 가출청소년의 안전과 건강한 성장을 촉진하고, 사회질서를 유지하고 범죄를 예방하며, 가출청소년의 조기발견과 상담, 일시보호, 가족상담을 통해 귀가시키기 위해 청소년 쉼터를 운영한다.

2. 가출청소년의 유형

|그림 12-4| 가출청소년의 유형

출처 : 이용교(1991). 청소년복지정책의 발전방안.

3. 청소년의 가출 원인

1) 정신병리학적 시각(개인적 요인)

낮은 충동통제, 신경증, 해소되지 않은 오이디푸스 콤플렉스, 심한 자기애적 인격장애, 낮은 자아개념과 같은 개인적 혼란의 한 형태에서 비롯한 것으로 본다.

2) 상황이론(생태체계이론 – 환경이론)

가족, 학교, 또래집단의 압력 – 입시 위주의 교육환경, 가족문제, 유흥 서비스 산업의 발달과 감각적인 놀이를 추구하는 또래 문화의 영향에서 비롯된 것으로 본다.

3) 가출의 주요 원인에 대한 여러 학자들의 견해

(1) 로버츠(Roberts)

참을 수 없는 가족상황에서 벗어난 사람, 모험을 추구하는 사람, 학교문제가 있는 사람

(2) 호머(Homer)

① 탈출형 가출 : 가정에서 달아난 가출자
② 추구형 가출 : 약물, 술, 혹은 놀이를 주는 장소나 사람에게 달아나는 것

(3) 그리네와 에셀스틴(Greene & Esseltyn)

① 떠도는 가출자 : 순간의 즐거움을 찾음, 학교중퇴, 한 직장에 오래 머물지 못함, 약물사용, 성적 행위, 모든 것을 제멋대로 함, 가출의 반복
② 불안한 가출자 : 복잡한 문제가정에서 나옴, 어린 동생을 돌봄, 과중한 가사일, 아버지의 과음과 잔소리, 신체적 학대, 불안 때문에 친구 집으로 가출 후 집으로 돌아감
③ 놀란 가출자 : 아버지나 새 아버지의 성적 학대에서 벗어나기 위해 가출

(4) 가정에서의 애정결핍과 학대

부모의 이혼, 별거, 가출, 사망 등으로 인한 편부모 가족이나 부모의 잦은 싸움, 술주정, 신체적·성적 학대로 인한 기능적 결손 가정에서 가출이 많음

(5) 입시 위주의 교육과 억압적 생활

(6) 성산업의 발달과 유혹

〈개인적 요인〉
부모로부터의 독립욕구/ 욕구불만과 실패 등 보상심리/ 자아정체감 혼란/ 무가치함/ 열등감/ 대처능력 결여 또는 저하

〈가정적 요인〉
가정의 구조적 결손(부모의 이혼, 별거, 사망, 가출, 빈곤, 적절한 보호 결여)/ 가족의 기능적 결손(가정 내의 불화, 폭력, 학대, 방임, 부모의 양육 태도)

가출의 원인

〈학교 요인〉
학교의 부적응, 학업 스트레스(입시 위주의 교육)/ 무단결석/ 교우관계의 부적절/ 또래요인-또래집단의 영향력/ 교사와의 관계형성 실패

〈사회적 요인〉
지역사회 내의 윤락화/ 청소년 권리와 보호에 대한 사회적 무대응/ 건전한 놀이문화시설 부족/ 대응체계의 부족

|그림 12-5| 가출의 원인

4. 가출청소년의 당면문제

1) 가출청소년의 실태

(1) 가출청소년의 현황

2016년도 가출청소년의 현황을 살펴보면, 남성 7,828명, 여성 7,145명으로, 총 14,973명으로 나타났다(표 12-10 참조).

〈표 12-10〉 가출청소년의 현황(2007~2016)

(단위 : 명)

	2007	2008	2010	2011	2012	2016
계	18,636	23,097	16,572	15,954	15,350	14,973
남	7,995	8,851	8,778	8,208	8,111	7,828
여	10,641	14,246	7,794	7,746	7,239	7,145

출처 : 통계청. 청소년 유해환경 접촉 종합 실태조사. 각 년도.

2016년도 가출의 주된 원인으로는 가족과의 갈등이 74.8%로 가장 높게 나타났으며, 그 다음으로는 자유롭게 살고 싶어서 7.5%, 공부에 대한 부담감 6.9% 순으로 나타났다(표 12-11 참조).

〈표 12-11〉 가출의 주된 원인

(단위 : %)

호기심	가족과의 갈등	가정 형편	학교 다니기 싫어서	공부에 대한 부담감	친구나 선후배 권유	자유롭게 살고 싶어서	기타
1.8	74.8	1.2	4.7	6.9	2.9	7.5	6.6

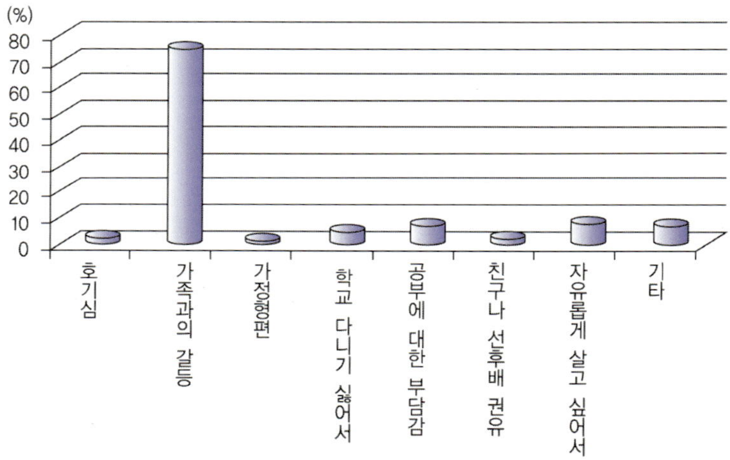

출처 : 통계청. 2016년도 청소년 유해환경 접촉 종합 실태조사.

2) 청소년들이 가출 후 겪는 문제행동

심리문제, 가족문제, 학대로 인한 문제, 비행, 알코올과 약물 중독, 기타 건강문제, 교육문제, 노숙화의 문제 등이 있다.

(1) 건강문제

가출청소년들은 부적절한 숙식과 길거리 생활로 인하여 신체적 건강은 물론 정신건강상의 문제를 가지고 있다. 가출청소년전국네트워크(NNRYS, 1991)가 가출시설에 거주하였던 5만여 명의 청소년을 대상으로 실시한 조사 결과 46%의 청소년들이 약물남용 문제를 가지고 있었고, 14%가 알코올중독으로 어려움을 겪고 있었으며, 61%가 우울증 증세를 보이고, 21%가 자살의사를 가지고 있는 것으로 보고하였다.

(2) 심리적 문제

비가출청소년과 비교할 때 가출청소년들은 낮은 자존감, 자신감 및 대인관계에서의 어려움을 가지고 있다(안창규 · 문선화 · 전유식, 1995 : 75). 또한 가출청소년들은 심리적인 면에 있어서 우울증 증세를 보이는 경향이 많다. 그 밖에도 가출청소년들은 자신이 가출자라는 사회적 입지, 약물사용, 윤락행위에의 개입 등으로 정서적 기능장애의 상태에 놓여 있는 경우가 많다.

(3) 가족문제

가정 내에서 가족 구성원 간의 갈등, 부모의 자녀 거부 및 폭력, 지속적인 자녀의 비하 등의 문제점들은 가출 전부터 시작되어 청소년이 가출한 후까지 계속되고 있다. 또한 가출청소년의 귀가 시 부모들이 보이는 태도와 관련된 연구들을 통해서도 가족문제를 알 수 있다. 가출청소년의 귀가 후의 부모들의 반응을 보면 조사대상자 중 63.2%가 집에 돌아갔을 때 부모가 '화를 내거나 때렸다'고 응답했고, '무척 반가워했다'는 17.5%에 불과했으며, 심지어는 '다시 내쫓았다', '나가라고 했다'라고 응답한 경우도 3.5%나 되었다. 이처럼 가족 문제는 가출 전이나 후나 심각한 문제이지 않을 수 없다.

(4) 비행문제

이제까지 청소년 문제를 논의할 때 '가출'은 청소년비행과 함께 자주 거론되고 있다. 가출과 비행은 두 행위 모두 일상생활을 벗어난 행위라는 점에서 동일한 시선으로 바라보기도 하지만, 가출은 부모 또는 보호자의 부재로 인해 청소년에 대한 통제의 결여 상태로 또 다른 비행을 할 가능성을 상승시켜 준다는 점이 중요하다.

형사정책연구원의 조사(1993)에 의하면 비행경력이 풍부한 집단일수록 가출을 경험한 비율도 높아진다고 하였다. 특히 가출청소년의 경우는 쉽게 돈을 벌겠다는 생각에 원조 교제 혹은 성매매에 접근하는 경우가 있는 것을 언론을 통해 접하기도 한다.

(5) 교육문제

청소년기는 교육을 통하여 인격을 형성하고 진로를 정하는 등의 중요한 시기이다. 그러나 대다수의 가출청소년들은 가출이 장기화되면서 교육을 계속 받을 수 없게 된다. 가출로 인하여 학생이 장기간 결석한 경우 일반적으로 학교에서는 부모에게 자퇴원을 작성할 것을 요구하며, 강제퇴학보다는 자퇴를 하는 것이 자녀가 돌아오면 복학할 수 있는 가능성이 높다는 이유로 부모는 자퇴원을 제출하게 된다(연세대학교 사회발전연구소). 더욱이 가출청소년들은 자신들의 제한된 학력 및 학업으로 인해 직업을 선택할 때에도 큰 영향을 받는다.

3) 가출 후 생활실태

2012년도 가출 후 생활실태 중 숙박과 관련된 부분은 친구/ 선후배의 집이 62.9%로 가장 높게 나타났으며, 찜질방/ 사우나 27.2%, 길거리/ 빈집/ 계단/ 역 건물 21.9%의 순으로 나타났다(표 12-12 참조).

2011년 가출 후 생활실태 중 생활비 관련 부분은 집에서 모아둔 돈 51.9%로 가장 높게 나타났으며, 일해서 번 돈 8.1%, 집에서 훔친 돈 5.4%의 순으로 나타났다(표 12-13 참조).

〈표 12-12〉 가출 후 생활실태-숙박(2009~2012, 복수응답)

(단위 : %)

구 분	친구/선후배의 집	청소년 보호시설	가출팸 등	여관/여인숙/모텔 등	비디오방/만화방/PC방	찜질방/사우나	길거리/빈집/계단/역건물	일하던 곳	기타
2009	57.5	0.8	-	2.8	3.0	13.9	12.2	0.8	17.3
2010	61.1	0.3	-	1.9	0.6	10.7	10.0	0.2	12.5
2011	58.0	0.2	-	1.8	1.3	8.4	12.0	0.5	17.8
2012	62.9	3.6	5.0	10.4	10.9	27.2	21.9	4.0	22.0

출처 : 통계청. 청소년 유해환경 접촉 종합 실태조사. 각 년도.

〈표 12-13〉 가출 후 생활실태-생활비

(단위 : %)

구 분		집에서 훔친 돈	일해서 번 돈	친구, 선배의 도움	소매치기, 훔친 돈	구걸을 통해 얻은 돈	집에서 모아둔 돈	기타 (무응답 포함)
2008		7.9	6.9	15.5	2.0	1.3	40.6	25.8
2009		16.5	36.0	40.6	18.4	5.5	20.3	13.6
2010	일반	4.9	9.1	18.8	1.3	1.[illegible]	40.0	24.9
	위기	14.4	27.7	24.9	10.5	1.7	12.0	8.7
2011		5.4	8.1	4.2	1.2	0.4	51.9	18.9

출처 : 통계청. 청소년 유해환경 접촉 종합 실태조사. 각 년도.

4) 대책과 전망

집 없는 청소년과 가출 청소년의 문제들은 인권 차원에서 볼 때 빈곤과 희생화에 뿌리내려 왔다. 이러한 청소년들은 종종 가족 내에서 희생되었을 뿐만 아니라, 그 후에도 길거리에서 부당하게 이용당하곤 한다. 부당한 이용화, 희생, 폭력에의 노출은 이들의 인권을 더욱 침해하고 있다. 따라서 보다 구체적인 이해와 더불어 이들이 당면하게 되는 문제들과 관련된 프로그램의 개발을 통해 청소년 재 가출을 예방하여야 한다.

(1) 가출 청소년에 대한 서비스 대책

조기 귀가 돕기, 재가출 억제, 상황에 따라 집 밖에서 행복을 찾도록 조치한다.

① **일시보호와 치료대책** : 경찰서, 아동상담소, 직업소개소, 쉼터(음식과 숙소 제공, 개인상담, 집단상담, 생활지도, 조기귀가, 다른 사회복지시설이나 기관에 위탁)

② **대안가정을 마련하는 대책** : 환경의 변화가 필요하다.
부모의 이혼, 알코올 중독, 재혼으로 인한 불화, 신체적·성적 학대 → 가출이 되풀이되는 경우 → 문제가정으로부터 자녀를 격리 보호 → 가정위탁보호, 중·장기간 보호가 적합한 대책이 된다.

(2) 정책적 대안

보호시설과 치료시설을 활성화하고 상호 연계하여, 가출예방을 위한 학교사회사업을 도입하고, 다양한 청소년 복지시설에 대한 제도적 대책을 수립해야 한다.

아동을 어떻게 다룰 것인가 하는 것은 국가에 따라 그 제도가 상이하나 비행아동은 인격형성과정에 있기 때문에 인격이 성숙되지 못한 성숙과정에 있으므로 순화될 가능성이 높다고 보고 형벌보다는 교육에 중점을 두고 있다는 점이 공통점이다.

그 예로, 독일의 어떤 소년원은 호텔과 같은 시설을 갖추어 그곳에서 생활하는 동안 복수심을 불태우는 것보다 감사한 마음으로 사회에 나가도록 하고 있으며, 우리나라도 대안학교 등이 있다.

① 일시보호와 치료시설의 설치
② **학교사회사업의 제도화** : 사회복지사를 통한 상담 및 가정, 학교, 지역사회와의 연계
③ 청소년복지법의 제정
④ 생활양식에 따른 대책

청소년 가출은 이 시대의 사회적 사실이다. 따라서 청소년의 생활양식에 맞는 새로운 대책을 모색해야 하며 학교, 가정, 부모에 대한 부적응과 불만, 또래집단의 압력과 유흥업소의 유혹 등의 청소년의 가출을 부추기는 환경의 변화와 이를 극복할 수 있는 청소년의 능력이 중요하다.

(3) 가출 요인에 따른 대책

① 개인적 요인

자신의 비행이 문제이며 그 문제를 해결하여야겠다는 생각을 하기보다는 자기가 아무런 문제가 없다고 보거나 자기행동의 책임을 다른 사람이나 환경의 탓으로 돌리기 때문에 변화의 동기도 쉽사리 나타나지 않는다. 따라서 상담관계를 형성하는 일이 무엇보다도 우선적으로 중요한 사회복지사로서의 과제이다.

② 가정적 요인

가족 체계론적 관점에서 청소년 가출은 청소년 개인의 문제라기보다는 가족체계의 역기능적 상호작용의 결과이며, 가출청소년은 단지 가족의 문제를 지니고 있는 성원으로 이해해야 한다. 따라서 사회복지사는 필요한 경우 가출청소년 가족에 적극 개입하여 의사소통기술, 부모기술을 가르치고 가족을 지지하며, 지역사회기관과 연결한다.

③ 학교적 요인

가출청소년에 대한 처벌이 가시화되면 사회복지사는 중립적인 위치에서 학교 당국에는 해당 청소년의 충격과 상처를 감안하도록 요청하고, 청소년에게는 처벌도 교육이며 개인적인 입장에서는 인내심을 키우는 인생의 기회라고 가르쳐야 한다. 따라서 발전적이고 미래지향적인 입장에서 학생을 대변하여 학생을 위하여 학교 행정에 적극 대처해야 한다.

④ 또래 요인

- 일반 학생들에 대한 또래 훈련
  가출한 경험이 있거나 가출할 우려가 있는 학생들은 학교생활에 적응하지 못하며 소외감과 고립감을 느낄 수 있다.
- 가출·재가출에 대한 예방교육
  사회복지사는 가출, 재가출에 대한 예방교육을 통해 가출 후에 청소년들이 거치는 경로에 대해 알려줌으로써 가출에 대한 막연한 생각과 환상을 버리도록 지도한다.

⑤ 사회환경적 요소

사회복지사는 학생들에게 해로운 학교 밖 환경을 정비하고 학생들이 건전하게 성장할 수 있는 사회환경과 놀이문화를 개발하기 위한 노력에 지도력을 발휘하여야 한다.

- 학교환경위생정화위원회, 시·군·구청장, 경찰 등과 긴밀한 협조체계 구축
- 학교와 학부모, 지역사회의 아동상담소, 청소년쉼터, 경찰서 등과 연대 형성
- 보호자의 아동학대와 방임으로 가출이 불가피한 학생에게는 그룹홈이나 아동복지시설에서 보호받고 자랄 수 있도록 알선
- 성적과 입시 위주의 교육환경을 개선하기 위해 구체적 방안을 모색하여 교육 당국에 제안하고, 이를 실현하기 위한 활동에 적극적으로 관여

⑥ 가정 불화형 가출

가족 사이의 불화가 심하거나 불행한 일이 벌어질 때 학생의 학교생활은 예측하기 어려워진다.

- 기초조사와 개별면담 활용
- 가정방문

- 가출 이전, 이후 교우관계를 잘 정비
- 가정 불화형 가출은 가정이 문제의 중심이므로 부모와 끊임없이 대화를 시도하는 자세 필요

⑦ 충동형 가출

- 동기가 모호하고 예측과 추적이 거의 불가능. 일종의 감상적인 기질, 반항적인 충동, 사소한 불만이 원인을 제공하기 때문
- 평소 학생들에 대한 관심을 집중시키고 신상을 잘 파악하는 것이 예방의 한 방법
- 사후관리가 무엇보다 중요하므로 원인파악과 그 원인에 맞는 개입방법을 찾아야 함

⑧ 탈선형 가출

- 아주 위험해서 곧바로 사회적 범죄로 이어질 수 있는 가능성을 안고 있음
- 특히 일반 유흥업소, 여관, 인신 매매 조직, 매춘, 범죄 조직 등이 이들을 노리고 있다는 데 문제의 심각성이 있음
- 대부분 불행한 가정이나 흐트러진 교우관계, 이성교제 등에서 문제가 비롯된다는 것을 알 수 있음
- 다른 가출과는 달리 명백히 잘못을 가려서 치유하는 것이 중요

(4) 위기청소년 지원사업

청소년복지지원법 제5장 위기청소년지원 및 제13조 상담 및 교육, 제14조 위기청소년특별지원 규정에 따른 청소년 상담, 긴급구조, 일시보호시설 운영, 재활, 치료 등의 기능을 수행하기 위한 여성가족부 위기청소년 상담 및 복지지원사업을 살펴보면 다음과 같다.

위기청소년 상담 및 복지 지원(CYS-Net)운영

여성가족부

■ 개요

• 지역사회 내 청소년 관련 자원을 연계하여 학업중단, 가출, 인터넷중독 등 위기청소년에 대한 상담·보호·교육·자립 등 맞춤형 서비스를 제공하는 사업

■ 지원대상

• 청소년(9~24세)과 그 가족이라면 누구나 이용 가능

■ 지원내용

• 청소년상담복지센터, 청소년 상담 채널, 지역사회 자원 등을 통해 위기청소년을 발견·구조, (위기)청소년과 그 가족에 대해 상담 등을 지원
  – 청소년상담복지센터 대면 상담, 1388 청소년 상담 채널(청소년 전화, 문자, 채팅 상담 등) 운영, 청소년 동반자 파견 등을 지원
• 일시보호소 운영과 긴급지원 서비스를 제공
  – 일시보호소 : 시도 센터에 설치, 위기상황(가출, 성매매, 가정·학교폭력 등)에 노출된 청소년을 24시간 동안 보호
• 위기청소년 특별지원 : 보호자가 없거나, 실질적으로 보호자의 보호를 받지 못하는 사회·경제적으로 어려움이 있는 위기청소년에게 생활비·치료비·학업 지원비 등 지원(자세한 내용은 위기청소년 특별지원 참고)
• 기타 지원을 필요로 하는 경우 지역사회 자원 연계망을 활용하여 지원
• CYS-Net : Community Youth Safety Net

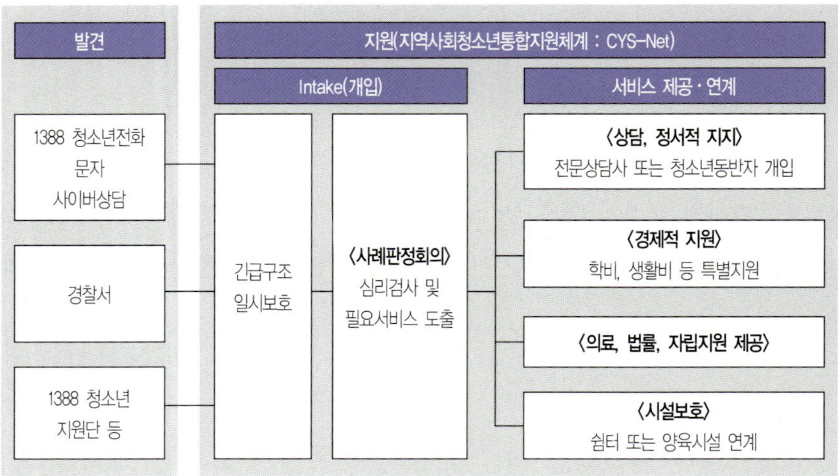

■ 신청절차 및 방법

- 청소년전화 1388(또는 110)로 전화
- 가까운 청소년상담복지센터로 직접 전화 또는 방문

요 약

1. 비행청소년의 개념

소년법에서 10세 이상 19세 미만의 소년에 의한 범죄행위, 촉법행위, 우범행위 및 불량행위를 하는 자

2. 청소년비행의 유형

구 분	개 념
사회적 비행	반사회적 행동이 허용되는 비행집단의 구성원이 되어 집단문화에 동조하기 위해 비행을 저지르는 것 예 갱집단, 조직폭력
성격적 비행	비사회적・반사회적 성격으로 인한 비행으로 성격장애의 주요 요인 예 반사회적 성격장애
신경증적 비행	자신의 충족되지 않은 욕구를 충족시키는 방법으로 비행을 저지르는 것 예 뜻밖의, 급성의, 불안으로, 우연한 계기로, 상황적으로 발생한 비행
정신병적 비행	정신병, 기질적인 결함으로 인한 비행 예 간질환자, 피해망상

3. 청소년 비행의 원인

① **심리적 측면** : 정신병리적인 관점, 사회학습이론, 정신분석학적 관점

② **사회학적 측면** : 긴장이론, 하위문화이론, 통제이론, 낙인이론

4. 비행청소년 가족의 특징

폐쇄적 가족구조, 역기능적 의사소통, 부모기술의 문제, 엄한 가족규칙

5. 비행청소년에 대한 서비스 현황

① **실천적 대안** : 가족상담 및 가족지원 프로그램, 가정・학교・사회의 유기적 협조체제 구축

② **정책적 대안** : 보호관찰의 질적 수준 향상, 빈곤청소년에 대한 지원

연습문제

01 **비행청소년에 대한 사회봉사명령을 사회복지 목적과 관련시켜 본다면 다음 중 어느 것이 기능적 요소에 해당되는가?**

① 배상적 요소 ② 재사회화 요소
③ 처벌적 요소 ④ 낙인적 요소
⑤ 심판적 요소

02 **다음중 청소년비행의 질적 변화로서 바르지 못한 것은?**

① 흉악화 ② 저연령화
③ 조폭화 ④ 우발화
⑤ 개별화

03 **비행청소년의 분류로 옳은 것은?**

① 비행청소년이란 14세 이상 20세 미만인 소년으로 형벌법령에 저촉되는 행위를 말한다.
② 촉법소년이란 만 10세 이상 14세 미만인 자로 소년법에 저촉되는 행위를 하는 자이다.
③ 우범청소년이란 비행청소년은 아니나 음주, 끽연 등 타인의 덕성을 해하는 20세 미만의 자를 말한다.
④ 불량행위소년은 14세 이상 20세 미만의 소년으로 형벌법령에 저촉되는 행위를 한 자이다.

정답	1. ② 2.⑤ 3.②

제 13 장

다문화가족 아동 및 아동복지의 전망

제1절 다문화가족 아동

제2절 아동복지의 과제와 전망

제13장 다문화가족 아동 및 아동복지의 전망

제1절 다문화가족 아동

1. 다문화가족 아동의 개념

1) 다문화가족의 정의

우리나라는 2008년 다문화가족지원법을 제정해, 정부가 다문화가족정책을 추진할 수 있는 법적 근거를 마련하였다. 다문화가족지원법의 목적은 "다문화 가족 구성원이 안정적인 가정생활을 영위할 수 있도록 함으로써 이들의 삶의 질 향상과 사회통합에 이바지함을 목적으로 한다"고 규정하고 있다. 한편 교육부에서는 다문화의 개념을 보다 확대하여 사용하고 있다. 교육현장에서는 결혼이민을 통한 자녀뿐 아니라 외국인 근로자 자녀 등이 한 교실에 모여 있기 때문이다. 법무부는 '이민자'라는 용어를 사용하여 다문화사회의 사회통합 정책을 실시하고 있다. 이처럼 다문화가정의 개념 범위는 부처에 따라 다르다(한국교육개발원).

최근 우리나라에서 사용되는 다문화가족이라는 용어는 다음 세 가지 개념으로 말할 수 있다(서 혁, 2007).

첫째, 외국인이 한국인 남성이나 여성과 결혼하여 만든 가족을 말한다. 이들은 결혼이 성사되면서 이주해 오는 경우도 있고, 국내에서 싱글로 살다가 한국 남녀를 만나서 결혼하는 경우도 있다. 이들은 결혼과 동시에 대한민국의 국민이 되고 그 자녀 역시 대한민국 국민이 된다.

둘째, 외국인이 직업 때문에 국내로 이주해 와서 이룬 가족을 말한다. 이들은 결혼 상태로 이주해 오는 경우도 있지만 국내에 들어와서 결혼하여 가족을 이루는 경우도 있다. 또한 자녀가 있는 상태에서 이주해 오는 경우도 있고, 국내에서 자녀를 출산하는 경우도 있다. 이들은 국적이 대한민국이 아닌 외국인 신분으로 살아가게 된다.

셋째, 탈북이주민이다. 탈북이주민이란 휴전 이후 다양한 동기에서 북한 사회를 떠나 남한 사회에 정착하고, 공식적으로 대한민국 주민등록을 취득한 북한 지역 출신 주민들을 가리키는 용어이다. 이들은 민족이라는 측면에서는 우리와 동일한 문화를 가진 사람들이지만 오랫동안 문화의 단절로 인해 이질화되었고, 국적이 대한민국 국민이 아니었기 때문에 대한민국에서 겪는 문화적 충격과 문화적 갈등을 고려하여 다문화가족으로 간주한다.

한편 학문적인 용어와는 달리 다문화가족지원법에서 정의하는 다문화가족이란 「재한외국인 처우 기본법」 제2조 제3호의 결혼이민자와 국적법 제2조에 따라 출생에 의한 국적 취득, 제3조 인지에 의한 국적 취득, 제4조 귀화에 의한 국적 취득처럼 대한민국 국적을 취득한 자로 이루어진 가족을 말한다. 다문화가족지원법에 의하면 법적 지원을 받을 수 있는 다문화가족의 대상에서 외국인이 직업 때문에 이주하여 대한민국에서 살고 있는 외국인 노동자는 제외된다.

다문화가족지원법 제2조(정의)

가. 「재한외국인 처우 기본법」 제2조 제3호의 결혼이민자와 국적법 제2조부터 제4조까지의 규정에 따라 대한민국 국적을 취득한 자로 이루어진 가족

나. 국적법 제3조 및 제4조에 따라 대한민국 국적을 취득한 자와 같은 법 제2조부터 제4조까지의 규정에 따라 대한민국 국적을 취득한 자로 이루어진 가족

- 국적법 제2조 : 출생에 의한 국적 취득
- 국적법 제3조 : 인지에 의한 국적 취득
- 국적법 제4조 : 귀화에 의한 국적 취득

2) 다문화가족 아동

다문화가족 아동은 결혼이주민, 직업이주민, 탈북이주민의 18세 미만의 자녀로 정의할 수 있다. 한국인과 결혼한 결혼이주민 자녀와 탈북이주민 자녀는 국적법 제2조 제1항에 따라 출생과 동시에 한국 국민이 되므로 헌법 제31조에 의한 교육법을 보장받는다. 외국인 노동자의 자녀는 한국 국민이 아니지만 '아동의 권리에 대한 국제협약', '유엔아동권리위원회 권고' 등에 따라 부모의 합법 불법 체류 여부와 관계없이 교육권이 보장된다. 그러나 외국인 노동자 자녀의 경우 유치원 학비나, 고등학교 수업료는 정부로부터 교육비 지원을 받지 못하는 실정이다.

3) 다문화가족 아동의 특성

다문화가족의 아동은 성장과정에서 가정환경이 일반가정의 아동보다 불리하기 때문에 학습과 발달에서 이익이 보장되지 않을 수 있고 외모, 언어, 문화 등에서 부정적 경험으로 인해 정체성의 갈등을 겪을 수 있다.

(1) 외모에 따른 어려움

부모 중 한쪽이 외국인인 다문화가족 아동은 얼굴 생김새와 머리카락, 눈동자색 등에서 일반아동과 다르기 때문에 따돌림의 대상이 되기도 한다. 실제로 설동훈(2005)의 조사결과에 의하면 집단 따돌림을 당하는 이유로 '엄마가 외국인이기 때문'이 34.1%로 가장 많았다. 따돌림 당하는 경험은 다문화가족의 자녀에게 매우 건강하지 못한 정서적 충격을 안겨준다(교육인적자원부, 2006a). 폐쇄적 순혈주의를 주장하는 한국사회는 피부나 생김새가 다른 다문화가정 아동에 대해 혼혈인이라 부르며 배타적인 태도를 보이기도 한다.

(2) 언어환경 문제

국제결혼 자녀들은 말을 배우는 중요한 시기인 유아기에 한국말이 서투른 어머니의 교육하에 성장하기 때문에 언어발달이 늦어지고 의사소통에는 큰 문제가 없으나 독해와 어휘력, 글쓰기 등이 현저히 떨어진다. 이는 그들의 부모가 대부분

사회경제적 기반이 취약하고 학습환경이 열악하기 때문이기도 하다(조영달, 2006).

다문화가족 아동이 언어소통의 어려움에서 기인된 학습부진은 사회관계 맺기에 어려움을 주고, 학교수업에 소극적이 되거나 과잉행동장애 같은 정서적 문제를 야기할 수도 있다(왕한석 · 양명희 · 한건수, 2005).

(3) 정체성 형성의 문제

정체성이란 내가 나임을 변별하게 하는 제 요소, 즉 존재의 본질을 깨닫는 성질이다. 정체성 형성은 '나는 누구인가?'에 대한 대답을 찾는 과정에서 이루어지는데, 일관된 내가 '나'임을 변별하게 하는 제 요소를 찾아내고, 그 요소들이 다른 사람과 같은 점, 다른 점을 비교하는 과정에서 잘 형성되기도 하고 혼란을 겪을 수도 있다. 부모로부터 일관된 문화적 양식을 전달받아야 하는 자녀는 부모가 각각 다른 문화를 가지고 있고, 다른 언어를 사용하며, 외모에서도 다른 경우 매우 혼란을 겪을 수 있다. 자녀가 어느 정도 성장하여 또래를 사귈 나이가 되면 또래들의 부모와 자신의 부모를 비교하는데, 자신의 어머니가 친구의 어머니와 외모가 다르다는 점 때문에 갈등을 겪을 수 있다.

일반아동의 경우 집단 따돌림을 당하는 주된 이유는 '잘난 척해서'인 반면, 다문화가족 아동은 그냥 다문화가족이라는 이유로 따돌림 받는다.

(4) 가족관계

다문화가족의 대다수가 외국인 어머니와 자녀로 이루어진 경우가 많다. 유아기와 아동기의 발달 특성상 부모와의 활발한 의사소통과 상호작용이 필요한 시기이다. 그러나 한국어에 미숙한 모와 부모 간 서로 다른 풍습과 문화의 차이 등은 아동에게 혼란을 경험하게 할 수 있다. 한국말이 서투르고 한국의 풍습에 익숙하지 못한 어머니들은 자녀교육을 하는 데 어려움을 경험하게 되고, 자녀들에게 자신의 정체성과 가치관 정립을 위한 도움을 제공하기 힘들다. 따라서 가족 내 이중문화의 존재로 인해 갈등이 빚어지게 된다(정하성 외, 2007).

(5) 심리사회적 적응

다문화가족 아동의 심리사회적 적응을 살펴보면, 일부 아동의 경우 언어발달 지체 및 문화부적응으로 인해 지나치게 소극적이거나 반대로 폭력성 또는 과잉행동장애와 같은 정서장애를 보이기도 한다(보건복지부, 2005).

다문화가족 아동의 심리사회적 적응은 교사와 같은 학교환경과 또래친구, 신앙, 지역주민들의 도움, 이중언어 노출에의 강점인식 등이 영향을 미치고 있음을 감안해 볼 때 우리 사회가 다문화가정에 대한 이해와 전문가 양성이 무엇보다 시급함을 알 수 있다.

2. 다문화가족 현황

1) 국제결혼 현황

국제결혼 실태를 살펴보면, 1990년에는 총 결혼건수가 399,312건인데, 국제결혼 건수는 4,710건으로 전체의 1.2%에 불과하였다. 국제화, 세계화가 진행되면서 국제결혼 건수도 점차 증가하게 되어 2008년에는 총 결혼건수가 327,715건이었고, 이 중 국제결혼 건수가 36,204건으로 전체의 11.0%에 달했으며, 2014년 총 결혼건수 305,507건 중 국제결혼 건수는 23,316건으로 7.6%를 차지하고 있다.

국제결혼은 1990년대 중반까지만 해도 외국 남성과 한국 여성이 결혼하는 경우가 많았으나 1990년대 중반부터는 한국 남성과 외국 여성의 결혼이 많아지게 되었다. 2014년에는 외국 여성과 한국 남성이 결혼하는 비중이 69.3%에 이르게 되었다. 이러한 현상은 한국의 국민소득이 높아지면서 중국 및 동남아시아 저개발국 국가의 여성들이 한국 남성과 결혼하는 비중이 높아졌기 때문이다. 다문화가족 지원과 관련한 정책에서 결혼이주 여성과 그 자녀에 대한 지원이 절실함을 알 수 있다.

〈표 13-1〉 국제결혼 현황

구 분	2007	2008	2009	2010	2011	2012	2013	2014
총 혼인건수	343,559	327,715	309,759	326,104	329,087	327,073	322,807	305,507
외국인과의 혼인	37,560	36,204	33,300	34,235	29,762	28,326	25,963	23,316
(총 혼인 중 비중)	(10.9)	(11.0)	(10.8)	(10.5)	(9.0)	(8.7)	(8.0)	(7.6)
한국남성+외국여성	28,580	28,163	25,142	26,274	22,265	20,638	18,307	16,152
한국여성+외국남성	8,980	8,041	8,158	7,961	7,497	7,688	7,656	7,164

출처 : 여성가족부 다문화정책과(2015. 7).

2) 다문화가족 아동 현황

여성가족부의 2015년 외국인 주민실태조사 결과 결혼이민자가정의 연령별로 자녀 수는 6세 이하가 117,877명으로 가장 많은 56.8%의 비중을 차지한다. 그 다음이 초등학교에 다니는 연령인 만 7세에서 만 12세 사이가 56,108명으로 27.0%를 차지하고, 중・고등학교에 다니는 연령으로 갈수록 줄어든다. 현재에는 결혼이민자가정 자녀에 대한 교육적 지원은 보육시설이나 유치원 그리고 초등학교에 초점을 두어야 할 것이다. 앞으로 이들이 성장하여 중・고등학교에 입학하는 나이가 되면 모든 학교에서 다문화가족 아동에 대한 지원대책이 마련되어야 할 것이다.

〈표 13-2〉 다문화가족 아동 현황

연 도	연령별 현황				
	계	만 6세 이하	만 7~12세	만 13~15세	만 16~18세
2015	207,693	117,877	56,108	18,827	14,881
2014	204,204	121,310	49,929	19,499	13,466
2013	191,328	116,696	45,156	18,395	11,081
2012	168,583	104,694	40,235	15,038	8,616
2011	151,154	93,537	37,590	12,392	7,635
2010	121,935	75,776	30,587	8,688	6,884

출처 : 여성가족부 다문화정책과(2015. 7).

3. 다문화가족 아동복지서비스와 대책

우리 사회에서도 이제 다양한 문화적 배경을 가진 가족들이 급속하게 증가하고 있다. 결혼이나 이주노동으로 증가하고 있는 이들 다문화가족들은 우리 사회 구성원으로서 이해되어야 하며, 이들 가족의 자녀들은 차별받지 않고 건강하게 성장・발달할 권리를 가지고 있음을 이해하여야 한다. 농촌사회를 중심으로 조만간 다문화가족의 아동들이 더 이상 소수인종이 아니라 주류에 가까운 수로 증가하는 현실에 직면한 상황에서, 이들 다문화가족 아동들의 복지욕구를 파악하고 적절한 서비스를 제공하는 것이 시급한 과제가 되었다.

1) 다문화가족 지원 체제

다문화가족지원법에 의해 다문화가족에게 지원하는 기관과 단체, 지원요원, 지원 프로그램이 마련되어 있다. 이들에 관한 지원기준과 자격, 성격 등은 다음과 같다.

① **다문화가족정책위원회** : 다문화가족의 삶의 질 향상과 사회통합에 관한 중요 사항을 심의・조정하기 위하여 설치・운영하고 있다.

② **다문화가족 종합정보 전화센터** : 다국어에 의한 상담・통역 서비스 등을 결혼 이민자 등에게 제공하기 위하여 설치・운영하고 있다.

③ **다문화가족지원센터** : 다문화가족지원법 제12조에 의거 국비 또는 지방비를 지원받아 운영하는 시군구 단위센터로서 독립형과 병합형이 있다.

④ **육아정보나눔터** : 자녀를 키우는 결혼이민자들에게 자녀양육 상담, 교육, 정보 등 육아 관련 서비스를 제공하고 결혼이민자들이 센터를 이용하는 동안 자녀를 일시적으로 돌보아 주는 공간이다.

⑤ **거점센터** : 거점센터는 설치지역을 전국 6개 권역으로 구분하여 권역 내 센터 중 관할지역 내에서 센터・관련 기관 간 네트워크 구축, 방문교육지도사 교육, 신규센터, 사업지원 등을 수행하기 위해 지정・관리하는 센터이다.

⑥ **다문화가족 방문교육** : 센터 방문이 어려운 다문화가족에 대한 한국어교육, 아동양육지도, 가족상담 등 서비스를 제공하기 위해 대상가정을 직접 방문하여 개별수업을 진행하거나 마을회관 등에서 그룹수업을 지원하는 사업을 말한다.

⑦ **방문교육지도사** : 한국어 및 아동양육 등 방문교육 서비스를 직접 제공하는 인력으로 한국어 방문교육지도사와 아동양육 방문교육지도사로 구분된다.

⑧ **다문화가족 자녀 언어발달지원사업** : 다문화 자녀의 성장단계별 언어발달 정도를 진단·평가하고 언어 향상을 위해 교육 프로그램을 제공하는 서비스를 말한다.

⑨ **다문화 언어지도사** : 다문화 자녀에 대해 언어발달 정도를 진단·평가하고 교육을 실시하는 인력이다.

⑩ **다문화 언어교실** : 다문화 자녀의 언어발달 및 이중언어교육 등 자녀 프로그램을 실시하는 공간이다.

⑪ **통·번역 전문인력** : 통·번역 서비스를 제공하는 인력으로 결혼이민자 중에서 선발한다.

⑫ **이중언어교육** : 다문화 자녀의 이중언어 활용을 지원하기 위해 실시하는 '엄마나라 말 배우기 교실' 등 결혼이민자 출신국 언어교육 프로그램이다.

2) 다문화가족 아동에 대한 교육지원

우리나라에서는 주요 선진국에 비해 다문화가족 자녀 교육에 대한 사회적 인식과 전문적인 지원체계가 잘 갖추어 있지 못하여 다문화가족 자녀들의 잠재적 욕구를 충족시키지 못하고 있다. 또한 학교 중심의 다각적인 관련시책이 정비되어 있지 않아 다양한 교육과정 프로그램 및 한국어교육 자원의 부족으로 사회에서 필요로 하는 유능한 인재를 양성하는 체제가 되지 못하고 있다. 국제결혼 가정의 자녀 교육은 대부분 학령기 아동보다는 미취학 자녀와 그 어머니에게 초점이 맞추어져 있다. 그러나 다문화가정 자녀들을 지원하기 위해서는 우리 교육이 좀 더 유연하게 작동하도록 바꾸는 노력이 필요하다(황범주, 2008).

(1) 다문화 이해 교육과 포용력(Tolerance) 신장 교육

우리나라 다문화가족 아동에 대한 교육지원은 자문화중심주의(ethnocentrism)적 시각에서 탈피하여 타문화, 특히 비주류인 다문화가정 자녀에 대한 문화를 인정하고 조화로운 관계를 형성하게 하는 정책이 되어야 한다. 다문화가정 아동들의 정체성을 인식하고 자신의 모국 혹은 부나 모의 모국어나 문화, 혹은 신체적 특성 등을 스스럼없이 드러내고 관련 소양을 키워가는 가운데 이 사회에서 성공적인 삶을 살아갈 수 있을 것이다.

(2) 인권보호 및 사회통합 교육 정책

현행 교육부의 교육정책은 다문화가정 자녀교육의 중요성을 인지하여 다문화가정 자녀들이 교육을 받을 수 있도록 여러 면에서 노력하고 있으나 다른 나라와 비교하여 볼 때 체계적인 접근이 필요함을 알 수 있다. 다문화가족 자녀들이 가진 공통적인 문제점인 '편견과 차별로 인한 학교 부적응'은 우리 사회의 민족주의적 폐쇄성과 순혈주의적 정서와 맞물려 있다고 볼 수 있다. 따라서 다문화가족 자녀들이 한국에서 건강하게 살기 위해서는 우리사회의 학교와 지역사회가 이들이 적응할 수 있도록 사회환경과 교육제도가 정비되어야 할 것이다.

(3) 교육소외 방지 교육정책

경제적·사회적 기반이 취약한 다문화가족 자녀들의 경우 학습부진과 정규교육으로부터 소외를 방지할 수 있는 지원정책이 필요하다. 다문화가족 자녀의 교육소외를 방지하기 위해서는 다문화가족 자녀의 적응교육·정체성 교육이 무엇보다 중요하다. 다문화가족 자녀의 정체성 교육은 다문화교육의 중요한 과제로 다루어져야 할 것이다.

(4) 인적자원 개발 교육정책

다문화가족 자녀들은 학교 중도 탈락 비율이 매우 높고, 직장을 찾거나 배우자를 구할 때에도 차별을 받고 있으며 외모가 다르다는 데서 오는 차별을 경험하고 있다. 다문화가족 자녀들의 능력과 소질이 뛰어나다 할지라도 이러한 편견과 차별로 인해 다문화가정 자녀들을 세계화·다문화 시대에 맞게 인적자원으로 활용할 수 있는 교육정책이 필요하다.

3) 다문화가족 아동에 대한 양육지원

양육지원 프로그램의 내용이 보육을 돕거나 외국인 모가 한국어 교육을 받는 동안 책을 익히는 것 등과 같은 소극적 교육에 머물기도 한다. 또한 각 기관 간 연계가 부족하여 사업의 효율성이 떨어진다. 따라서 아동의 발달연령과 같은 서비스 대상자의 욕구를 감안한 서비스 운영이 모색되어야 할 것이다.

제2절 아동복지의 과제와 전망

1. 아동복지의 전망

① 지역사회 중심의 아동복지

② 국가뿐만 아니라 가족과 지역사회의 적극적 개입 필요

③ 시설보다는 가정위탁, 대리가정 등의 지역사회에서의 재가복지 프로그램 확충

2. 공공부문과 민간부문의 역할 분담

① 아동양육의 기본이 되는 아동수당 등의 사회보장 프로그램

② 공공부문에서는 사회보장 프로그램의 확보와 민간의 다각적인 프로그램 운영 필요

3. 아동복지변화에 따른 서비스 방법의 개선방향

① 정확한 평가 작업을 통해 효과적인 복지서비스 전달

② 단순한 보호가 아닌 적극적 보장 서비스

③ 통합 서비스와 일반아동의 양육 프로그램 개발

④ 위탁 보호, 입양, 가정상담, 홈메이커 서비스, 강제보호 서비스 등 대리적 서비스 강화

4. 아동복지의 과제

① 영유아 보육시설의 질적 향상

② 학교사회사업의 제도화

③ 입양 및 가정위탁의 활성화

④ 아동복지시설의 기능변화

⑤ 아동문제의 예방과 대책

⑥ 장애아동의 조기진단과 치료

⑦ 부모교육의 강화

⑧ 아동을 위한 건전한 생활환경과 편의시설 확충

요 약

1. 아동복지의 과제

① 영유아 보육시설의 질적 향상

② 학교사회사업의 제도화

③ 입양 및 가정위탁의 활성화

④ 아동복지시설의 기능변화

⑤ 아동문제의 예방과 대책

⑥ 장애아동의 조기진단과 치료

⑦ 부모교육의 강화

⑧ 아동을 위한 건전한 생활환경과 편의시설 확충

연습문제

01 다문화가족지원법이 제정된 해는?

① 2007년
② 2008년
③ 2009년
④ 2010년
⑤ 2011년

02 다문화가족 아동의 특성

03 아동복지의 과제

정답	1. ②

참 · 고 · 문 · 헌

공계순 외(2004). **아동복지론**. 학지사.

구인회(2003). 빈곤의 동태적 분석 -빈곤 지속기간과 그 결정요인-. 한국연구재단.

권지성(2004). 공개입양가족의 적응과정에 대한 문화기술지. **한국아동복지학**. 17, 7-48

김경준 외(1998). **아동발달심리**. 학지사.

김미숙 · 양심영(2007). 위기의 한국아동실태와 정책적 대응방안. **보건복지포럼**, 128.

김성경 외(2006). **아동복지론**. 양서원.

김시영 외(2001). **언어치료에센스**. 한국언어치료연구소.

김영숙(1988). 미국의 가정내 아동학대 사례와 치료 -가정 내에서의 아동학대-. 한국아동학대예방협회세미나 자료.

김응석 외(1995). 아동복지수용시설 운영평가 및 개선방안. 한국보건사회연구원.

김의영(1999). **아동보육론**. 동문사.

김인숙(1999). 빈곤가족해체의 현황과 대안(www.cuk.ac.kr).

김정헌 · 박명호(2014). **사회복지행정의 이해**. 양서원.

김종해(1996). 사회복지와 영유아사업. **보육정책**(보따리, 9611).

김향초(1998). 청소년가출의 원인과 대책. 충청남도청소년종합상담실 제5회 심포지엄자료집.

김형모(2000). 아동보호체계의 확립방안. **보건복지포럼**, 47. 한국보건사회연구원.

노혜련 · 장정순(1998). 육아시설 아동의 심리사회적 문제에 관한 연구. **한국사회복지학**, 34, 한국사회복지학회.

대검찰청. 범죄분석. 각 년도.

대한민국 각 법률.

류정순(2004). 한국사회의 빈곤현실과 기초생활보장 수혜 수준. 한국빈곤문제 연구소.

미국의 전국사회사업가협회(NASW).

박병현(2011). **사회복지정책론 -이론과 분석-**. 학현사.

박인선(2000). 아동학대 원인 및 영향, 가정폭력 및 아동학대 담당공무원 교육자료집. 수원여성의 전화.

박정문(2000). 아동복지와 보육사업의 이해. 보육사.

박정란 · 서홍란(2004). 아동복지론. 양서원.

박현이(1998). 비행청소년의 왜곡된 여성관과 성폭력과의 관계, 청소년 성폭력예방과 성교육에 관한 교사 워크숍. 서울 여성의 전화 워크숍 자료집.

보건복지부. 2017년 아동분야 사업안내.

보건복지부. 통계연보.

서 혁(2007). 다문화가정 현황 및 한국어교육 지원방안. 인간연구, 12. 가톨릭대학교 인간학연구소.

설동훈(2005). 국제결혼이민여성 실태조사 및 보건복지지원 정책방안. 보건복지부.

성영혜(2000). 치료놀이1. 형설출판사.

성영혜 외(2004). 치료놀이를 통한 영아교육. 시그마프레스.

아산사회복지사업재단(1997). 아동복지편람.

안인희(1997). 루소의 교육론. 서원.

왕한석 · 양명희 · 한건수(2005). 국제결혼이주여성의 언어 및 문화적응 실태연구. 국립국어원.

이두호 외(1991). 빈곤론. 나남출판.

이삼식(2000). 입양제도의 문제점과 개선방향. 보건복지포럼, 44.

이성국(1996). 학교사회사업가의 역할에 관한 연구. 사회복지개발연구, 2(4).

이소희 외(1997). 그것은 아동학대예요. 동문사.

이소희(2003). 아동복지론. 도서출판 양지.

이승희 · 김현주 · 송영혜 공역(2011). 놀이치료의 이론과 실제. 시그마프레스.

이용교(1993). 청소년복지정책의 발전방향
(user.chollian.net/~exodusme/youth16.htm).

이윤구(1990). 아동의 권리에 관한 국제협약. 한국청소년연구, 1(1).

이재연 외 공역(2002). 아동상담과 치료. 양서원.

장인협 · 오정수(2000). 아동 · 청소년복지론(제2판). 서울대학교출판부.

장인협 외(2002). 사회복지학. 서울대학교출판부.

전재일 외(2004). 사회복지개론. 형설출판사.

정영숙 외(2004). 빈곤가족과 사회복지정책. 대구대학교출판부.

정원철(2000). 정신보건사회사업론. 학문사.

정하성 외(2007). 다문화청소년이해론. 양서원.

정희연(1998). 우리나라 보육현황과 이후 전망. **보육정책**(보따리).

조명한(1985). **언어심리학**. 민음사.

조영달(2006). 다문화가정의 자녀교육 실태조사. 교육부.

최선희(2003). 교육복지투자 우선지역 아동·청소년 실태조사-강북 노원지역사업담당자 워크숍. 서울특별시 성북교육청 강북지역복지협의회 노원교육복지협의회.

최순남(1993). **인간행동과 사회환경**. 한신대학교 출판부.

______(2002). **인간행동과 사회환경**. 한신대학교 출판부.

캐나다 토론토대학대학원 소시얼워크학부 CBE과정.

통계청. 경제활동인구조사보고서. 각 년도.

______. 인구동태통계연보. 각 년도.

한건수(2006). 현대한국사회와 다문화주의. 인권재단포럼발표문.

한국보건사회연구원. 보건복지포럼. 각 년도.

________________(1997). 지역별 보육수요와 정책방안.

________________(1998). 아동복지 수용시설 실태조사 결과보고.

________________(2001). 2000년도 장애인실태조사 결과보고.

________________(2001). 영유아보육서비스 실태분석과 종합대책 수립 연구.

한국여성개발원(1998). 저소득모자가정의 자립방안 연구.

한국장애아부모회(2000). 2000년 장애인부모교육자료집.

한국청소년개발원(1996). 청소년문제론.

함세남 외(1996). **선진국사회복지발달사**. 홍익재.

홍금자 외(2000). **인간행동과 사회환경**. 고현출판부.

홍순혜 외(1997). **학교와 사회복지**. 학문사.

황범주(2008). 다문화가정 자녀를 위한 교육정책 분석. 안양대학교 대학원 박사학위논문.

Ainsworth, M. D. S.(1979). Infant-mother attachment. *American Psychologist*(34).

CWLA(2004). *CWLA Standards of Excellence for Residential Group Care Services.* Washington : The Child Welfare League of America.

Duncan, G. J., & Books-Gunn, J.(2000). Family poverty, welfare reform, and child development. *Child Development.*

Encyclopedia of Social Work.

Friedlander, W., & Apte, R. Z.(1974). *Introduction to Social Welfare*. New York : Prentice Hall, Inc.

Fredericksen, H.(1948). *The Child and His Welfare.* San Francisco : Freeman.

Hazel Fredericksen(1948). *The Child and His Welfare.* San Francisco, California : W. H. Freeman and Company.

Kadushin, A.(1974). *Child Welfare Services.* New York : Macmillan Publishing Co.

__________(1980). *Child Welfare Services*(3rd ed.). New York : Macmillan Publishing Co.

Kempe, C. H.(1962). *The Battered Child Syndrome.* The Kempe Center.

Kempe, R. S., & Kempe, C. H.(1978). *Child Abuse.* Sheraton Mallet : Fontana. Open Books.

Martin, H., & Breezely, P.(1977). Bahavioral Observaticn of Abused Children. *Developmental Medicine and Child Neurology, 19,* 373-387.

Meyer(1985). *The International Context of Child Welfare.* New York : The Free Press.

교육부(www.moe.go.kr/main.do?s=moe).

남북하나재단(www.koreahana.or.kr/index.jsp).

네이버백과사전(dic.naver.com).

다음백과사전(100.daum.net).

대구광역시 청소년상담복지센터(1388.daeguyouth.net).

문화체육관광부(www.mcst.go.kr).

법제처 국가법령정보센터(www.law.go.kr/main.html).

보건복지부(www.mohw.go.kr).

보건사회연구원(www.kihasa.re.kr).

복지넷(www.bokji.net/index.jsp).

복지로(www.bokjiro.go.kr/nwel/bokjiroMain.do).

여성가족부(www.mogef.go.kr).

위키백과사전(ko.wikipedia.org/wiki).

중앙가정위탁지원센터(www.fostercare.or.kr)

한국교육개발원(www.kedi.re.kr/khome/main/webhome/Home.do).

한국보육진흥원(www.kcpi.or.kr)

한국심리상담교육원(kela.kr).

한국학교사회복지사협회(www.kassw.or.kr).

찾·아·보·기

저/자/약/력

■ **오현숙**
대구대학교 대학원 사회복지학과 철학박사
호산대학교 휴먼복지학부 학부장

■ **김재현**
고려대학교 대학원 교육학박사
호산대학교 교수

■ **백승지**
대구 가톨릭 대학교 사회복지대학원 졸업
대구북부아동보호 전문기관 관장
호산대학교 휴먼복지학부 겸임교수

■ **강미소**
대구가톨릭대학교 사회복지대학원 사회복지학 석사
영남 대학교 대학원 가족상담학 박사과정 수료
호산대학교 휴먼복지학부 교수

■ **김현수**
일본 사회사업대학교 사회복지학 석사
경성 대학교 대학원 사회복지학과 박사과정 수료
호산대학교 휴먼복지학부 교수

■ **박명호**
대구대학교 대학원 행정학과 행정학 박사
호산대학교 휴먼복지학부 교수

■ **박진경**
일본 리츠메이칸대학(立命館大学) 문학 석사
경북대학교 대학원 교육학과 박사과정 수료
호산대학교 휴먼복지학부 겸임 교수

■ **김극명**
전주비전대학교 아동복지과 교수

아동권리와 복지

|공저자| 오현숙 · 김재현 · 백승지 · 강미소 · 김현수 · 박명호 · 박진경 · 김극명

|1판 1쇄| 발행 2018년 8월 30일
|1판 2쇄| 발행 2023년 2월 28일

|발행인| 김 동 훈
|발행처| **공 동 체**

|주소| 경기도 고양시 일산동구 호수로 358-39, 동문타워Ⅰ 905호(백석동)
|전화| 031) 814-3000(대표)
|팩스| 031) 814-3100
|홈페이지| http://www.compub.co.kr
|전자우편| compub@naver.com
|출판등록| 2005년 10월 6일
|등록번호| 제396-2005-36호

|ISBN| 979－11－6105－349－3
정가 20,000원